一课研究丛书·图形与几何系列

主编　朱乐平

圆的周长

教学研究

任敏龙◎著

教育科学出版社
·北　京·

出 版 人　所广一
策划编辑　郑　莉
项目统筹　郑　莉
责任编辑　池春燕
版式设计　宗沅雅轩　贾艳凤
责任校对　贾静芳
责任印制　叶小峰

图书在版编目（CIP）数据

圆的周长教学研究／任敏龙著．—北京：教育科学出版社，2014.1（2018.4 重印）
（一课研究丛书／朱乐平主编．图形与几何系列）
ISBN 978-7-5041-8160-2

Ⅰ.①圆…　Ⅱ.①任…　Ⅲ.①圆—周长—教学研究—小学　Ⅳ.①G623.502

中国版本图书馆 CIP 数据核字（2013）第 304070 号

一课研究丛书·图形与几何系列
圆的周长教学研究
YUAN DE ZHOUCHANG JIAOXUE YANJIU

出版发行	教育科学出版社		
社　　址	北京·朝阳区安慧北里安园甲 9 号	**市场部电话**	010-64989009
邮　　编	100101	**编辑部电话**	010-64989441
传　　真	010-64891796	**网　　址**	http://www.esph.com.cn
经　　销	各地新华书店		
制　　作	北京金奥都图文制作中心		
印　　刷	保定市中画美凯印刷有限公司		
开　　本	169 毫米×239 毫米　16 开	**版　　次**	2014 年 1 月第 1 版
印　　张	18	**印　　次**	2018 年 4 月第 3 次印刷
字　　数	272 千	**定　　价**	43.00 元

丛书序

这是一套什么样的书？

你见过对一节课的研究形成一本十几万字的学术专著吗？

你见过查阅百年来课标（大纲）后综述对一节课的教学要求吗？

你见过对一节课的内容进行国内外多个版本教材比较吗？

你见过对主要杂志上关于一节课的研究成果进行综述吗？

你见过根据一节课的内容给出许多个不同的教学设计吗？

你见过对一节课的研究形成系列校本教研的活动方案吗？

你见过以作者与读者互动对话的形式写成的学术专著吗？

本丛书将让你见到上面所有的“样子”。

《一课研究丛书·图形与几何系列》（以下简称“丛书”）是对课的研究。其中的每一本都是围绕小学数学“图形与几何”领域的一节课（或两三节相关的课）进行多视角系统研究而形成。

研究的内容主要根据教师的课堂教学实践与理论水平提高的需要来确定。主要维度如下：

1. 数学知识维度。数学老师要上好一节课，就应该比学生有更多关于这节课的数学知识，即“上位数学知识”。它是指超越了小学数学一节课的内容，在初中、高中（或中等师范学校）以及大学数学中出现的相关数学知识。很显然，没有上位数学知识是无法上好一节课的，但只有上位的数学知识也远远不够，还必须能够从中获得教学的启示。也就是说，要把围绕一节课的上位数学知识与小学数学紧密结合，指导小学数学教学。这一维度的研究主要解决老师在知识上的“一桶水”问题。

2. 课程标准（教学大纲）维度。从理论上说，一个教师有了数学知识以后，首先要关注的就是课程标准（教学大纲）。这是因为数学课程标准（教学大纲）是一个规定了数学学科的课程性质、目标、内容和实施建议的教学指导性文件。对一节课展开研究应该从最高的纲领性文件入手，明确这节课的目标定位。丛书中所涉及的每一节课，其作者都查阅了自20世纪初到现在的一百多年来国内所有和国外部分数学课程标准（教学大纲），从标准的视角，展现出一节课教学要求的历史沿革过程并从中获得启示。

3. 教材比较维度。数学教材为学生学习一节课的内容提供了基本线索和知识结构，它是重要的数学课程资源。丛书对一节课的教材从多个角度进行比较研究。从时间的角度看，进行了纵向与横向比较研究。纵向比较研究是对不同时期出版的教材进行比较，特别是对同一个出版社或同一个主编不同时期编写的教材进行多角度比较，从历史的沿革中感悟一节课不同时期的编写特点；横向比较研究是对同一时期出版的多种不同版本教材进行比较。从地域的角度看，进行了中国大陆与港、澳、台教材的比较，以及国内外教材的比较。教材比较研究可以为研究这节课或去给小学生上这节课的老师开阔视野，帮助找到更多有价值的课程资源。丛书的每一本不但在正文中对教材进行了比较，而且还在附录中完整呈现了多个版本的相关教材，供读者进一步研究参考。

4. 理论指导维度。我们知道，没有实践的理论是空虚的，没有理论的实践是盲目的。要上好一节课，自然需要理论的指导。奇怪的是，虽然有许多教育理论，但要真正系统地指导一节课的时候，特别是要指导一节课进入实践操作时，却又常常是困难的。丛书在数学教育理论指导课堂教学方面做了探索，努力做到让理论进入课堂教学实践，使得实践者能够真正感受到理论的力量。

5. 学生起点维度。学生是学习的主体，要进行一节课的教学，自然要研究学生的起点。丛书不仅阐述了如何了解学生起点的方法，而且还围绕一节课的学习，对学生起点情况进行分析与研究，以便更好地进行教学设计。

6. 教学设计维度。有了上述五个维度的研究后，我们就可以进入教学设计的研究维度。丛书首先对一节课的教学设计进行综述，就是把散见在多种重要杂志和专著上的教学设计成果进行整理（比如，查阅《小学数学教师》《小学教学》等刊物自创刊以来的全部内容），试图明确这节课迄今为止的所有研究成果。然后再根据学生的情况和多个不同的角度设计出新的不同的教学过程。这些新的教学设计都可以直接进入课堂教学实践。

7. 课堂教学维度。有了教学设计就可以进入课堂教学研究。这一维度主要是对一节课进行课堂教学的观察与评价，具体阐述了如何从多个角度了解教师与学生的情况，如何对教师的教与学生的学进行观察与评价。

8. 课后评价维度。课后评价维度是指在学生学习了一节课以后，对学生的学习情况进行了解与评价。丛书主要从情感态度与“四基”（基础知识、基本技能、基本思想、基本活动经验）内容两大方面，对学生进行测查评价，包括如何进行课后测查与访谈，学生容易掌握的内容和容易出错的地方的调查与研究，等等。

9. 校本教研维度。校本教研的重要性不言而喻。丛书主要围绕一节课提供校本教研的活动方案。即提供了老师们对一节课开展系列研究的活动方案，以便在更广的范围内对一节课进行全面深入系统的研究。

上述九个维度是丛书研究的基本视角，丛书中每一本书的作者还会根据课的具体内容与特点有所侧重地展开研究。所以，每本书既有自己的个性，又有丛书的共性。

从写作形式来说，丛书中每一本书的目录基本都采用了问题形式，以便读者能够快速查到自己感兴趣的内容。正文中的阐述方式采用了平等对话的形式，并提出了一些问题让读者思考。这样的写作形式，试图拉近作者与读者的距离，增加读者的参与度，让读者更感亲切。

这套书是如何形成的？

时间与人员：丛书撰写历时五年。丛书作者 25 人，有省特级教师、省优秀教师、省市教坛新秀和骨干教师。他们都是“朱乐平小学数学名师工作室”的成员，是经过自愿报名、笔试、面试后，在众多的报名者中脱颖而出者。

目标与问题：丛书撰写的目标是为了与大家分享成果，试图在分享中促进数学老师的专业发展，让更多的老师能够减轻工作负担，提高数学教学水平。如何真正促进数学教师的专业发展？有人说，要“实践—认识—再实践—再认识”。这很正确，但任何一个专业要发展都应该如此。也有人说，要“多读书，多交流”。这很对，但对所有专业的发展都适用。还有人说，要“多实践，多反思”。这也很有道理，但缺少了教师专业发展的特点。

观念与操作：通过课例研究，促进专业发展——这是具有教师职业特点的专业发展之路。数学教师主要通过一节课一节课的教学体现出自己的专业水平，学生主要通过一节一节数学课的学习而成长。可见，对一节节课进行研究的重要性怎么强调都不会过分。数学教师通过一节一节课的研究定能提高自己的专业水准，而研究出的成果又可以与同行分享，并有可能减轻同行的工作负担。正是基于上面的这些想法，我们才花五年时间写出了这套丛书，希望同行们能够从中得到一些启迪。

由于水平所限，书中一定存在不足甚至错误，敬请读者批评指正。

朱乐平

2013 年 7 月于杭州

目　录

4 学生学习圆周长的可能性研究

5 教学设计比较研究

6 理论指导下的教学实践与探索

1

上位数学知识研究

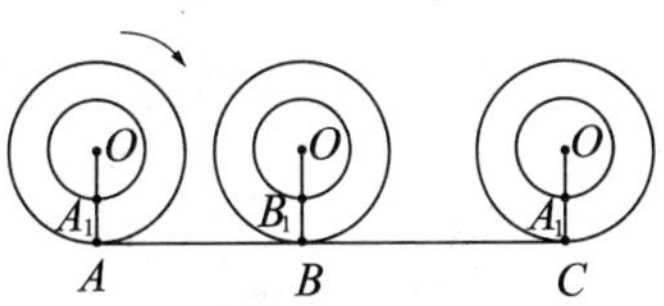

看到这一章的标题，你可能就在想：什么叫作上位数学知识？它对我们的数学教育实践又有什么积极意义？

所谓的上位数学知识，是指教师所具有的特定学科的知识，与当下教学的数学知识之间是上下位的关系，既包括当下知识的源头，也包括当下知识的后续发展。显然，具有丰厚的上位数学知识有利于教师在教学中更好地把握教学内容的数学本质，设计符合数学本身发生、发展规律而又切合学生学习特点的教学过程，使教师教得轻松、学生学得轻松。要更好地把握所教知识的数学本质，不仅要理解该知识在学科逻辑体系中的地位和作用，把握其与前后知识之间的联系，还要了解该知识发生、发展的历史过程，更好地理解我们所教的知识是如何以及为何会成为如今的面貌，从而为设计与实施自然流畅、清新易懂的教学过程奠定扎实的基础。因此，本书所界定的上位知识不仅包括作为学科科学体系的知识，还包括关于它发生、发展的历史的知识。

本章我们将与你一起思考并讨论、交流上述问题。

1.1 上位数学知识解读

1.1.1 圆周长概念的解读

如何给圆周长下定义？

> **思考**
>
> 在你的求学生涯中，学到过哪些圆的周长的不同形式的定义？分别与哪些数学分支相关？

在平面几何中，周长是指封闭曲线一周的长度。由于圆是“到定点的距离等于定长的点的轨迹”，因此，这一轨迹（封闭曲线）的长度就是圆的周长。

圆也被定义为是欧氏平面内到定点的距离等于定长的点的集合，即点集 $R=\{P \mid OP=r,\ r>0\}$，圆的周长可以被认为是这一点集的测度。

在解析几何中，圆被定义为满足方程 $(x-a)^2+(y-b)^2=r^2$ 的点的集合，如图 1.1 所示。其图像为笛卡尔坐标系中以 $O(a,b)$ 为圆心，r 为半径的圆，围成圆的曲线长即是圆周长。

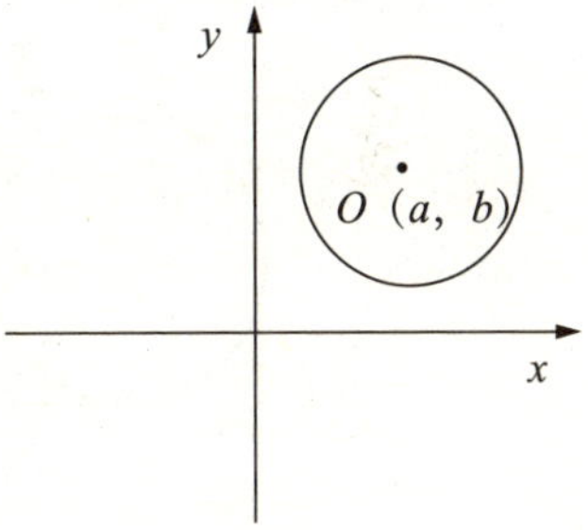

图 1.1

圆周长是曲线长，曲线长不同于直线长。如何利用直线长来刻画曲线长呢？我们知道，当圆内接（或外切）正多边形的边数无限增加时，正多边形就无限趋近于圆，这就有了极限意义上的圆周长：当圆内接（或外切）正多边形的边数无限增加时，内接（或外切）正 n 边形的周长 P_n 就无限接近于一个确定的值，这个值叫作圆周长 C，即 P_n 的极限是 C。

思考

你所教的教材是否明确定义了圆周长？如果是，是上述中的哪一种？定义中的关键词有哪些？你如何引导学生理解？如果不是，你认为需要明确定义吗？为什么？在没有明确定义的情况下，你将如何让学生把握概念本质？

为什么“滚动法”可以测量圆周长？

思考

你打算如何向学生解释为什么“滚动法”可以测量圆周长，即为什么“圆沿直线滚动一周所经过的距离就是这个圆的周长”？

为什么“圆沿直线滚动（以下所说的‘滚动’均为‘无滑动的滚动’）一周所经过的距离就是这个圆的周长”呢？这样的解释你听说过吗？如图1.2所示，在滚动的过程中，圆周上的每一个点都正好与直线上的一个点重合，这样，曲线就转化为直线，圆周长就转化为直线上线段的长度。

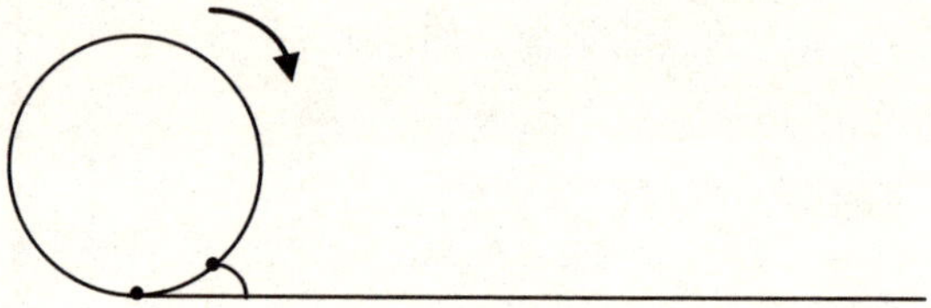

图 1.2

这样的解释会导致“同心圆周长相等”的“悖论”：

如图1.3所示，O为两个同心圆的圆心，在滚动的初始位置，大圆与直线相切于A点，连接OA，交小圆于A_1，此时，O、A、A_1三点成一直线。同理，在滚动的过程中，必始终存在圆心、切点、小圆上一点三点成一直线，也就是说，大圆与直线的任一切点总有小圆上唯一的一个点与之对应；反之，小圆上任意一点必有大圆与直线的唯一的一个切点与之对应，因此大圆滚动一周，小圆也必然正好滚动一周，大圆滚动一周所经过的距离就是大圆的周长，小圆滚动一周所经过的距离就是小圆的周长，显然，大圆和小圆滚动一周所经过的距离都是直线上线段 AC 的长度，因此，大圆周长等于小圆周长，即“同心圆周长相等”。

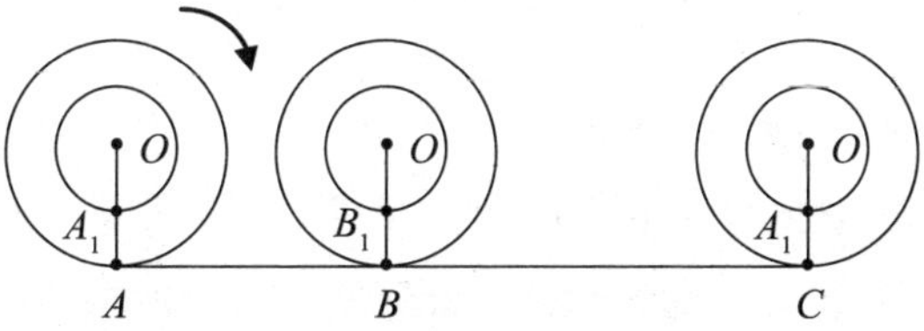

图 1.3

“同心圆周长相等”显然是一个荒谬的结论，导致这一悖论的原因何在呢？我们把圆看成“点的集合”，通过圆心、切点、小圆上一点三点成一直线，建立大圆、小圆、线段 AC 上点之间的一一对应关系，这只能说明这三个“点的集合”是等势的，而不能说明大圆周长、小圆周长、线段 AC 的长度之间有任何关系。原因很简单，因为“点没有大小”，是不能用几何量来刻画的，它只表示线上的一个位置。同样，我们也不能用“点重合”来解释“圆沿直线滚动一周所经过的距离就是这个圆的周长”。

如何来理解这一命题呢？让我们借助“点动成线”来思考：

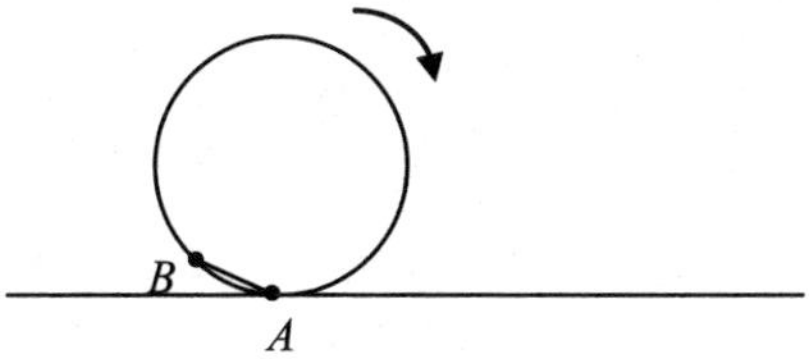

图 1.4

如图 1.4 所示，设一点 M 做圆周运动，从时刻 t_1 到时刻 t_2 由图中 A 处运动到 B 处，用 Δt 表示从时刻 t_1 到时刻 t_2 的时间增量，Δs 为弧 AB 的长度。当 Δt 无限趋向于 0 时，Δs 也趋于 0，弦 AB 的长度无限逼近弧 AB 的长度。弧 AB 不能与直线上的线段重合，但弦 AB 却可以。如果把弧看作弦的极限，把弦的极限看作弧的等价替代物，这样，我们就可以把圆周长 C 看作正 n 边形周长 P_n 的极限——正 n 边形沿直线滚动，其每一边自然可以与直线上的线段重合，其周长相应地就转化为直线上的线段长，相应地，点的圆周运动转化为圆的滚动，圆周长就转化为直线上线段的长度。

在“同心圆周长相等”的“悖论”中，同心圆圆心的位移就是大圆滚动一周的距离，也就是大圆的周长，显然大于小圆的周长，这是因为小圆在滚动的过程中还产生了滑动。

思考

你能用上面的方法向学生解释为什么“圆沿直线滚动一周所经过的距离就是这个圆的周长”吗？除此之外还有没有别的办法？

1.1.2 圆周率概念的解读

如何给圆周率下定义？

思考

除了小学课本上圆周率的定义外，你还能想出哪些方法来定义圆周率？

原则上，任何含有圆周率 π 的公式都可以用来定义圆周率。

早在公元两千多年前，古代的巴比伦、埃及、中国和以色列人就已先后发现了一个事实：不管圆的大小如何，它的周长除以它的直径总是一个不变的数值（常数），人们把这个常数叫作圆周率。圆周率是指平面上圆的周长与直径之比，中国古代有“圆率”、“周率”、“周”等名称。圆周率通常用 π 表示，π 是希腊语 περιφερεια（圆周）的第一个字母，读音为 pài。这种定义借助了圆周长和直径的比，数量关系十分简单，一直沿用至今。

当然，圆周率可以有多种不同的定义方法，如：

借助单位圆的概念（以圆的半径长度作为单位长度 1），可以定义其周长的一半为圆周率 π，也可以定义其面积为圆周率 π。π 也是

$$4\int_0^1 \sqrt{1-x^2}dx$$

的值，这实际上就是用积分求一个单位圆的面积。

在分析学里，π 被定义为满足 $\cos x=0$ 的最小正实数的 2 倍。

韦达给出的公式

$$\frac{2}{\pi}=\frac{\sqrt{2}}{2}\times\frac{\sqrt{2+\sqrt{2}}}{2}\times\frac{\sqrt{2+\sqrt{2+\sqrt{2}}}}{2}\times\cdots$$

表明仅仅借助数字2，通过一系列的加、乘、除和开平方也可求得 π 的值。

我们在这里提出了用不同方法定义的圆周率 π，其目的是要说明定义一个对象的方法是不唯一的，可以有多样的选择，但定义一旦给出却又必须是唯一的，这就需要我们既认识到做出这种选择的合理性，又要对其他的定义形式的合理性有深刻的理解。只有这样，我们对一个数学对象的认识才是立体的、深入的。

为什么圆周率是一个常数？

借助圆作为正 n 边形极限的概念，我们来证明圆周率是一个常数。下面以周长和直径之比、面积与半径的平方比来进行说明。

先来证明圆周长 C 和直径 d 的比是一个常数。如图1.5所示，以 O 为圆心作两个同心圆，周长分别为 C 和 C'，直径分别为 d 和 d'，相应的内接正 n 边形的边长分别为 a_n 和 a_n'，周长分别为 P_n 和 P_n'。很明显，两个内接正 n 边形相似，有

$$a_n' : a_n=\frac{d'}{2} : \frac{d}{2}，即\ a_n' : a_n = d' : d，有$$

$$na_n' : na_n = d' : d，即\ P_n' : P_n = d' : d，有$$

$$P_n' : d' = P_n : d$$

取极限后就得到 $C' : d' = C : d$，这就说明周长 C 和直径 d 的比是一个常数。

再来看看圆面积 S 和半径 r 平方的比。同样，我们把圆面积看作其内接正 n 边形面积 S_n 的极限 A，即当 n 无限增加时，内接正多边形的面积组成的无穷数列 S_3，S_4，S_5，S_6，…的极限是 A。如图1.6所示，作圆 O 的内接正 $2n$ 边形，连接它的中心与顶点得 $2n$ 条连线，分多边形为 $2n$ 个等腰三角形，图中 $\triangle AOC$ 和 $\triangle BOC$ 为其中两个相邻的三角形，连接 AB，可知 OC 垂直平分 AB，于是有

$$\triangle AOB\ 的面积=\frac{OD\cdot AB}{2}，\triangle ACB\ 的面积=\frac{CD\cdot AB}{2}$$

由 AB 是正 n 边形的一边，边长为 a_n，可知

$$\begin{aligned}&\triangle AOB\text{ 的面积}+\triangle ACB\text{ 的面积}\\=&\triangle AOC\text{ 的面积}+\triangle BOC\text{ 的面积}\\=&\frac{(OD+CD)\cdot AB}{2}\\=&\frac{r\cdot a_n}{2}\end{aligned}$$

由于圆内接正 $2n$ 边形有 n 个这样的相邻三角形组 $\triangle AOC$ 和 $\triangle BOC$ 组成，所以

$$S_{2n}=\frac{n\cdot r\cdot a_n}{2}$$

由于多边形周长 $P_n=na_n$，因而

$$S_{2n}=\frac{r\cdot P_n}{2}$$

当 n 无限增加时，S_{2n} 趋向于 A，P_n 趋向于圆周长 C，就有

$$A=\frac{r\cdot C}{2}=\frac{r\cdot 2\pi r}{2}=\pi r^2$$

可知 π 为常数。

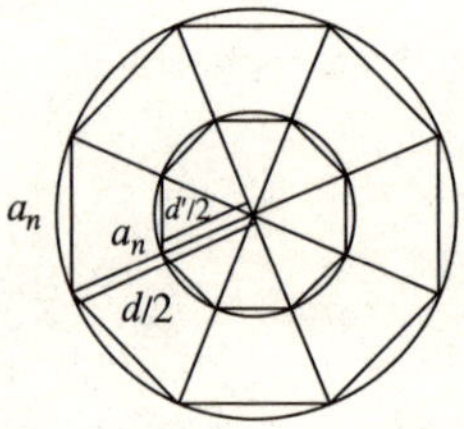

图 1.5

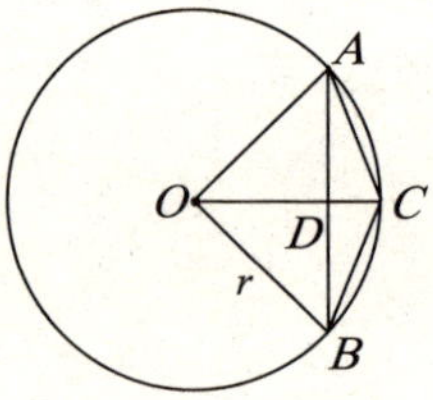

图 1.6

思考

能否利用“圆周长是正 n 边形周长当 n 趋于无限时的极限”来帮助学生认识圆周率是一个定值？如果能，你打算如何做？

圆周率 π 是一个怎样的常数？

思考

圆周率 π 是一个怎样的数？你打算如何向学生介绍这个数？

圆周率 π 是无理数，而且是超越数。

π 是小学数学中涉及的唯一一个无理数，其他的都是有理数。无理数与有理数的区别是：所有的有理数都可以表示为两个整数之比，而无理数不能。把有理数和无理数都写成小数形式时，有理数能写成有限小数和无限循环小数，比如

$$4=4.0,\ \frac{4}{5}=0.8,\ \frac{1}{3}=0.33333\cdots$$

根据所给的有限小数和无限循环小数，我们也能方便地把它们表示为分数形式（两个整数之比）。而无理数只能表示成无限不循环小数，比如

$$\sqrt{2}=1.414213562\cdots$$

根据这一点，人们把无理数定义为无限不循环小数。由于无法把一个无限不循环小数的所有数位上的数都写出来，所以不可能仅根据写出来的部分数字确定所表示的无理数究竟是什么，如根据“无限不循环小数 3.1415926…”你能断定这个无理数就是 π 吗？另外，小学数学中求圆周率的方法通常表示为 $\pi=\frac{C}{d}$，容易给人 π 是一个有理数（分数）的错觉，实际上该式中的 C 和 d 不能同为有理数。需要注意的是，小学数学教学中经常采用测量圆周长和直径，通过求周长和直径的倍数关系的办法求圆周率的近似值，这个近似值是一个有理数。因为测量得到的周长和直径都是有理数（有限小数），求得的比值当然也是有理数，而不是无理数。

关于 π 是无理数的证明，是 1761 年由德国数学家约翰·海因里希·兰伯特（Johann Heinrich Lambert）完成的。他把 $\tan\frac{m}{n}$ 写成一个繁分数的形式，证明如果 $\frac{m}{n}$ 是有理数，这个繁分数的项数就是无穷的。但是根据繁分数的性质，项数是无穷的繁分数表示的是一个无理数。由于这个命题是真（繁分数的性质），命题“对于项数有限的繁分数，$\frac{m}{n}$ 是无理数”为真。由 $\tan\frac{\pi}{4}=1$，1 是有限项的繁分数，所以 $\frac{\pi}{4}$ 是无理数，则 π 为无理数。

数学上把一个整系数代数方程的实数或复数根叫作代数数。这就是说若 x 是一个代数数，那么，必然存在整数

$$a_n, a_{n-1}, a_{n-2}, \cdots, a_0 \quad (n \geqslant 1, a_n \neq 0)$$

使 x 是以下方程的根：

$$a_n x^n + a_{n-1} x^{n-1} + \cdots + a_2 x^2 + a_1 x + a_0 = 0$$

把不是代数数的数叫作超越数。1882 年，德国数学家林德曼证明了 π 是超越数，完全否定了“化圆为方”的尺规作图问题，所谓的“化圆为方”问题，是指用尺规“作与圆相等面积的正方形”，曾是世界三大数学难题之一。

关于 π 是超越数，小学数学教学中通常也不做介绍，它的证明比较复杂，这里就不再特别说明了。

⊙ 如何认识 π 精确度的价值？

我们已经知道，不同的问题对 π 值的精确度提出了不同的要求。对于古代的木工来说，“周三径一”或许已经够用，但同样用这一值来进行天文学计算就会造成较大的误差。那么，是不是 π 值越精确越好呢？

实际上，把 π 的数值算得过分精确，应用意义并不大。现代科技领域使用的 π 值，有十几位已经足够。如果用鲁道夫的 35 位小数的 π 值计算一个能把太阳系包围起来的圆的周长，误差还不到质子直径的百万分之一。我们还可以引用美国天文学家西蒙·纽克姆的话来说明这种计算的实用价值：“十位小数就足以使地球周界准确到一英寸以内，三十位小数便能使整个可见宇宙的四周准确到连最强大的显微镜都不能分辨的一个量。”（陈仁政，2005）[204]那么，为什么数学家们还不停止对 π 的探索呢？为什么 π 的小数值有如此大的魅力呢？

这其中大概免不了有人类的好奇心与领先于人的心态在作怪，但除此之外，还有许多其他原因：

一是可以被人们用来测试或检验超级计算机的各项性能，特别是运算速度与计算过程的稳定性。这对计算机本身的改进至关重要。就在几年前，当 Intel 公司推出奔腾（Pentium）时，发现它有一点小问题，这问题正是通过运行 π 的计算而找到的。这正是超高精度的 π 计算直到今天仍然有重要意义的原因之一。

二是计算的方法和思路可以引发新的概念和思想。在算 π 的过程中，对各种无穷表达式的研究促进了相应理论的发展。例如无穷乘积式、连分数式、最佳逼近理论、蒙特卡洛方法等。虽然计算机的计算速度超出任何人的想象，但毕竟还需要由数学家去编制程序，指导计算机正确运算。因而如何改进计算技术，研究出更好的计算公式，使公式收敛得更快，能极快地达到较高的精确度，仍是数学家们要面对的一个重要课题。

三是检验公式的优劣。如果一台计算机在相同条件下，先后用两个公式算 π 的同样多位数，如雷恩奇和丹尼尔·山克斯用同一台 IBM—7090 型机，先用斯托默公式把 π 算到小数点后 100265 位，用了 523 分钟，然后用高斯公式算到相同位数，仅用时 481 分钟，显然后一公式优于前一公式。(陈仁政，2005)[187]

四是促进了数学的发展。例如，前面所提到的计算，不管用什么公式都必须从头算起，一旦前面的某一位出错，后面的数值完全没有意义。于是，有人想能否计算时不从头开始，而是从半截开始呢？这一根本性的想法就是寻找并行算法公式。1996 年，圆周率的并行算法公式终于找到，但这是一个 16 进位的公式，是否存在 10 进位的并行计算公式？这仍是未来数学的一大难题。(陈仁政，2005)[241]

又如，π 的数值分布引发了许多的思考：作为一个无穷数列，数学家感兴趣的是把 π 展开到上亿位，能够提供充足的数据来验证人们所提出的某些理论问题，可以发现许多迷人的性质。如，在 π 的十进展开中，10 个数字，哪些比较稀，哪些比较密？π 的数字展开中某些数字出现的频率会比另一些高吗？或许它们并非完全随机？

数学家弗格森最早有过这种猜想：在 π 的数值中各数码出现的概率相同。正是他的这个猜想为发现和纠正向克斯计算 π 值的错误立下了汗马功劳。然而，猜想并不等于现实。弗格森想验证它，却无能为力。后人也想验证它，也是苦于已知的 π 值的位数太少。甚至当位数太少时，人们有理由对猜想的正确性做出怀疑。如，数字 0 的出现机会在开始时就非常少。前 50 位中只有 1 个 0，第一次出现在 32 位上。可是，这种现象随着数据的增多，很快就改变了：100 位以内有 8 个 0；200 位以内有 19 个 0……1000 万位以内有 999440 个 0……60 亿位以内有 599963005 个 0，几乎占 $\frac{1}{10}$。其他数字又如何呢？结果显示，每一个都差不多是 $\frac{1}{10}$，有的多一点，有的少一点。虽然有些偏差，但都在 $\frac{1}{1000}$ 之内。

人们还想知道：π 的数字展开真的没有一定的模式吗？我们希望能够在十进制展开式中通过研究数字的统计分布，寻找任何可能的模型——如果存在这种模型的话。但迄今为止尚未发现有这种模型。同时我们还想了解：π 的展开式中含有无穷的样式变化吗？或者说，是否任何形式的数字排列都会出现呢？著名数学家希尔伯特在没有发表的笔记中曾提出下面的问题：π 的十进展开中是否有 10 个 9 连在一起？以现在算到的 60 亿位数字来看，已经出现：连续 6 个 9 连在一起。希尔伯特的问题答案似乎应该是肯定的，看来任何数字的排列都应该出现，只是什么时候出现而已。但这还需要 π 的更多数位的计算才能提供切实的证据。

在这方面，还有如下的统计结果：在 60 亿数字中已出现连在一起的 8 个 8、9 个 7、10 个 6；小数点后第 710150 位与第 3204765 位开始，均连续出现了 7 个 3；小数点后第 52638 位起连续出现了 14142135 这 8 个数字；小数点后第 2747956 位起，出现了有趣的数列 876543210，遗憾的是前面缺个 9；还有更有趣的数列 123456789 也出现了。如果继续算下去，看来各种类型的数字列组合都可能会出现。

思考

学生往往容易理解 π 精度不足带来的弊端，却不容易想到精度过高其实也是一件让人抓狂的事，你是否打算向学生介绍 π 精确度的价值？如果是，你打算选择哪些内容做介绍？如何介绍？你想过把这些资料放到网上让学生自己去阅读吗？你的学生正等着你让他们去上网呢！

圆周率与弧度制之间有什么关系？

设圆的半径为 1，把圆的周长 2π 等分，1 等份弧所对的圆周角的大小称为 1 弧度。以 1 弧度角为量角大小的单位，称此度量制为弧度制，以示与角的另一种度量制——角度制区别。弧度制的基本思想是使圆半径与圆周长有同一度量单位，然后用对应的弧长与圆半径之比来度量角度。

18 世纪以前，人们一直是用线段的长来定义三角函数的。瑞士数学家欧拉在其 1748 年出版的一部划时代的著作《无穷小分析概论》中，提出三角函数是对应的三角函数线与圆半径的比值，并令圆的半径为 1，使得对三角函数的研究大为简化。不仅如此，经过后来数代人的工作，弧度制在导数、微分、积分三大领域也取得了显著成效。

试一试

试述用弧度计算弧长、扇形面积、圆周长、圆面积的计算方法。

1.1.3 研究圆周率的主要方法

思考

你在教学中通常采用哪些研究圆周率的方法？做通识性介绍的方法有哪些？除此之外，你还了解哪些研究圆周率的方法？

圆周率的研究方法具有比较明显的历史阶段性，与当时的数学发展水平和科学技术发展水平有着密切的关系。

第一类方法是数学实验方法，即通过实验测量对 π 值进行估算，这也是圆周率研究历史的第一阶段，我们不妨称之为实验法时期。这种对 π 值的估算结果是基于对一个圆的周长和直径的实际测量而得出的。

在古代，人们出于生产、生活实践的需要，如制作车轮（如图 1.7 所示）、水车（如图 1.8 所示）、圆形陶器、木桶、帽子，建造圆形建筑等，逐渐发现了圆的周长和直径之间的比例关系。如在我国，刘徽（225—295）之前“圆径一而周三”曾广泛流传，约成书于公元前 1 世纪的我国第一部算学著作《周髀算经》中，就记载有圆“周三径一”这一结论，木工师傅中有两句从古流传下来的口诀，叫作“周三径一，方五斜七”，意思是说，直径为 1 的圆，周长大约是 3，边长为 5 的正方形，对角线之长约为 7，反映了早期人们对圆周率 π 和$\sqrt{2}$这两个无理数的粗略估计。

车轮的边框叫作辋，车轮中心、有洞可以插轴的部分叫作毂，连接车辋和车毂的直条叫作辐。

图 1.7

图 1.8

在古代，人们实际上长期使用 $\pi=3$ 这个数值。最早见于文字记载的有基督教《圣经》中的章节，其中取圆周率为 3。其他如巴比伦、古印度、我国古代等也长期使用 3 这个粗略而简单实用的数值。在我国东汉时期，官方还明文规定圆周率取 3 为计算面积的标准，后人称之为“古率”。

早期的人们还使用了其他粗糙的研究方法。如古埃及、古希腊人曾用谷粒摆在圆形上，以数粒数与方形对比的方法取得数值。或用匀重木板锯成圆形和方形以称量对比取值，等等，由此，得到圆周率的稍精确些的值。

随着社会发展和科学技术的进步，人们对圆周率提出了更为精准的要求，如天文测量和历法编制。使用类似实验的方法，要获得比较准确、实用的圆周率大非易事，无论使用更大的圆和更精确的尺子，误差都客观存在。人们逐步创造了新的方法。

第二类方法是形形色色的割圆术，我们称之为古典法（陈仁政，2005）[75]或几何法时期。

所谓的割圆术，就是先作出圆的边数较少的内接或外切正多边形（有时两者都作），通过计算其边长进而求出其周长或面积（有时两者都求），再将正多边形的边数增加一倍，重复上述计算；再增加，再计算……这样，当边数无限增加时，算出的这些正多边形的周长（或面积）就接近圆周长（或面积）了，由此就可根据圆周长（或面积）公式求得 π 值。中西方所采用的割圆术稍有不同，但本质是一样的。中国主要是由圆内接正多边形逼

近求 π，这种方法由刘徽所创，并为历代数学家继承和发展，西方则常用内接与外切正多边形两面“夹击”，以算术平均数求 π。

从理论上来说，利用割圆术可以得到所需的任意精度的 π——算到某一边数并按精度要求把 π 值界定在某一范围内或取近似值。但这实际上非常困难，受到计算工具等的限制，其巨大的计算量，令结果的每一次改进都需要付出艰巨的劳动。德国人鲁道夫穷其一生之力也只求到 35 位小数的圆周率，可说已经登峰造极，再向前推进，必须在方法上有所突破。而微积分的出现提供了新的工具。

思考

你在教学中介绍割圆术了吗？介绍它与实验法相比的优点在于可以得到任意精度的 π 值了吗？

第三类方法就是所谓的分析法（陈仁政，2005）[108]。分析是微分学、积分学、级数、函数论、微分方程、变分法、泛函分析等分支学科的总称，前三种通常又称数学分析。用分析法求 π 主要是将 π 展开为无穷幂级数来求解。主要使用这一方法的时期我们姑且称之为分析法时期，这一时期主要借助手工计算。

苏格兰数学家詹姆斯·格雷戈里发现了公式：

$$\arctan x = x - \frac{x^3}{3} + \frac{x^5}{5} - \frac{x^7}{7} + \cdots \quad (-1 < x \leqslant 1)$$

这一公式在分析法求 π 值中有着广泛的应用，虽然格雷戈里本人并没有意识到他的发现为 π 的计算开辟了一个新时代。如莱布尼茨在独立发现这一公式后，得到了当 $x=1$ 时的计算公式：

$$\frac{\pi}{4} = 1 - \frac{1}{3} + \frac{1}{5} - \frac{1}{7} + \cdots$$

夏普假设格雷戈里公式中 $x = \sqrt{\frac{1}{3}}$，得到

$$\frac{\pi}{6} = \sqrt{\frac{1}{3}} \cdot \left(1 - \frac{1}{3 \cdot 3} + \frac{1}{3^2 \cdot 5} - \frac{1}{3^3 \cdot 7} + \frac{1}{3^4 \cdot 9} - \cdots\right)$$

英国伦敦格雷斯汉姆大学天文学教授马青发现了一个重要的公式：

$$\frac{\pi}{4} = 4\arctan\frac{1}{5} - \arctan\frac{1}{239}$$

欧拉发现了：

$$\frac{\pi}{4}=5\arctan\frac{1}{7}+2\arctan\frac{3}{79}=2\arctan\frac{1}{3}+\arctan\frac{1}{7}$$

高斯发现了：

$$\frac{\pi}{4}=3\arctan\frac{1}{4}+\arctan\frac{1}{20}=\arctan\frac{1}{1985}$$

在用分析法求 π 值的过程中，最重要的是所用公式求值的收敛快慢，如同样用格雷戈里公式，如果设 $x=1$，就得到莱布尼茨公式，设 $x=\sqrt{\frac{1}{3}}$，就得到夏普公式。经过计算可以知道，用莱布尼茨公式求 π，准确值到小数点后两位就要用 200 项，而用夏普公式只需取前 5 项，孰优孰劣，泾渭分明。

1949 年 6 月，美国数学家列维·史密斯和雷恩奇算出 1121 位（一说 1118 位）小数的 π 值，创造了人工算 π 的最高纪录。这里的“人工算”，是指用纸、笔由“手工”计算，晚期还加上台式手摇计算机、计算尺等实用机械计算器具。至此，历经 3 个世纪，“人工”算 π 宣告结束，人类迎来了计算机计算的新时代。

第四类方法的特点主要在于计算工具的变革和算法的进一步改进，使用计算机研究圆周率的这一时期我们且称之为计算机时期（陈仁政，2005）[121]。

1946 年，世界第一台计算机 ENIAC 制造成功，标志着人类历史迈入了电脑时代。机器代替人工具有可靠、快速的特点，所以诞生不久就被用作计算 π 的威力强大的武器。电子计算机计算 π 的大致过程是：选定计算 π 的公式，编程后输入计算机，发出计算指令计算，然后打印或存档。

在这一阶段，数学家们已不再满足于用了 200 多年的微积分方法——特别是其中正反切按格雷戈里公式展开的算法，而寻找各种新算法。下面介绍其中的两种。

一是“沙－波法”，即“相关二次算法”，也叫“高斯－沙拉明－波伦特法”。这种算法基于算术—几何平均值，和某些源于高斯的思想——但高斯没有将它和算 π 联系起来。这种算法产生的近似值收敛到 π 的速度，比任何经典公式快得多。简述如下：

设 $a_0=1$，$b_0=\frac{1}{\sqrt{2}}$，$s_0=0.5$，对于 $k=1, 2, 3, \cdots$，计算

$$a_k=\frac{a_{k-1}+b_{k-1}}{2},\ b_k=\sqrt{a_{k-1}b_{k-1}},\ c_k=a_k^{\ 2}-b_k^{\ 2},\ s_k=s_{k-1}-2^k c_k,$$

$$\pi_k=\frac{2a_k^{\ 2}}{s_k}$$

然后，π_k平方地收敛 π。这就是说，这个算法每次迭代大致使正确的位数加倍，将 π 算到4500 万个准确的十进制数字，只要 25 次迭代就足够了。

二是椭圆积分法。这种方法源于“拉玛努金公式”（简称“LM”）：

$$\frac{1}{\pi}=\frac{2\sqrt{2}}{9801}\cdot\sum_{n=0}^{\infty}\left[\frac{(4n)!}{(n!)^4}\cdot\frac{1103+26390n}{396^{4n}}\right]$$

用这个公式的前两项就可以得到 6 位准确的 π 值。可见，这是一个收敛得很快的公式。1989 年，美国哥伦比亚大学的达维德 · 丘德诺夫斯基和格雷戈里 · 丘德诺夫斯基将“LM”改良为“丘德诺夫斯基公式”（简称“QD”）：

$$\frac{1}{\pi}=12\cdot\sum_{n=0}^{\infty}\frac{(-1)^n(6n)!(13591409+545140134n)}{(3n)!(n!)^3(640320^{3n+\frac{3}{2}})}$$

用“QD”每计算一项可以得到 π 的 15 位十进制精度。

第五类方法可以称之为概率方法（陈仁政，2005）[138]。

18 世纪法国博物学家 C · 蒲丰做了一个非常著名的“投针实验”，方法是：找一根粗细均匀、长度为 d 的细针，并在一张白纸上画上一组间距为 l 的平行线（方便起见，常取 $l=\frac{d}{2}$），然后一次又一次地将小针任意投掷在白纸上。这样反复地投多次，数出针与任意平行线相交的次数，就可以得到 π 的近似值。因为蒲丰本人证明了针与任意平行线相交的概率为 $p=\frac{2l}{\pi d}$。利用这一公式，可以用概率方法得到圆周率的近似值。在一次实验中，他选取 $l=\frac{d}{2}$，然后投针 2212 次，其中针与平行线相交 704 次，这样求得圆周率的近似值为$\frac{2212}{704}=3.142$。当实验中投的次数相当多时，就可以得到 π 的更精确的值。1901 年，意大利数学家拉兹瑞尼作了 3408 次投针，给出 π 的值为 3. 1415929——精确到小数点后 7 位。这一方法开创了使用随机数处理确定性数学问题的先河，是用偶然性方法去解决确定性计算的前导。

在用概率方法计算 π 值中还要提到的是：R. 查特在 1904 年发现，在两个随意写出的数中，互素的概率为$\frac{6}{\pi^2}$。1995 年 4 月英国《自然》杂志刊登文章，介绍英国伯明翰市阿斯顿大学计算机科学与应用数学系的罗伯特·马修斯，如何利用夜空中亮星的分布来计算圆周率。马修斯从 100 颗最亮的星星中随意选取一对又一对进行分析，计算它们位置之间的角距。他检查了 100 万对因子，据此求得 π 的值约为 3. 12772。这个值与真值相对误差不超过 5%。

第六类方法是物理实验法（陈仁政，2005）[146]。即根据物理学公式，借助物理实验来估计 π 的值，方法有很多。下面仅举一例：由单摆振动周期公式

$$T=2\pi\sqrt{\frac{l}{g}},\ 得\ \pi=\frac{T\sqrt{\frac{g}{l}}}{2}$$

一位学者测得当地重力加速度 $g=9.794$ 米/秒^2，摆长 $l=0.8755$ 米，单摆振动周期 $T=1.878$ 秒，于是求得 $\pi=3.1406\approx3.141$。

思考

上面的方法都不乏引人入胜的魅力，在你的课上，你打算使用哪些方法帮助学生探索圆周率？你还打算把其他的方法向学生做通识性介绍吗？具体介绍哪些？如何介绍？你的学生正个个支着耳朵呢！

1.1.4 如何用实验法探索圆周率

测量直径长度的常用方法有哪些？

思考

在测量某个圆或圆形物体的直径时，你可能会遇到哪些不同的情形？可以采用的相应方法有哪些？

在测量圆的直径时，我们可能遇到的不同情况及其可采用的测量方法主要有以下几种：

如果图上或圆形物品上标有圆心，可以直接过圆心作直径测量。

如果没有标出圆心且圆形可以折叠，根据圆的轴对称性，可以将圆形对折，其对称轴与圆的两个交点即为一直径的两端；如果不可折叠，如图 1.9 所示，根据垂径定理，可任取圆的一条弦，作其垂直平分线（即圆的对称轴），平分线与圆的两个交点即为一直径的两端。

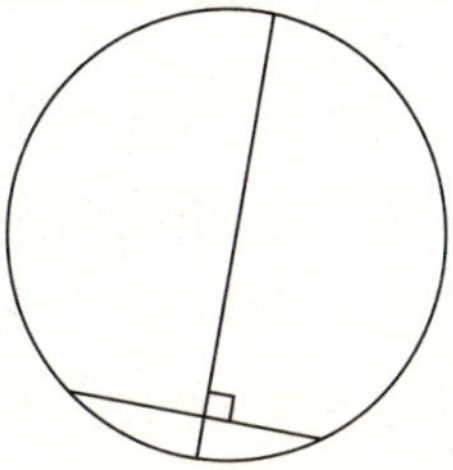

图 1.9

通常还可以用下面的方法测量圆形物品的直径：如图 1.10 所示，令所测圆的圆心为 O，a、c、b 均为圆 O 的切线，$c \perp a$，$b \perp a$，则必有且仅有半径 OC、OD 分别垂直于切线 c、b。因同一平面内两直线 c、b 分别垂直于直线 a，则 c、b 互相平行，且 OC、OD 分别平行于切线 a，由平行公理，C、O、D 三点共线，即 CD 为圆的直径。显然，四边形 $ABCD$ 为矩形，有 $AB = CD$，因此线段 AB 的长度即为圆的直径长。

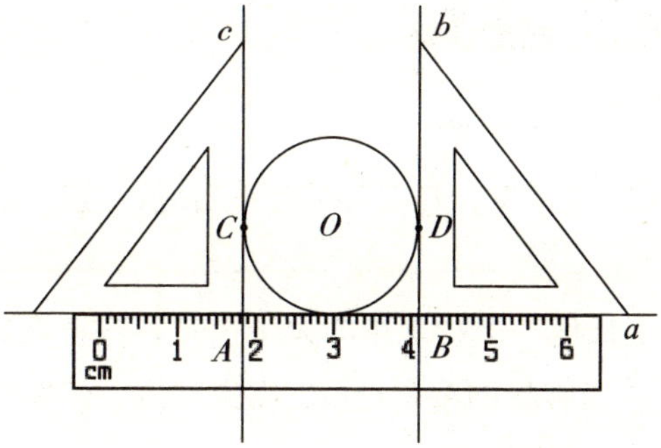

图 1.10

根据直径是圆中最长的弦，存在这样一种测量的方法：如图 1.11 所示，在圆周上任意确定一点，固定为细线的一端，拉紧这条线，沿圆周移动可得线与圆周的一系列交点，观察固定点与交点之间的长度变化，可确定两点间的最大线长，即为该圆直径长。

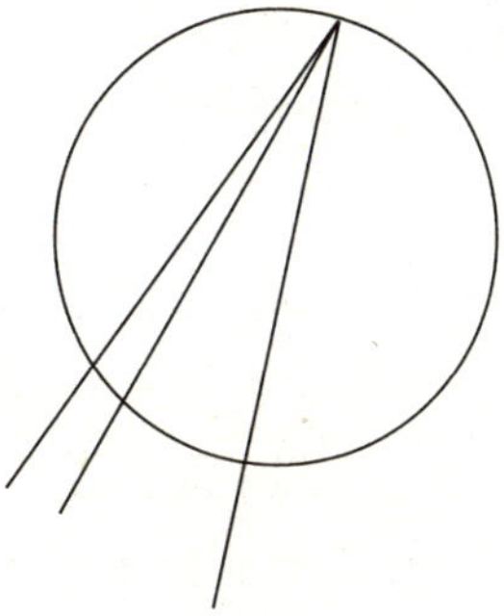

图 1.11

测量圆周长的常用方法有哪些？

圆是曲线围成的图形，可以用软尺绕圆一周的办法直接测量圆的周长，这种方法直接源自周长的定义。

也可以用“化曲为直”的方法测量其周长，如：用细线绕圆一周，拉直后测量所绕线的长度；让圆沿直线滚动一周测量所经过的距离。这是小学数学教材中常见的两种测量方法。

这些测量方法本质上都与把圆看作正多边形的极限有关。

> **思考**
>
> 圆周率的学习为什么要测量圆的周长和直径？不测量行吗？前文所述的这些测量圆周长、直径的方法在促进学生更好地理解圆周长概念、获得较高测量精度上各有什么优缺点？

如何认识和减少测量误差？

> **思考**
>
> 在圆周长、直径的测量中，有没有可能不出现误差？为什么？

在一定条件下，任何一个物理量的大小都是客观存在的，都有一个实实在在、不以人的意志为转移的客观量值，称为真值。若某物理量的测量值为 x，真值为 A，则测量误差定义为：$\varepsilon = x - A$。

在测量中，误差无法避免。根据误差产生的原因及性质，我们可以把误差分为系统误差、随机误差、粗大误差三类。

所谓的系统误差，是指在一定条件下，对同一物理量进行多次重复测量时，误差的大小和符号均保持不变，而当条件改变时，误差按某种确定的规律变化（如递增、递减、周期性变化等），则这类误差称为系统误差。造成系统误差的原因主要包括四个方面：一是仪器的结构和标准不完善或使用不当，如测量周长或直径的尺子不标准等。二是理论或方法误差。测量周长或直径倒不存在这一问题。三是环境误差。它是由于外部环境如温度、湿度、光照等与仪器要求的环境条件不一致而引起的，如温度引起塑料尺的热胀冷缩等。显然，我们对周长和直径测量的精度要求还不需要考虑这些因素。四是实验人员的生理或心理特点所造成的误差，如对尺子读数时总是偏一方斜视等。这是需要提醒学生注意的。

在测量过程中，即使系统误差消除以后，在相同条件下重复测量同一物理量时，仍然不会得到完全相同的结果，其测量值分散在一定的范围内，所得误差（测量值与均值之差）时正时负，绝对值时大时小，既不能预测，也无法控制，呈现无规则的起伏。这类误差称为随机误差。随机误差的产生，一方面是由测量过程中一些随机的未能控制的可变因素或不确定的因素引起的，如人的感官灵敏度以及仪器精密度的限制，周围环境干扰而导致读数的微小变化等。另一方面是由被测对象本身的不稳定性引起的，如用同样方法制作的圆本身存在的微小差异。

明显地歪曲了测量结果的误差称为粗大误差。它是由于实验者使用仪器的方法不正确，粗心大意读错、记错、算错测量数据，或实验条件突变等造成的。含有粗大误差的测量值称为坏值或异常值，正确的结果中不应包含有粗大误差。在实验测量中要极力避免过失错误，在数据处理中要尽量剔除坏值。

思考

系统误差、随机误差、粗大误差各有什么特点？在实际测量中，如何发现和减少误差？

显然，粗大误差容易发现，因而也相对容易消除。随机误差是“正常”的误差，理论和实践都证明，大多数随机误差服从正态分布规律，可以用统计方法估算其对测量结果的影响。需要特别重视的是系统误差，如何发现系统误差呢？

发现系统误差的常用方法包括：①数据分析法。当随机误差比较小时，将待测量的绝对误差按测量次序排列，观察其变化。若绝对误差不是随机变化而呈规律性变化，如线性增大或减小、周期性变化等，则测量中一定存在系统误差。②理论分析法。观测者凭借有关实验的科学理论、实验方法和实验经验对实验理论公式的近似性、实验方法的完善性等进行研究与分析。③对比法。这种方法适合固定的系统误差，包括：a. 实验方法对比。如用不同方法测量同一圆的周长和直径，看在随机误差允许的范围内测量结果是否一致，如不一致，则可判断其中某种方法存在系统误差。b. 仪器对比。如用几把尺子测量同一圆的周长和直径，看在随机误差允许的范围内测量结果是否一致。c. 改变测量条件或测量人员进行对比。在实际教学中，教师往往对学生测量中实际存在的系统误差选择性地视而不见，选择性地读取“良好”的数据作为进一步教学的材料。

系统误差无法避免，对于系统误差，一是进行修正，二是努力消除其影响。具体方法有：①消除产生系统误差的根源。如果能够找到产生系统误差的根源，我们就可以有针对性地选择措施来消除这个根源，从而减小系统误差的影响。②用修正值对测量结果进行修正。用标准仪器对测量仪器进行校准，找出修正值或校准曲线，对结果进行修正。③选择适当的测量方法，减小和消除系统误差。包括：a. 交换法。在测量过程中对某些条件进行交换，使产生系统误差的原因对测量结果起相反的作用。b. 替换法。如制作与硬币同样大小的圆形纸片，找出直径后测量。c. 抵消法。改变测量中的某些条件进行两次测量，使两次测量中误差的大小相等、符号相反，取其平均值作为测量结果以消除系统误差。

思考

在实际教学中，如果发现了学生测量中的系统误差，你是否打算引导学生用本文介绍的方法去发现误差，进而用适当的方法消除或修正误差？为什么？这几个问题是不是让你感到有点纠结，赶紧去找同伴讨论讨论吧！

从上面的分析我们可以得知：一般来说，真值仅是一个理想的概念，只有通过完善的测量才能获得。但是，严格的完善测量难以做到，故真值就不能确定。在实际测量中，一般只能根据测量值确定测量的最佳值。我们通常取多次重复测量的平均值作为最佳值，这个最佳值有时也称为约定真值。

在为求最佳值而进行的多次重复测量时，要尽量保持每次测量为等精度测量。所谓的等精度测量，是指在对某一物理量进行多次重复测量时，每次测量的条件都相同（同一测量者，同一组仪器，同一种实验方法，温度和湿度等环境条件也相同），我们就认为每次测量的精度具有同等级别，因为我们没有任何依据可以判断某一次测量一定比另一次更准确，这样进行的重复测量我们称之为等精度测量。在诸测量条件中，只要有一个发生了变化，这时所进行的测量，就称为不等精度测量。例如，我们用不同精度标准的仪器，如游标卡尺和普通的塑料尺来测量圆的周长和直径，就是不等精度测量。我们通常把用正确方法测得的高精度值称为低精度值的相对真值。

如何利用回归分析求圆周率？

思考

如果我们已经获得较高精度的测量数据，你有哪些方法利用这些数据来探索周长与直径之间的关系？

通过画图、测量等操作实践活动以及日常生活经验，我们已经知道了周长与直径有关，借助测量所得的数据，可以对周长和直径这两个具有相关关系的变量进行统计分析，寻求反映两者之间关系的方程，这就涉及了统计分析中的一种常用方法——回归分析。

回归分析的步骤为画散点图，求回归方程，并用回归方程预报。下面通过具体案例来说明如何用回归分析的基本思想来探讨周长和直径之间的关系。

例 六（1）班8位学生测得的圆的周长和直径数据如下表所示。

编号	1	2	3	4	5	6	7	8
直径/cm	2	2.5	3	3.2	3.9	4.1	4.6	5
周长/cm	6.2	8	9.4	9.9	12.4	12.5	14.1	15.8

选取直径为自变量 x，周长为因变量 y，作散点图（见图1.12）。

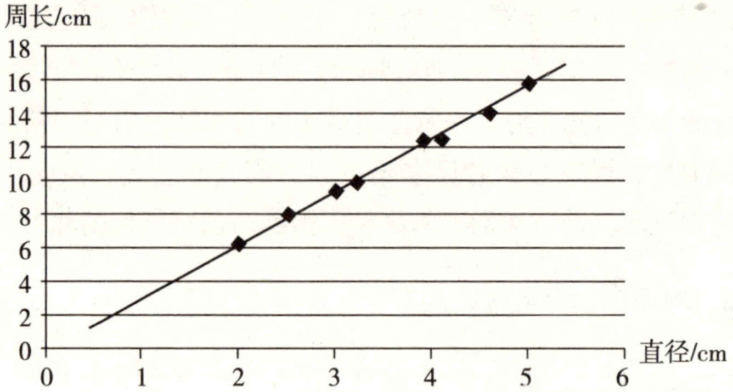

图 1.12

从图 1.12 中可以看出，样本点呈条状分布，这说明周长和直径有比较好的线性相关关系，因此可以用回归直线 $y=bx+a$ 来近似刻画它们之间的关系。未知参数 b 和 a 的最小二乘估计分别为 $\hat{b}$ 和 $\hat{a}$，其计算公式如下：

$$\hat{b}=\frac{\sum_{i=1}^{n}(x_i-\bar{x})(y_i-\bar{y})}{\sum_{i=1}^{n}(x_i-\bar{x})^2}$$

$$\hat{a}=\bar{y}-\hat{b}\bar{x}$$

其中 $\bar{x}=\frac{1}{n}\sum_{i=1}^{n}x_i$，$\bar{y}=\frac{1}{n}\sum_{i=1}^{n}y_i$。$(\bar{x},\bar{y})$ 称为样本的中心点。

根据上面公式，可以得到

$$\hat{b}=3.094，\hat{a}=0.092$$

于是得到线性回归方程

$$\hat{y}=3.094x+0.092$$

$\hat{b}=3.094$ 是回归直线的斜率估计值，说明直径 x 每增加一个单位，周长 y 就增加 3.094 个单位，表明周长与直径具有正的线性相关关系。

从散点图还看到，样本点散布在某一直线附近，而不是在一条直线上，所以不能用一次函数

$$y=3.094x+0.092$$

来描述它们之间的关系。这时周长和直径的关系可用下面的线性回归模型

$$y=3.094x+0.092+e$$

来表示，写成一般式是

$$y=bx+a+e$$

其中 a 和 b 为模型的未知参数，e 是 y 与 $bx+a$ 之间的误差，通常 e 为随机变量，称为随机误差，它的均值 $E(e)=0$，方差 $D(e)=\sigma^2>0$。这样，周长与直径关系的线性回归模型的完整表达式为

$$\begin{cases} y=3.094x+0.092+e \\ E(e)=0,\ D(e)=\sigma^2 \end{cases}$$

在这一线性回归模型中，随机误差 e 的方差越小，用 $bx+a$ 预报真实值 y 的精度越高。随机误差是引起预报值 $\hat{y}$ 与真实值 y 之间存在误差的原因之一，其大小取决于随机误差的方差。另一方面，由于 $\hat{b}$ 和 $\hat{a}$ 为斜率和截距的估计值，它们与真实值 a 和 b 之间也存在误差，这种误差是引起预报值 $\hat{y}$ 与真实值 y 之间存在误差的另一个原因。

我们用回归方程 $\hat{y}=\hat{b}x+\hat{a}$ 中的 $\hat{y}$ 估计 $bx+a$，由于随机误差 $e=y-(bx+a)$，所以 $\hat{e}=y-\hat{y}$ 是 e 的估计量，对于样本点

$$(x_1,\ y_1),\ (x_2,\ y_2),\ \cdots,\ (x_n,\ y_n)$$

而言，它们的随机误差为

$$E_i=y_i-bx_i-a,\ i=1,\ 2,\ 3,\ \cdots,\ n$$

其估计值为

$$\hat{e}_i=y_i-\hat{y}_i=y_i-\hat{b}x_i-\hat{a},\ i=1,\ 2,\ 3,\ \cdots$$

$\hat{e}_i$ 称为相应于点 $(x_i,\ y_i)$ 的残差。

可以通过残差发现原始数据中的可疑数据，判断所建立模型的拟合效果。下表列出了周长和直径的原始数据以及相应的残差。

编　号	1	2	3	4	5	6	7	8
直径/cm	2	2.5	3	3.2	3.9	4.1	4.6	5
周长/cm	6.2	8	9.4	9.9	12.4	12.5	14.1	15.8
残差 $\hat{e}_i$	−0.08	0.173	0.026	−0.0928	0.2414	−0.2774	−0.2244	0.238

试一试

测量若干组圆的直径与周长，得到数据后，用回归分析法求出回归方程，再求残差评估回归模型的拟合效果。不要怕辛苦哦！

在小学教学的实践中，因知识水平所限，我们不可能用回归分析法来求周长与直径之间的关系，而是采用直接指令让学生求周长与直径的比值，进而发现“圆的周长总是直径的3倍多一些”。

思考

采用直接指令让学生测量并求圆的周长与直径的比值的教学方法有什么优缺点?

这种做法的缺陷显而易见：回归分析是基于我们事先并不知道圆的周长和直径之间存在一个固定的倍数关系的现实情况，利用已有的数据来探索两者之间的关系。而后者利用求得的圆周率值估计真值的做法，其实已经告诉了学生圆周长与直径之间存在一个固定的倍数关系。这种做法在大大削弱了探索难度的同时也大大凸显了其优点：少绕弯子，直奔主题，时效颇高。

从测量的角度看，由于无法避免误差，再加上测量工具所能达到的精度的限制，我们可能难以保证“圆的周长总是直径的3倍多一些”，这就需要从另外的角度来看待通过实际测量求得的圆周率的值。这里先简要地介绍一下正态分布，再来看看从统计的角度如何做进一步处理。

正态分布又名高斯分布，其定义如下：若随机变量x服从一个位置参数为μ、尺度参数为σ的概率分布，且其概率密度函数为

$$f(x)=\frac{1}{\sqrt{2\pi}\sigma}e^{\frac{(x-\mu)^2}{2\sigma^2}}$$

则这个随机变量就称为正态随机变量，正态随机变量服从的分布就称为正态分布，正态分布的概率密度函数曲线呈钟形，因此人们又经常称之为钟形曲线（如图1.13所示）。正态分布有两个参数，即均数μ和标准差σ。μ是正态分布的位置参数，决定正态曲线的中心位置（集中趋势位置）。正态曲线的高峰位于正中央，即均数所在的位置，并由均数所在处开始，分别向左右两侧逐渐均匀下降，呈现以$x=\mu$为对称轴、左右完全对称的特点，且曲线两端永远不与横轴相交。σ是正态分布的形状参数，决定正态曲线的陡峭或扁平程度。σ越大，曲线越扁平，数据分布越分散；反之，σ越小，曲线越瘦高，数据分布越集中。

从统计的角度看，如果我们较好地控制了测量误差，使测量误差主要表现为随机误差，那么从理论上来说，求得的圆周率值的概率分布应该服从正态分布，且测量精度越高，概率分布就会越呈现出向中心（对称轴处）收敛的趋势，这个中心的取值就是圆周率的真值，也是所有数据的均值。由此，我们可以根据实际求得的圆周率值的频率分布来拟合理论分布，进而用实际求得的圆周率均值来估计圆周率的真值。

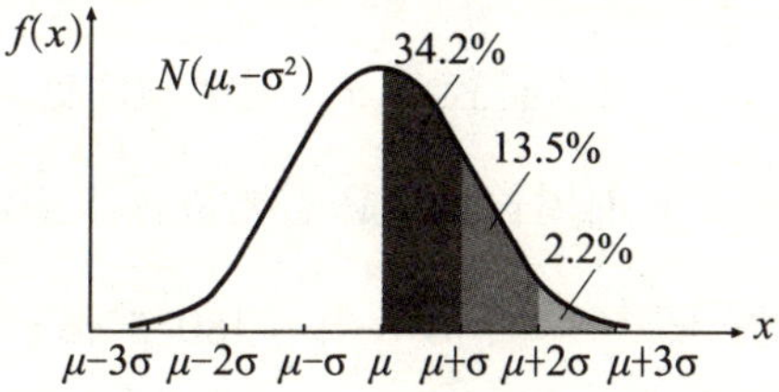

图 1.13

思考

回归分析法与直接指令让学生测量并求圆的周长与直径的比值的教学方法各有什么优缺点？能否实现优势互补？多想想，总会有所得，不是吗？

1.1.5 圆周长计算公式的主要应用

怎样计算圆的周长？

我们可以用字母表示圆周率的定义：$\frac{C}{d}=\pi$，并由此导出几个有用的计算公式：（1）已知直径或半径计算周长 $C=\pi d=2\pi r$；（2）已知周长计算直径或半径 $d=\frac{C}{\pi}$，$r=\frac{C}{2\pi}$。

另外，小学数学教学中求圆周长和面积通常用 π 的近似值 3.14，中学教学通常不用近似值，用字母 π 直接参加运算。

思考

小学数学教学强调用近似值计算，中学提倡用字母 π 直接运算，你认为可能的原因是什么？各有什么优缺点？可以与中学老师讨论讨论，或许很有启发哦！

⊙ 怎样计算半圆面的周长？

如图 1.14 所示，半圆面的直径为 d，则半圆面的周长是圆周长的一半与直径的和：$\frac{\pi d}{2}+d$。半圆面周长的计算需要进一步澄清周长概念，并将其与圆周长的一半区分开来。半圆是圆心角为 180°的弧，不是封闭图形，所以，半圆周长是不存在的。确切的说法是半圆面的周长，这才存在一条把面封闭起来的曲线，可以计算周长。

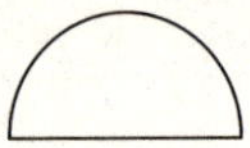

图 1.14

思考

如何引导学生思考并澄清半圆与半圆面的不同？

⊙ 圆周长的应用问题情境模型有哪些？

试一试

收集与周长有关的应用问题，按照从中提取圆周长模型的不同途径和方法把情境分类。工作量很大，要有耐心哦！

小学数学教材中涉及与圆周长计算有关的应用问题，其情境模型主要有以下四类。

第 1 类（简称情境模型 1）如：一面圆形镜子的直径是 20cm，为这面镜子做一个镜框，镜框的长度是多少？这是一类静态模型，需要根据“圆一周的长度就是这个圆的周长”，从情境中识别这是一个与周长计算有关的问题。

第 2 类（简称情境模型 2）如：一个圆形花坛的直径是 20m，它的周长是多少米？这也是一类静态模型，往往直接提出与周长计算有关的问题，不需要从情境中建模的过程。

第 3 类（简称情境模型 3）如：2008 年 9 月 26 日凌晨 4 时 03 分，“神舟七号”飞船成功变轨，进入距地球表面约 343km 的近圆轨道（如图 1. 15 所示），已知地球是一个近似球体，直径约为 12756km，求飞船绕地运行一周所经过的路程。这一类问题与圆的产生式定义有关，计算的是动点绕定点运动一周所经过的路程，对应于物理学中的圆周运动，可以引申出线速度的计算。

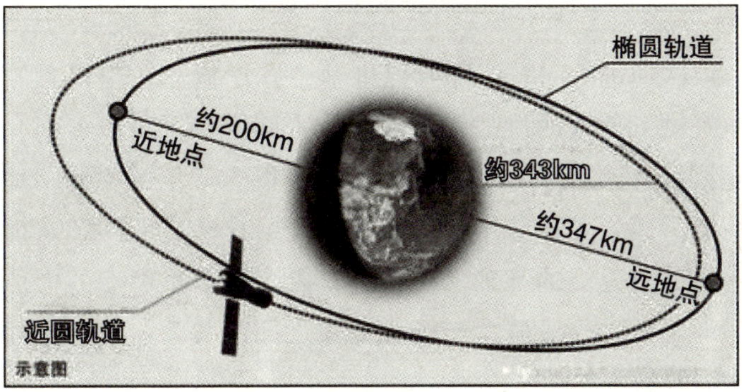

图 1. 15

第 4 类（简称情境模型 4）如：一辆汽车车轮直径是 0. 8m，行驶中某一分钟转了 300 转，汽车这一分钟行驶的路程是多少米？这一类问题与命题“圆沿直线滚动一周所经过的距离就是这个圆的周长”有关，对应于物理学中的滚动。

思 考

从以上四类情境模型中提取数学模型的难度有什么不同？相互之间又有什么联系？如何据此安排教学顺序？好好想，很实用的哦！

这四类情境类型具有层次递进的关系。第 1 类情境可以作为从“周长”概念引出“圆周长”概念的问题情境，是教学的第一层次；第 2 类情境，在前一层次引出“圆周长”概念的基础上，直接利用圆周长的概念确定计算方法，是第二层次；第 3 类情境需先判断飞船绕地运行一周经过的路线是圆，再确定路线长就是圆的周长，是第三层次；解决第 4 类情境问题所包含的命题“圆沿直线滚动一周所经过的距离就是这个圆的周长”对于学生来说是并不直观的，需要借助用细线绕圆一周，从细线两端的接头处开始滚动，向学生展示随滚动的推进细线“化曲为直”的过程，从而理解“圆沿直线滚动一周所经过的距离就是这个圆的周长”的道理，是第四层次。

小贴士

记住圆周长的四类应用问题情境模型，下文还要经常提及，不要到时忘了哦！

显然，层次递进的问题情境为促进学生在学概念、用概念的过程中不断深化理解提供了持续的挑战和机会。从上面的例子可以看出，概念教学的相关问题情境大体可以分成三个层次，即概念产生的原始情境、概念直接应用的情境、概念变式应用的情境。创设层次递进的问题情境需要我们在对情境进行适当分类的基础上，分析新概念与学生已有的上位概念和活动经验之间的关系，分清概念与概念变式之间的关系，进而选择可以拾级而上的层次展开教学。

如何理解转圈悖论？

这个问题可以分成两类来讨论：一类是圆沿封闭凸曲线的外周转圈，另一类是圆沿封闭凹曲线的外周转圈。此处的封闭凸曲线是指过曲线上任意一点作图形的切线，图形在切线的同侧，否则，称图形为封闭凹曲线。

第一类问题如：两枚同样的1元硬币，让其中一枚沿着另一枚的边缘无滑动地滚动，这样绕着不动的硬币转动一周后，它自己转了几圈？我们约定“自己转了1圈”是指转了360°。例如，如果圆周上一点在右，转动后这一点又第一次向右，则“转了1圈”；在第二次向右时，则又“转了1圈”；等等。

思考

如何解此题？如何引导学生进行探索和思考？

这类问题实际上涉及“公转”与“自转”的关系问题，题中的“转动”有两种意义：一种是一枚硬币绕另一枚转动一周，相当于“公转”一周，可以用运动硬币的圆心绕不动硬币的圆心旋转一周来定义；另一种就是硬币“自转”一周，可以用运动硬币圆周上一点绕圆心旋转一周来定义。

令硬币的半径为 r，“公转”一周运动硬币圆心运行的路程为 $4\pi r$，运动硬币的运行可以用圆心的运行来刻画，运动硬币运行 $4\pi r$ 的路程，需要“自转”2 周。因此，运动硬币绕着不动的硬币滚动一周后，它本身转了 2 圈。

还可以这样解释（如图 1.16 所示）：考虑圆（硬币）沿着折线滚动的情况，当圆沿直线 AB 滚动至 B 处时，就要在原地作旋转，旋转 $\alpha/360$ 圈后，才能继续沿直线 BC 滚动，如果折线 ABC 的长度正好是圆周长，那么圆滚完全程需要 $1+\alpha/360$ 圈。如果把折线 ABC 折成一个多边形，由于多边形的外角和是 360°，圆沿多边形外侧滚动一周需滚动 $1+1=2$ 圈。我们可以把圆看成多边形的极限，其外角和仍然是 360°，因此，硬币需要“自转”2 周。

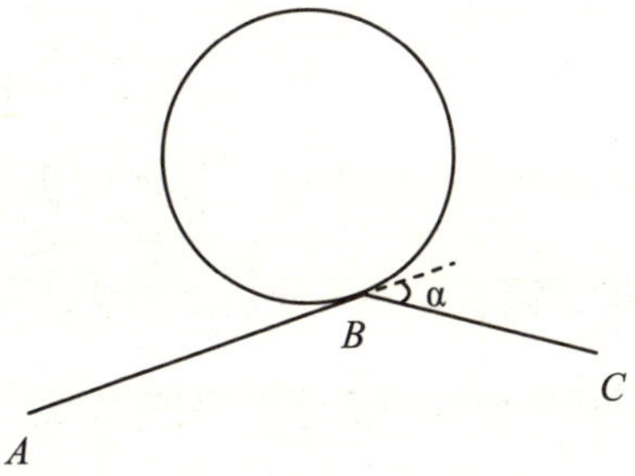

图 1.16

由此可知，一个绕凸多边形外周滚动的圆绕完各边后转的圈数，应是它在与各边总长相等的直线上所转的圈数，再加上多边形外角和所相当的圈数，多边形的外角和恒为 2π，即 1 圈。凸多边形的边数无限增加就成了圆，于是可得结论一：一个圆绕一条凸封闭曲线（或凸多边形）外侧无滑动地滚动时，它自转的圈数是$\dfrac{\text{封闭线总长}}{\text{圆周长}}+1$。

第二类问题如：取 8 个大小相同的硬币，排成如图 1.17 的样子，让最外圈的那一个硬币 O 绕另外 6 个固定不动的硬币无滑动地滚动。问：O 绕它们滚完一周时，O 自己转了多少圈？

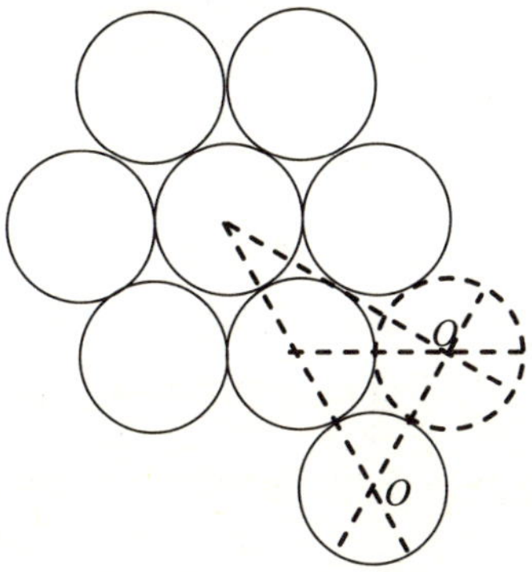

图 1.17

思考

如何解此题？如何引导学生进行探索和思考？很有挑战性哦！

设硬币周长为 C，从图中可以看出，圆 O 滚动到虚线圆 O 的位置时，绕相切的不动圆滚了$\frac{C}{6}$的距离，相当于在直线上滚动$\frac{C}{6}$的距离，需自转 60°，同时，如果我们把相切的不动圆看作是正多边形的极限，那么，滚动圆在多边形的顶点处要做原地旋转，在这$\frac{C}{6}$的弧长上原地旋转的角度应该是正多边形外角总和的$\frac{1}{6}$，即 60°，这就是说，圆 O 绕相切的不动圆滚$\frac{C}{6}$的距离，需要自转 120°，即自转$\frac{1}{3}$圈。绕 6 个圆滚动，这样的弧共有 12 段，共需自转 $12\times\frac{1}{3}=4$ 圈。

如果我们仅仅观察圆心 O 在圆 O 绕相切的不动圆滚$\frac{C}{6}$距离中的运动轨迹，我们发现它运动经过的距离是$\frac{C}{3}$，它要把自己带往相距$\frac{C}{3}$处，必须让圆绕自己转$\frac{1}{3}$圈，绕 6 个圆滚动，共需自转 4 圈。

由此可得结论二：一个“圆”绕一条与它等直径的圆弧组成的凹封闭曲线一周时，自己自转的圈数 = “圆”在其中任一个圆所接触的弧上滚动的圈数 × 固定圆的个数 × 2。注意：在算“固定圆的个数”时，只能算“圆”所接触的圆，不能算没有接触的圆，图 1.17 中正中那个圆就不能算。

理一理

与“圆的周长”相关的上位知识有哪些？哪些在小学数学教学中可能是直接用得上的？哪些是可以有所渗透的？哪些是留待以后的？上位知识的系统学习对你的数学理解和教学有哪些启示？

1.2　上位数学知识对教学的启示

1.2.1　圆周率的研究历史对教学的启示

从某种意义上来说，人类的教育教学过程就是人类原始创新活动过程的“智慧复演”，这就是说，小学生学习“圆的周长”的过程在某种意义上就是这一知识发生、发展历史过程的重演。(圆周率研究历史的进一步介绍见本章链接)

思考

你认同这一观点吗？我们当前的教材教学与此是否吻合？如果你想更详细地了解这一观点，请细读本书第6章6.3。

小学生学习研究圆周率相当于人类认识圆周率的起步阶段，其学习方式应以历史上的数学实验阶段为参照，首先通过画圆、制作圆形物品、测量圆周长和直径等实践活动让学生体会直径与周长之间的增函数关系，进而通过第二阶段中简单的割圆术介绍，如通过圆内接正六边形和外切正方形了解圆周率的取值范围，认识直径与周长之间的正比例关系。教学要以第一阶段的思想方法为主，第二阶段的思想方法起到一定的补充说明作用，通过实验和对测得数据的统计处理探索圆周率的近似值，通过教师对割圆术时期、分析法时期、计算机时期研究成果的介绍，了解圆周率是一个无限不循环小数。其中分析法时期的思想方法可能超越了学生的认识可能性，所以只宜介绍成果，不宜介绍思想方法。而计算机时期的主要特点是技术的进步，不妨对研究成果做一些介绍。割圆术时期的思想方法与成果可以结合“超级画板”软件，演示不断增加边数的内接正多边形周长与直径之比来介绍。

必须十分重视用圆周率研究历史上数学家和实际工作者的探索首创精神、严谨求实态度来教育学生，在国际视野下培养学生的民族自豪感，既不坐井观天、夜郎自大，也不妄自菲薄、崇洋媚外。

思考

你赞同上述观点吗？独立思考精神很重要哦！

1.2.2 圆周长的认识与计算的教学困难

从上位知识的分析我们知道，圆周长教学的困难主要包括三个方面：一是如何让学生认识到圆的周长与直径之间存在确定的倍数关系；二是如何让学生理解“圆沿直线滚动一周所经过的距离就是这个圆的周长”；三是立足长远，如何让学生对通过正多边形逼近圆求圆周率的思想方法有所体会。其中第一个问题包含两个层次递进的小问题：一是感知圆周长与直径之间的增函数关系，二是认识到圆周长与直径之间的正比例（倍数）关系。

思考

你赞同本书作者的观点吗？你认为圆周长的认识与计算的教学困难在哪里或者还有哪些？

1.2.3 如何探索圆周率？

如何让学生感知周长与直径的增函数关系？

如前文所说，可以通过画大小不同的圆等活动，让学生在观察比较中感知圆的大小与直径（或半径）有关，圆随着直径的增大而增大、减小而减小。圆的大小与直径有关，这一结论在《圆的认识》一课中通常会有涉及，但当时所说的“圆的大小”通常没有明确指出究竟是指“圆的周长”还是“圆的面积”，本课的教学要通过圆周长的定义让学生进一步明确本课研究的主题——圆周长与直径的关系。

思考

你认为学生感知这一增函数关系难度大吗？还有哪些方法？

如何让学生认识周长与直径的正比例关系?

通过画圆观察、实际度量，人们就能容易地发现：圆的周长与直径（或半径）有关。究竟是一种怎样的函数关系呢？这是教学过程中需要师生共同提出并研究的问题。基本的研究方法有以下两种。

一种是操作归纳。通过度量各种大小不同的圆的周长和直径等实践活动，在观察比较、猜想尝试、举例验证等基础上归纳出两者之间大概是3倍左右的函数关系。作为数据处理中回归分析与直接指令求周长与直径比值两种方法优势互补的一种可能途径，在获取原始数据后我们能否不马上指令学生计算圆周长与直径的比值，而是先让学生观察一下数据之间有什么联系（类似于观察散点图），学生可能会发现并猜想$\frac{d_1}{d_2}=\frac{C_1}{C_2}$，…，或$\frac{C_1}{d_1}=\frac{C_2}{d_2}$，…，通常前一个猜想更容易形成一些，可以利用比的基本性质把前一个比例式转化为后一个比例式，再引导学生通过求比值以进一步探索两者之间的关系。

另一种是演绎推算。如通过作圆的内接正六边形和外切正方形（如图1.18所示），可以知道正六边形的周长<圆的周长<正方形的周长，通过把正六边形划分成六个正三角形，根据正三角形的边长相等，可得正六边形的周长等于6倍半径长，也就是3倍直径长，正方形周长是4倍直径长。由此可知，圆周长介于直径的3倍到4倍之间。当然，这样的证明带有直觉的成分，对于学生来说尤为如此。为表明这一规律的普遍性，还需要引导学生想象（缩放）各种大小不同的圆，总存在一个内接正六边形和一个外切正方形，使圆的周长介于两者之间，从而认识到圆周长介于直径的3倍到4倍之间这一规律的普遍性。

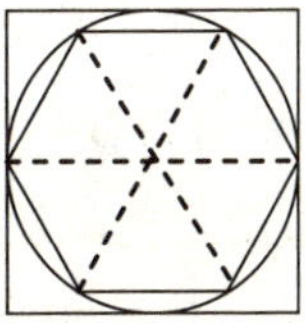

图 1.18

可见，两种方法都需要重视渗透函数思想，让学生感知变化当中的不变性。第一种方法就是通过测量大小不同的各种圆的周长和直径，从统计的角度感受圆的周长与直径之间存在某种不变的倍数关系；第二种方法通过圆、内接正六边形和外切正方形的同步缩放，感知圆周长与直径之间不变的倍数关系。

作为对图 1. 18 的进一步利用，教师还可以引导学生观察，这个倍数更接近 3 倍还是 4 倍，学生会得到更接近 3 倍的结论。

思考

你认为有必要让学生自己感悟到周长与直径的正比例关系吗？为什么？如果你认为必要，还有哪些方法可以达成这一目标？

⊙ 如何让学生理解“滚动法”可测圆周长？

我们知道，理解“圆沿直线滚动一周所经过的距离就是这个圆的周长”这一结论，不仅对于课堂教学中测量圆周长、探索圆周长与直径之间的关系有意义，更是解决实际问题的需要，如汽车、自行车等通过轮子的周长计算行程的问题。由于用上文所说的极限观点来解释“圆沿直线滚动一周所经过的距离就是这个圆的周长”不易为学生所接受，用什么办法比较好呢？

“化曲为直”对于部分学生来说理解上是有一定困难的，可以用细线绕圆一周，从细线两端的接头处开始滚动，向学生展示随滚动的推进细线“化曲为直”的过程（如图 1. 19 所示），从而理解“圆沿直线滚动一周所经过的距离就是这个圆的周长”的道理。这一方法有助于学生理解的原因在于：周长的概念是指封闭图形一周的长度，这是学生头脑中牢固建立的概念，学生很容易理解细线绕圆一周，细线长就是圆周长，然后随着滚动细线在平面上展开成一直线，直线的长度就是圆滚动一周所经过的距离，这样，学生就很容易理解“圆沿直线滚动一周所经过的距离就是这个圆的周长”。

图 1. 19

思考

你认为学生理解这一命题困难吗？有没有必要利用本书作者推荐的方法？还有没有其他的方法？

如何减少测量中的误差？

测量中的误差无法避免，重要的是减少误差。根据教学实践中的经验，用细线绕圆一周的办法测周长，注意所选的圆要大一些，直径最好超过 5 厘米，用有一定厚度的硬纸片制作，细线要选用弹性小的尼龙线之类。用“滚动法”测周长时要尽可能避免滑动，所用圆不宜过大，大了不容易控制滑动，直径以不超过 5 厘米为宜。

教学时要注意选用材质较好、制作精良的尺子，要注意让学生掌握正确的读取测量数据的方法，还可以启发、引导学生通过多次测量同一个圆的周长和直径求平均来控制测量误差。

思考

你觉得减少测量中的误差还要注意哪些问题？

如何让学生体会逼近思想？

可以利用“超级画板”软件，通过计算机演示来展示用多边形逼近圆（如图 1.20 所示），进而用正多边形周长与圆的直径之比来逼近圆周率的过程。计算机演示时可以与用割圆术研究圆周率精度不断提高的历史过程介绍相结合。图 1.19 中圆的直径为 2（也可以使用单位圆），当内接正多边形边数 $n=12$ 时，周长约为 6.216317，求得圆周率为 3.1081585；当内接正多边形边数 $n=24$ 时，周长约为 6.265332，求得圆周率为 3.132666；等等。

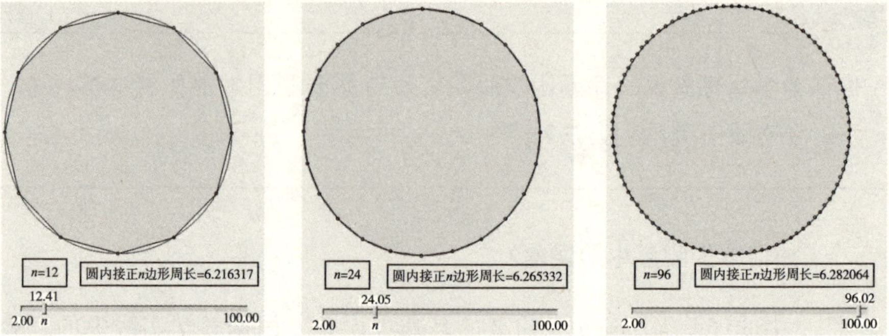

图 1.20

思考

在你的课堂教学中，你打算如何演示，如何配合介绍割圆术及其历史发展过程？你愿意写一写吗？

1.2.4 如何处理近似计算与用“=”表示的矛盾？

通过介绍圆周率的研究历史让学生了解圆周率是一个无限不循环小数，3.14 是相关计算中常用的一个近似值，而在小学数学中把 3.14 作为 π 的一般数值，因此，在具体的计算中，计算结果不必用“≈”表示，可以直接用“=”，这是小学数学中特别的约定。但在判断“圆周长是直径的多少倍”时仍应说是“π 倍”而不能说是“3.14 倍”。

思考

在你的课堂教学中，你打算如何介绍圆周率是一个无限不循环小数？你打算配合圆周率的研究历史来介绍吗？如果是，能不能写出你的具体教学过程？

1.3　教师容易表达错误或不确切的语言

（1）用“点重合”解释“圆沿直线滚动一周所经过的距离就是这个圆的周长”：在圆滚动的过程中，圆周上的每一个点都正好与直线上的一个点重合，这样，曲线就转化为直线，圆周长就转化为直线上线段的长度。

正确做法：用上文的实验方法——用细线绕圆一周，随圆滚动展开细线的方法解释“圆沿直线滚动一周所经过的距离就是这个圆的周长”。

（2）圆周率是3.14。

正确说法：圆周率是一个无限不循环小数，保留两位小数取值是3.14。

（3）半圆的周长。

正确说法：半圆面的周长。

（4）我们测量得到的圆周长与直径的比值，即圆周率是一个无限不循环小数。

正确说法：我们测量得到的圆周长与直径的比值，是圆周率的一个近似值，圆周率是一个无限不循环小数。

思考

据你所知，还有哪些师生容易表达错误或不确切的语言？写出来，并分析其原因。这很重要哦，最好把它分享给所有的老师，这可是你对小学数学教学的一大贡献！

链接

圆周率研究的历史与人物

德国数学史家康托说："历史上一个国家所算得的圆周率的准确程度，可以作为衡量这个国家当时数学发展水平的指标。"π 的研究，在一定程度上反映这个地区或时代的数学水平。在前面的正文中通过对圆周率计算方法的介绍，大略地把圆周率研究分为实验法时期、割圆术时期、分析法时期和计算机时期四个阶段。我们已经知道：为求得圆周率的值，人类走过了漫长而曲折的道路，它的历史是饶有趣味的。本链接主要按照纪年的方式对圆周率的研究历史和主要人物进行简要介绍，便于教学中选用。

大约在公元前 2500 年，在西亚底格里斯河和幼发拉底河之间新月形的美索不达米亚平原上，居住着以苏美尔人和阿卡德人为主的一些民族，从当地出土的泥板书表明，他们已经使用了 $\pi=3$。

在由古埃及祭司、司书、数学家艾哈迈斯（约公元前 20 世纪或公元前 16—17 世纪）所写的人类现存最早的数学书——《阐明对象中一切黑暗秘密的事物的指南》上，我们推知古埃及人已经在使用 $\pi=\frac{256}{81}=3.16049\cdots$了。由于书中的许多内容都是从金字塔时代的一份更早的文献抄来的，所以有人认为其内容可能涉及公元前 50 世纪，也有人认为指南反映的是公元前 35 世纪以前古埃及人的数学知识。

在公元前约 12 世纪，中国人使用 $\pi=3$。

在基督教经典《圣经》中的《旧约圣经》，即《旧约全书》里《列王记》的第 7 章第 23 段等章节记载，所罗门王建造宫殿，"又铸了一个铜海"（盛水的圆柱形大容器），"高五肘、径十肘、围三十肘"。这里的"径"、"围"分别指圆的直径和周长。显然，《圣经》在这里认为 $\pi=3$。这段文字描述的事件发生在公元前 950 年左右。

在作于公元前 800—前 200 年的印度婆罗门教经典《吠陀》中的《绳法经》中，记录了公元前 20—前 15 世纪的赞美诗集《俱梨吠陀》中有许多数学概念，从中可以知道古印度人使用了 $\pi=3.0044$ 和 $\pi=3.0883$。

公元前 434 年，阿那克萨哥拉尝试通过尺规作图来化圆为方。

公元前 3 世纪，古希腊哲学家、数学家、物理学家阿基米德（前 287—前 212）第一个用科学方法寻求圆周率，是他首先提出了一种能够借助数学过程而不是通过测量能够把 π 的值精确到任意精度的方法。他在《圆的度量》中用圆内接和外切正多边形的周长确定圆周长的上下界，从正六边形开始，逐次加倍计算到正 96 边形，得到$\frac{221}{71}<\pi<\frac{22}{7}$，开创了圆周率计算的几何法（亦称古典法，或阿基米德法），得出精确到小数点后两位的

π值。另外，他还提供了误差的估计。在阿基米德之前，古希腊人也使用$\pi=3$。

罗马享有盛名的建筑学家、数学家维特鲁维厄斯（前2—前1世纪），是最早描述通过旋转轮子来直接测量距离的人，他使用了$\pi=3.125$。

刘歆（约前50—23），儒学家、天文学家，他是第一个不沿用“周三径一”的中国人，并定该重要常数为3.15471，他编制的《三统历谱》被认为是世界上最早的天文年历的雏形。

张衡（78—139），我国东汉时期伟大的天文学家、数学家、发明家、地理学家、制图学家、文学家、画家。人们为了纪念张衡的功绩，将月球背面的一个环形山命名为“张衡环形山”，联合国天文组织曾将太阳系中的1802号小行星命名为“张衡星”。在他所著的中国第一部天文学理论著作《灵宪》中取$\pi=\frac{730}{232}=3.14655\cdots$。另外，他还使用过$\pi=\sqrt{10}$。

大约在公元150年，居住在古希腊亚历山大里亚的古希腊数学家、天文学家、地理学家克罗狄斯·托勒密（约90—168），写了一本13卷的《数学汇编》，他在第一卷中制作了一个弦表，得到了$\pi=3.141666\cdots$。

公元263年前后，魏晋期间伟大的数学家、中国古典数学理论的奠基者之一刘徽（约225—295）提出著名的割圆术，得出$\pi=3.14$，通常被称为“徽率”。刘徽指出这是不足近似值。虽然他提出割圆术的时间比阿基米德晚一些，但其方法却有着较阿基米德方法更美妙之处。刘徽的割圆术仅用内接正多边形就确定出了圆周率的上、下界，比阿基米德用内接同时又用外切正多边形要简捷得多。另外，有人认为刘徽在割圆术中提供了一种绝妙的精加工办法，以至于他将割到192边形的几个粗糙的近似值通过简单的加权平均，竟然获得了具有4位有效数字的圆周率$\pi=\frac{3927}{1250}=3.1416$。而这一结果，正如刘徽本人所指出的，如果通过割圆计算得出这个结果，需要割到3072边形。这种精加工方法的效果是奇妙的。

在我国圆周率的研究历史上，最广为人知的非南北朝时期南朝科学家、数学家祖冲之（429—500）莫属。对此，《隋书·律历志》有如下记载：“宋末，南徐州从事祖冲之更开密法。以圆径一为丈，圆周盈数三丈一尺四寸一分五厘九毫二秒七忽，朒数三丈一尺四寸一分五厘九毫二秒六忽，正数在盈朒二限之间。密率：圆径一百一十三，圆周三百五十五。约率，圆径七，周二十二。”这一记录指出，祖冲之关于圆周率的两大贡献，其一是求得圆周率$3.1415926<\pi<3.1415927$。其二是得到π的两个近似分数，即约率为$\frac{22}{7}$，密率为$\frac{355}{113}$。他算出的π的8位可靠数字，不但在当时是最精密的圆周率，而且保持世界纪录900多年。以至于有数学史家提议将这一结果命名为“祖率”。

这一结果是如何获得的呢？追根溯源，正是基于对刘徽割圆术的继承与发展，祖冲之才能得到这一非凡的成果。祖冲之十分重视古人研究的成果，但又决不迷信、完全听从于古人。用他自己的话来说，就是：决不“虚推（盲目崇拜）古人”，而要“搜炼古今（从大量的古今著作中吸取精华）”。因而当我们称颂祖冲之的功绩时，不要忘记他的成就的取得是他站在数学伟人刘徽的肩膀上的缘故。后人曾推算若要单纯地通过计算圆内接多边形边长得到这一结果的话，需要算到圆内接正 12288 边形。祖冲之是否还使用了其他的巧妙办法来简化计算呢？这已经不得而知，因为记载其研究成果的著作《缀术》早已失传了。这在中国数学发展史上是一件极令人痛惜的事。

祖冲之的这一研究成果享有世界声誉：巴黎“发现宫”科学博物馆的墙壁上著文介绍了祖冲之求得的圆周率，莫斯科大学礼堂的走廊上镶嵌有祖冲之的大理石塑像，月球上有以祖冲之命名的环形山……

对于祖冲之的关于圆周率的第二点贡献，即他选用两个简单的分数尤其是用密率来近似地表示 π 这一点，通常人们不会太注意。然而，实际上，后者在数学上有更重要的意义。密率与 π 的近似程度很好，但形式上却很简单，并且很优美，只用到了数字 1、3、5。数学史家梁宗巨教授验证出：分母小于 16604 的一切分数中，没有比密率更接近 π 的分数。在国外，祖冲之死后一千多年，西方人才获得这一结果。可见，密率的提出是一件很不简单的事情。人们自然要追究他是采用什么办法得到这一结果的？他是用什么办法把圆周率从小数表示的近似值化为近似分数的？这一问题历来为数学史家所关注。由于文献的失传，祖冲之的求法已不为人知，后人对此进行了各种猜测。

499 年，在古印度古普塔帝国的首都 Kusumpura，一名年仅 23 岁的年轻数学家阿利耶波多发表了用 118 句梵文诗句写成的天文论文。阿利耶波多学习的是吠陀传统数学，他发表的这篇论文总结了同时代的吠陀数学成果，得到了 $\pi=\frac{62832}{20000}=3.1416$。

花拉子米（约 780—850），伟大的阿拉伯数学家、天文学家、地理学家。在数学方面，花拉子米编著了两部传世之作：《代数学》和《印度的计算术》。《代数学》以其逻辑严密、系统性强、通俗易懂和联系实际等特点被奉为代数教科书的鼻祖，其中有一章为“测量篇”，专门讲述图形和物体的测量，用到了圆周率 $\pi=\frac{22}{7}$、$\frac{62832}{20000}$和 $\sqrt{10}$。

约 1150 年，印度数学家婆什迦罗给出了 π 的几个近似值。他给出$\frac{3927}{1250}$作为“准确”的值，$\frac{22}{7}$作为“非准确”值，$\sqrt{10}$作为常用值。第一个值，可能阿利耶波多已经采用过。婆什迦罗给出的另一个值 $\frac{754}{240}=3.1416$，不知其由来。

比萨的列奥纳多，又称斐波那契（1175—1250），意大利数学家，西方第一个研究斐波那契数，并将现代书写数和乘数的位值表示法系统引入欧洲的人。他用到的 π

$=3.141818$。

1424 年，中亚细亚地区的天文学家、数学家卡西著《圆周论》，计算了 $3\times 2^{28}=805306368$ 边内接与外切正多边形的周长，求出 π 值，他的结果是：$\pi=3.14159265358979325$，有 17 位准确数字，这是国外第一次打破祖冲之的纪录。

1579 年，法国数学家韦达用阿基米德的割圆术原理，通过计算得到 10 位准确值。虽然这一成果并不先进，但他是通过三角函数求出一个有趣的恒等式——无穷乘积

$$\frac{2}{\pi}=\cos\frac{90^\circ}{2}\cdot\cos\frac{90^\circ}{4}\cdot\cos\frac{90^\circ}{8}\cdot\cos\frac{90^\circ}{16}\cdot\cdots=\frac{\sqrt{2}}{2}\cdot\frac{\sqrt{2+\sqrt{2}}}{2}\cdot\frac{\sqrt{2+\sqrt{2+\sqrt{2}}}}{2}\cdot\cdots$$

来获得的。1593 年，韦达将 π 算到 18 位。他所采用的仍然是阿基米德的方法，但却拥有比阿基米德更先进的工具：十进位值制。

17 世纪初，德国人鲁道夫（1540—1615）用了几乎一生的时间钻研圆周率的计算问题。他也将新的十进制与阿基米德方法结合起来，但他不是从正六边形开始并将其边数翻番的，他是从正方形开始的，一直推导出了有 2^{62} 条边的正多边形，约 4610000000000000000 边形！这样，算出小数 35 位。为了纪念他的这一非凡成果，在德国，圆周率 π 被称为“鲁道夫数”。

1621 年，声名远扬的荷兰莱顿的物理学家、数学家斯涅耳对算 π 的古典方法做了一种三角上的改进。1630 年，意大利数学家格林贝格利用这一方法得到 40 位 π 值，这是用多边形周长算 π 的最后的重要成果。

1650 年，英国数学家沃利斯利用类比、归纳和极限的方法，从计算圆面积入手，得出

$$\frac{\pi}{2}=\frac{2\cdot2\cdot4\cdot4\cdot6\cdot\cdots}{1\cdot3\cdot3\cdot5\cdot5\cdot\cdots}$$

开启了分析法求圆周率的先河。

1665 年，英国皇家学会会员，物理学家、数学家、天文学家、自然哲学家牛顿（1643—1727）用公式

$$\pi=\frac{3\sqrt{4}}{4}+24\left(\frac{1}{3\cdot2^{2}}-\frac{1}{5\cdot2^{5}}-\frac{1}{2\cdot7\cdot2^{8}}-\frac{3}{2\cdot3\cdot9\cdot2^{11}}-\frac{3\cdot5}{2\cdot3\cdot4\cdot2^{14}}-\cdots\right)$$

将 π 算到 15 位小数。

1699 年，夏普（1653—1742）利用格雷戈里公式将 π 算到 71 位小数。

1706 年，马青（1680 或 1685—1751 或 1752）利用格雷戈里公式展开将 π 算到 100 位小数，突破百位大关。这样的方法远比可怜的鲁道夫用大半生时间才抠出的 35 位小数的方法简便得多。显然，级数方法宣告了古典方法的过时。

1734 年，瑞士数学家和物理学家欧拉（1707—1783）引入希腊字母 π 并肯定其普及性。1755 年，发现求圆周率的欧拉公式。

1761 年，德国数学家约翰·海因里希·兰伯特（1728—1777）证明 π 是无理数。

在 1777 年出版的《或然性算术实验》一书中，蒲丰提出了用实验方法计算 π。求得圆周率的近似值为 2212/704 = 3.142。蒲丰投针问题的重要性在于它是第一个用几何形式表达概率问题的例子。计算 π 的这一方法，不但因其新颖、奇妙而让人叫绝，而且它开创了使用随机数处理确定性数学问题的先河，是用偶然性方法解决确定性计算的前导。

1794 年，奥地利数学家乔治·维嘉（1754 或 1756—1802）算出 π 的 140 位小数值，但只有前 136 位正确。

1844 年，达塞及斯特拉斯尼斯基利用公式

$$\frac{\pi}{4}=\arctan\frac{1}{2}+\arctan\frac{1}{5}+\arctan\frac{1}{8}$$

将 π 算到小数点后 200 位。19 世纪以后，类似的公式不断涌现，π 的位数也迅速增长。

1873 年，谢克斯利用马青的一系列方法将 π 算到小数点后 707 位。为了得到这项空前的记录，他花费了 20 年的时间。他死后，人们将这凝聚着他毕生心血的数值，铭刻在他的墓碑上，以颂扬他顽强的意志和坚韧不拔的毅力。于是，在他的墓碑上留下了他一生心血的结晶：π 的小数点后 707 位数值。这一惊人的结果成为此后 74 年的标准。此后半个世纪，人们对他的计算结果深信不疑，或者即便怀疑也没有办法来检查它是否正确。以至于在 1937 年巴黎博览会发现馆的天井里，依然显赫地刻着他求出的 π 值。

又过了若干年，数学家弗格森对他的计算结果产生了怀疑，其疑问基于如下猜想：在 π 的数值中，尽管各数字排列没有规律可循，但是各数字出现的机会应该相同。当他对谢克斯的结果进行统计时，发现各数字出现次数过于参差不齐，于是怀疑有误。他使用了当时所能找到的最先进的计算工具，从 1944 年 5 月到 1945 年 5 月，算了整整一年。1946 年，弗格森发现第 528 位是错的（应为 4，误为 5）。这样一来，谢克斯的 π 值中足足有一百多位全都报了销，这把可怜的谢克斯的记录和他花费了 15 年光阴研究出来的成果全部一笔勾销了。

对此，有人曾嘲笑他说："数学史在记录了诸如阿基米德、费马等人的著作之余，也将会挤出那么一两行的篇幅来记述 1873 年前谢克斯曾把 π 计算到小数点后 707 位这件事。这样，他也许会觉得自己的生命没有虚度。如果确实是这样的话，他的目的达到了。"人们对这些在地球的各个角落里做出不懈努力的人感到不可理解，这可能是正常的。但是，对此做出的嘲笑却是过于残忍了。人的能力是不同的，我们无法要求每个人都成为费马、高斯那样的人物。但成为不了伟大的数学家，并不意味着我们就不能为这个社会做出自己有限的贡献。人各有其长，作为一个精力充沛的计算者，谢克斯愿意献出一生的大部分时光从事这项工作而别无报酬，并最终为人类的知识宝库添了一小块砖、加了一小块瓦。对此，我们难道不应该为他的不懈努力而感染，并从中得到一些启发与教育吗?

1882 年，德国数学家林德曼（1852—1939）证明了圆周率 π 是超越数。

1901 年，意大利人拉兹瑞尼重复了投针实验，作了 3408 次投针，求得 π 的近似值为 3.1415929。这个结果是如此准确，以至于很多人怀疑其实验的真伪。

1948 年 1 月弗格森和伦奇两人共同发表有 808 位正确小数的 π。

1949 年 6 月，美国数学家列维·史密斯和雷恩奇，算出 1121 位 π 值（一说“1118 位小数”），这是人工计算 π 的最高纪录。

1949 年，J. W. Wrench 爵士和 L. R. Smith 首次使用计算机（ENIAC）计算 π，得到 2037 位小数，以后的记录都是用计算机来计算的。计算机的发展一日千里，其记录也就被频频打破。

1961 年，丹尼尔·山克斯和华盛顿的雷恩奇用 IBM 7090 晶体管计算机，将 π 算到小数点后 100265 位，终于登上 10 万位高峰。

1965 年，数学家发现将新出现的快速傅里叶变换 FFT，用于高精度乘法的时候，比通常方法快得多。这就戏剧般地减少了计算机高精度算 π 和其他数学常数所花的大量时间，为他们计算出多得令人咋舌的位数铺平了道路。

1973 年，吉劳德和她的同事玻叶，把圆周率算到了小数点后 100 万位，法国原子能委员会认为这一成果很重要，次年将结果印成一本 200 页厚的书，这可谓世界上最枯燥无味的书了。

1976 年，发现了“沙－波法”。

1983 年 10 月，日本数学家 Ushiro 和金田康正，用一台日立 HITACHI－S－810－20 型机，求得 10013395 位小数值，突破 1000 万位大关。

1987 年，乔纳森·波尔文和彼得·波尔文证明“LM 公式”。同年，金田康正把 π 算到小数点后 133326001 位，破亿位。

1989 年，楚诺维斯基兄弟和金田康正突破 10 亿位小数大关。

1995 年 4 月，英国《自然》杂志刊登文章，介绍英国伯明翰市阿斯顿大学计算机科学与应用数学系的罗伯特·马修斯，如何利用夜空中亮星的分布来计算圆周率。马修斯从 100 颗最亮的星星中随意选取一对又一对进行分析，计算它们位置之间的角距。他检查了 100 万对因子，据此求得 π 的值约为 3.12772。这个值与真值的相对误差不超过 5%。

1999 年，日本东京大学教授金田康正求得 2061.5843 亿位的小数值。如果将这些数字打印在 A4 大小的复印纸上，令每页印 2 万位数字，那么，这些纸摞起来将高达五六百米。

2002 年，金田康正与日立制作所的员工合作，利用当前计算能力居世界第 26 位的超级计算机，使用新的计算方法，耗时 400 多个小时，才计算出 π 的 1241100000000 位小数。如果一秒钟读四位数，大约一万年后才能读完。

2009 年 12 月 31 日，法布里斯·贝拉，一位著名的计算机程序员，因 FFmpeg、QEMU 等项目而闻名业内。他也是最快圆周率算法贝拉公式、TCCBOOT 和 TCC（微型 C 编译器）等项目的作者。他声称打破了圆周率计算的世界纪录，算出小数点后 2.7 万亿位，仅用一台普通 PC 机。

2011 年，IBM 蓝色基因/P 超级计算机算得 60000000000000 位小数。

2

课程标准(教学大纲)要求比较研究

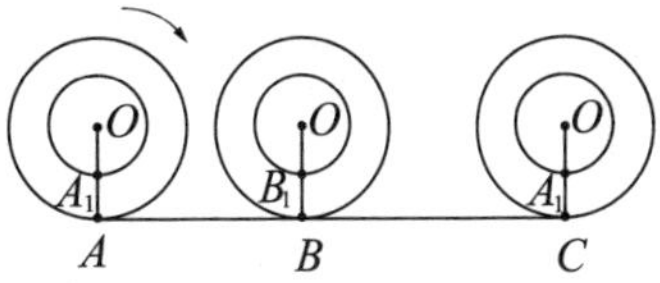

关于小学数学，在20世纪的100年中，我国颁布了20余个课程标准或教学大纲；在21世纪初的2001年，颁布了《全日制义务教育数学课程标准（实验稿）》；2011年又颁布了《义务教育数学课程标准（2011年版）》，这也是至今一直在用的数学课程标准。这20余个体现国家意志的纲领性文件（见表2.1）对小学圆的周长的教学提出了哪些要求？有什么变化？以史为鉴，对今天的教学又有什么启示？这些正是本章要与你共同探讨的话题。

表 2.1　20 世纪以来我国 20 余个课程标准（教学大纲）名称

年　份	课程标准（教学大纲）名称
1902	《钦定蒙学堂章程》《钦定小学堂章程》
1904	《奏定初等小学堂章程》《奏定高等小学堂章程》
1912	《小学校教则及课程表》
1916	《国民学校令施行细则》《高等小学校令施行细则》
1923	《新学制课程标准纲要·小学算术课程纲要》
1929	《小学课程暂行标准·小学算术》
1932	《小学各科课程标准·算术》
1936	《小学算术课程标准》
1941	《小学算术科课程标准》
1948	《算术课程标准》
1950	《小学算术课程暂行标准（草案）》
1952	《小学算术教学大纲（草案）》《小学珠算教学大纲（草案）》
1956	《小学算术教学大纲（修订草案）》
1963	《全日制小学算术教学大纲（草案）》
1978	《全日制十年制学校小学数学教学大纲（试行草案）》
1986	《全日制小学数学教学大纲》
1988	《九年制义务教育全日制小学数学教学大纲（初审稿）》
1992	《九年义务教育全日制小学数学教学大纲（试用）》
1994	《关于印发中小学语文等 23 个学科教学大纲调整意见的通知》
2000	《九年义务教育全日制小学数学教学大纲（试用修订版）》
2001	《全日制义务教育数学课程标准（实验稿）》
2011	《义务教育数学课程标准（2011 年版）》

2.1 课程标准（教学大纲）中相关教学内容要求的演变

圆的周长教学与圆的认识、周长的认识、圆的面积等知识学习紧密联系，其本身教学又包括知识学习、技能操练、生活应用、史实教育等方面。下面的讨论将涉及上述内容，但仅凭课程标准（教学大纲）里面规定的关于圆的周长教学要求的寥寥数语是无法展开教材编写和教学实施工作的。因此，以下还将适当介绍各课程标准（教学大纲）颁布的时代背景、国家教育方针、课程目标以及实施的理念与方法，如古语所云“不谋万世者，不足谋一时；不谋全局者，不足谋一域”，希望能对大家更好地理解圆的周长教学要求与实践的演变历程有所帮助，这也将有助于我们更为高屋建瓴地展开后续的教材比较研究和教学设计比较研究。

2.1.1 教学内容进入小学数学教育几经沉浮

唯物辩证法认为：世界上任何事物的运动、变化和发展都是前进性和曲折性的统一，其发展的总方向是前进的、上升的，所经过的道路是迂回的、曲折的，大至天体，小至微粒，概莫能外。自20世纪以来的110多年中，圆的周长这一内容进出小学数学教学领域几经沉浮的历程，正好印证了这一观点。课程标准（教学大纲）对它的要求可以分成以下几个历史阶段。

未进入：1902—1922年颁布的四个相关文件

《钦定小学堂章程》是1902年颁布的《钦定学堂章程》的组成部分，规定高等小学堂第一年要求“授度量衡及时刻之计算”，度量衡的学习是由此以后20余个课标（大纲）的一致要求，包含着几何中的测量内容。《钦定学堂章程》又称壬寅学制，1903年癸卯学制颁布后即废止，实际上没有来得及实施，癸卯学制的颁布结束了我国延续2000多年的儒学教育体制。

1904年颁布了《奏定学堂章程》，《奏定高等小学堂章程》是其组成部分，规定第一年学习“度量衡及时刻之计算”，第四年学习“求积”。在中国古代数学里，“求积”是累积求和的意思，如“隙积术”、“垛积术”，求周长、面积、体积和容积都属“求积”，在当时的小学数学教学中主要是学习田亩面积。但该章程的这一说法过于笼统，给了很大的自由解读和发挥空间，各地在具体的教学实施中是否涉及“圆的周长”就不得而知了。

这两个章程都是由当时的清朝政府颁布，指出算术的要义在“知日用之计算”、“习四民皆所必需之算法”、“为将来自谋生计之基本”、“兼使精心其心思”，但其根本的教育目的还是为清末统治者服务，体现自洋务运动以来“中学为体、西学为用”的基本精神。

辛亥革命结束后，1912 年 1 月 1 日，孙中山在南京成立了中华民国临时政府。当时的教育总长蔡元培提出废除清政府制定的忠君、尊孔、尚公、尚武、尚实的教育宗旨，教育应以军国民教育、实利主义教育、公民道德教育、世界观教育、美感教育五项为教育的目的，体现了近代中国资产阶级民主主义的教育思想，深刻影响了民国时期的教育。当年，民国政府颁布了壬子学制，《小学校教则及课程表》是相应的一个类似课程标准的文件，要求初等小学“兼授本国度量衡币制之要略”。

1913 年，对壬子学制做了修订，颁布了壬子癸丑学制。这一学制终止于 1922 年，其间经历了袁世凯复辟，使该学制一度中断。其间，民国政府于 1916 年颁布了《国民学校令施行细则》《高等小学校令施行细则》，其中没有具体提及与圆相关的学习内容要求。

总的来说，这四个文件都没有明确提及与圆有关的学习内容。

似进入：1923 年颁布的课程标准

“五四”新文化运动时期教育思想空前活跃，其中尤以马克思主义教育思想和实用主义教育思想的传入对中国教育界影响最大，“平民教育”流行一时。同时，中国近代工业得到进一步发展，民族资产阶级不仅要求在政治经济方面给予创造继续发展的条件，也要求在教育方面能提供具有文化知识的劳动力和科学技术。于是，1922 年 11 月，中华民国北洋政府以大总统令颁布了《学校系统改革案》，规定了新学制系统，即壬戌学制，也称“新学制”、“六三三制”。1923 年颁布了由俞子夷起草、委员会复订的《新学制课程标准纲要·小学算术课程纲要》，提出了在第六学年学习“求圆积”，但具体要求不明，所以无法判定在具体的教材编写和教学中是否出现“圆的周长”这一教学内容。显然，该课程纲要比之前的四个文件内容更详细，思想更解放，小学数学教学内容的范围也有了较大的拓展，并采用白话文编写教材，易于推广。不仅如此，还在具体教学方法上提出“第一年不具体学算，随机学算。第二年注重表演（买卖表演、家事表演）；并从此在游戏生活以外，利用学生的想象环境，教学一切”，强调“问题以切合学生生活为主。成人事务，非学生所能想象，虽是实用，也不相宜”等主张。

思考

1923 年课程标准中的这些主张对我们今天的教学有什么启发？

未进入：1929 年颁布的课程标准

1927 年南京国民政府成立后，积极推行三民主义教育，并在 1929 年公布了三民主义教育宗旨实施方针，在此背景下，同年颁布了《小学课程暂行标准·小学算术》。这一课标比 1923 年的课程纲要更为细致地规定了教学内容，提出了在第三、四学年中学习“圆与椭圆的认识”，但没有提出学习“圆的周长”的要求，也没有明确提出其他图形的周长和面积学习的要求。这一课标提出了算术教学目标：（一）助长儿童生活中关于数的常识和经验；（二）养成儿童解决日常生活里数量问题的实力；（三）练成儿童日常计算敏速和准确的习惯。在“教学要点”中提出了一些有启发性的观点，如“取材：第一、二学年以日常食、衣、用品等问题为范围；第三、四学年以食、衣、住、行和学校作业、家庭经济等问题为范围；第五、六学年以食、衣、住、行、学校、家庭、社会、国际等经济问题为范围”、“新的方法原理，应从实在的需要出发，先使儿童明白方法的功用，用归纳法一步一步进行，切忌用演绎法推求”等，这些要点在后续的课标中基本沿用，直到 1950 年课标的颁布。

思考

1929 年课程标准中的这些观点对我们今天的教学有什么启发？

◉ 进入：1932—1941 年颁布的三个课程标准

1930 年 10 月，南京国民政府教育部聘请专家组成“中小学课程及设备标准起草委员会”，汇集各方意见，对之前颁布的课程标准进行研究修订，于 1932 年 10 月颁布了《小学各科课程标准·算术》，在这一课标中，比较具体地提出了在不同的年级学习圆的不同知识：

第一、二学年作业要项：三角形、圆形、方形的认识；

第三、四学年作业要项：圆和椭圆的认识；

第五、六学年作业要项：圆周长和圆面积的计算。

也就是说，我国于 1923 年的课标中提出了在小学学习圆的知识，在 1932 年的课标中，对圆的概念、圆的周长与面积的教学提出了比较明确的要求。

1932 年课标颁行后，由于各地反映学生负担繁重，1936 年 2 月，南京国民政府教育部组织专家根据各地意见，对课程标准进行修正，颁布了修正后的《小学算术课程标准》，但圆的相关知识的教学要求仍保持不变。

1936 年课标颁行后不久，1939 年 7 月 7 日，抗日战争爆发，尤其是广大农村地区，师资不足、教育条件落后等不利因素进一步恶化，各地反映课标“理想太高”、“内容较深”、“分量太重”、“各科课程内容间有重复之处”（课程教材研究所，2001）[32]等意见日高，国民政府教育部于 1941 年 4 月组织专家进行修订，8 月修订完毕予以公布，是为 1941 年课标，即《小学算术科课程标准》。这一课标非常详细地规定了每一学年的教学内容，提出了在第一学年学习“方圆的认识 ”，在第六学年学习“圆的周长与面积”，去掉了在第三、四学年中学习“圆的认识”这一要求。

◉ 退出：1948—1956 年颁布的四个课程标准（教学大纲）

1948 年 12 月，解放战争正如火如荼地进行，国民政府已经处在风雨飘摇之中。此时，国民政府教育部颁布了小学课程二次修订标准，新颁布的《算术课程标准》中，删掉了全部与圆有关的知识。显然，把“圆的周长和面积”列入小学数学教学中“内容较深”之列，估计即使是今天的小学数学教师们对此都不会有太多的异议，这在当时也应如是。因此，从我国当时的教育发展实际看，其退出也是可以理解的。然而，其“盘踞”小学数学教学16年，这实际上也是与当时国际数学教育日益重视几何教学的发展趋势相适应的，更不用说这16年的教材编写和教学实践经验，也为后来这一内容比较顺利地“卷土重来”奠定了扎实的基础。

1949年10月1日，中华人民共和国成立，中国教育从此进入了一个全新的发展阶段。为尽快完成对旧教育的接管和改造，国家首先于1950年颁布了《小学算术课程暂行标准（草案）》，其中规定小学算术的课程目标是：“一、增进儿童关于新社会日常生活中数量的正确观念和常识。二、指导儿童具有正确和敏捷的计算技术和能力。三、训练儿童善于运用思考、推理、分析、综合和钻研问题的方法和习惯。四、培养儿童爱国主义思想，并加强爱科学、爱护公共财物等国民公德。”这四项目标中，知识、能力、方法、习惯和思想教育都提到了，比较全面，体现了社会主义教育与旧教育的不同，也反映了对老解放区教育经验的很好继承。这一课标没有涉及圆的相关知识教学内容。

思考

与1950年课标的课程目标相比，现今课标的课程目标作了哪些扬弃？哪些得到了更为完美的表述？有什么启示？

受毛泽东《论人民民主专政》一文中“一边倒”思想的影响，50年代初，我国开始“一边倒”全面学习苏联，把各科的课程标准改称“教学大纲”。（高奇，2009）[294]1952年年底，颁布了《小学算术教学大纲（草案）》。这部大纲是参考当时苏联的小学算术教学大纲，为我国的五年一贯制小学制定的，对原有旧教育经验基本上持全面否定的态度，对老解放区的教育经验也没有很好继承。其中，关于教学任务的规定是：“小学算术教学的任务，是保证儿童自觉地和巩固地掌握算术知识和直观几何知识，并使他们获得实际应用这些知识的技能。算术教学应该培养和发展儿童的逻辑思维，使他们理解数量和数量之间的相依关系，并能作出正确的判断。”这一大纲第一次确立了直观几何知识在我国小学算术课程中的地位，但没有提出圆的相关知识学习的要求。

1956年，在对前一部大纲进行修订的基础上，颁布了《小学算术教学大纲（修订草案）》。该大纲指出："小学算术教学的目的，主要是使儿童能够自觉地、正确地和迅速地进行整数运算，能够用已经获得的知识、技能和技巧去解答算术应用题和解决日常生活中简单的计算问题。算术教学必须有助于儿童智慧的发展和道德品质的培养，以促进全面发展的教育任务的实现。算术的学习应该做到使数和量成为儿童认识周围现实的工具。"这一修订草案第一次提到了"全面发展的教育"，是毛泽东关于"我们的教育方针应该使受教育者在德育、智育、体育几方面都得到发展，成为有社会主义觉悟的有文化的劳动者"的思想的体现。但依此大纲编制的"以四则计算为中心"的内容体系，客观上将数与形的基础知识作为计算的辅助物，这实际上并不是十分妥当的。在这一大纲中，只提出在一年级学习圆的认识（直观认识圆），其他年级都没有提出学习圆的相关知识的要求。

新中国成立以来的这两个教学大纲的最大缺点，就是过低估计了我国儿童的智力发展水平，不顾国情，机械照搬外国经验，把当时苏联小学（只有四年）的教学内容拉成五年、六年教学。1958 年以后，各地根据中共中央关于教学必须改革的指示，按照适当提高程度、适当缩短学制的精神，在开展学制和教材改革试验方面，做了一些大胆的、有益的尝试。

◉ 再进入：1963 年至今的九个课程标准（教学大纲）

1963 年，在总结各地教改经验和课程教材建设经验的基础上，制订颁布了六年制的《全日制小学算术教学大纲（草案）》。该大纲指出："小学算术教学的目的是使学生牢固地掌握算术和珠算的基础知识，培养学生正确地、迅速地进行四则计算的能力，正确地解答应用题的能力，以及具有初步的逻辑推理能力和空间观念，以适应他们毕业后参加生产劳动和进一步学习的需要。"与前面几部大纲相比，这次规定的教学目的比较明确，比较切合我国当时大多数地区的实际情况，而且，第一次提出了培养学生空间观念的要求。在这一大纲中，提出在六年级用 8 课时的时间，学习圆的特征、圆的画法、圆的周长与面积。但没有提出在其他年级学习圆的认识。经历了"文化大革命"后，这一要求在 1978 年、1986 年的大纲中得到延续。

1978 年颁布的《全日制十年制学校小学数学教学大纲（试行草案）》，

是我国历史上第一部把“小学算术课程”拓展为“小学数学课程”的类似课程标准的文件。该大纲提出的教学目的是：“使学生理解和掌握数量关系和空间形式的最基础的知识，能够正确地、迅速地进行整数、小数和分数的四则计算，初步了解现代数学中的某些最简单的思想，具有初步的逻辑思维能力和空间观念，并能够运用所学的知识解决日常生活和生产中的简单的实际问题。同时，结合教学内容对学生进行思想政治教育。”这里，第一次从知识、能力和思想教育三个方面明确数学教学的目标，并且第一次提出要在理解基础上掌握数与形的基础知识，对改进小学数学教学起到了指导作用。

1978 年 12 月，党召开了十一届三中全会，揭开了中国社会主义改革开放的序幕。随着改革开放的不断展开，生产力的迅速发展，普遍提高劳动者的素质迫在眉睫。1985 年 5 月，《中共中央关于教育体制改革的决定》中明确提出，要“为 90 年代以至下世纪初叶我国经济和社会发展，大规模地准备新的能够坚持社会主义方向的各级各类合格人才”，“这些人才都应该有理想、有道德、有文化、有纪律，热爱社会主义祖国和社会主义事业，具有为国家富强和人民富裕而艰苦奋斗的献身精神，都应该不断追求新知，具有实事求是、独立思考、勇于创造的科学精神”。在此背景下，1986 年 4 月 12 日由第六届全国人民代表大会第四次会议通过《中华人民共和国义务教育法》，1986 年 7 月 1 日起施行。同年，颁布了《全日制小学数学教学大纲》，将其作为义务教育大纲颁布前的过渡。这是新中国成立以来第一部没有“草案”两字的正式大纲，是在上一部大纲的基础上，总结八年来教学实践经验修订而成的。与 1978 年的大纲相比，它在教学目的中删去了“初步了解现代数学中的某些最简单的思想”，将“空间形式”改为“几何图形”，将“思想政治教育”改为“思想品德教育”，都更加切合小学数学教学的实际。但对一些牵涉面较大的问题，如能力培养目标等，未做进一步的改进。

1988 年，当时的国家教育委员会颁布了《九年义务教育全日制小学数学教学大纲（初审稿）》。这一大纲规定了一年级要学习圆的直观认识，在五年制的五年级或六年制的六年级学习圆的特征、圆的周长与面积等相关知识。这一要求在此后的 1992 年、1994 年、2000 年、2001 年、2011 年的五个课程标准（教学大纲）中得到延续。

1992年，在初审稿的基础上颁布了《九年义务教育全日制小学数学教学大纲（试用）》。该大纲的鲜明特点是，着力于为全面提高民族素质打好基础，强调面向全体学生，体现了我国教育思想的一大转变。它对教学目的的规定是："（一）使学生理解、掌握数量关系和几何图形的最基础的知识。（二）使学生具有进行整数、小数、分数四则计算的能力，培养初步的逻辑思维能力和空间观念，能够运用所学的知识解决简单的实际问题。（三）使学生受到思想品德教育。"要求几何初步知识加强测量、画图、拼摆等实际操作。

1999年3月，为全面落实《面向二十一世纪教育振兴行动计划》，教育部基础教育司组建了国家数学课程标准研制工作组，研究、起草义务教育阶段国家数学课程标准。同时，为了指导交替时期小学数学教学落实素质教育的要求，对1992年的教学大纲做了修订，于2000年3月颁布了《九年义务教育全日制小学数学教学大纲（试用修订版）》。

2001年7月，教育部颁布了《全日制义务教育数学课程标准（实验稿）》（简称2001年课标），轰轰烈烈的新课程改革就此拉开序幕。此次课程改革提出了"三维"目标的概念，即知识技能、过程与方法、情感态度与价值观。课标规定课程总目标如下：获得适应未来社会生活和进一步发展所必需的重要数学知识（包括数学事实、数学活动经验）以及基本的数学思想方法和必要的应用技能；初步学会运用数学的思维方式去观察、分析现实社会，去解决日常生活中和其他学科学习中的问题，增强应用数学的意识；体会数学与自然及人类社会的密切联系，了解数学的价值，增进对数学的理解和学好数学的信心；具有初步的创新精神和实践能力，在情感态度和一般能力方面都能得到充分发展。同时提出了六个方面的基本理念，关于学习内容提出了发展学生的数感、符号感、空间观念、统计观念以及应用意识与推理能力。"创新精神和实践能力"培养目标的提出，是教育对改革开放全面深入展开、社会经济亟待转型升级而产生的人才需求升级的回应。

经过10年实验，教育部在广泛征求意见的基础上修订颁布了《义务教育数学课程标准（2011年版）》（简称2011年课标），提出课程总目标为：①获得适应社会生活和进一步发展所必需的数学的基础知识、基本技能、基本思想、基本活动经验。②体会数学知识之间、数学与其他学科之间、数学与生活之间的联系，运用数学的思维方式进行思考，增强发现和提出问题的能力、分析和解决问题的能力。③了解数学的价值，提高学习数学的兴趣，增强学好数学的信心，养成良好的学习习惯，具有初步的创新意识和实事求是的科学态度。同时提出了五个方面的基本理念，关于课程内容提出了发展学生的数感、符号意识、空间观念、几何直观、数据分析观念、运算能力、推理能力和模型思想，要特别注重发展学生的应用意识和创新意识。这一课标的亮点是由基础知识、基本技能的“双基”扩充为基础知识、基本技能、基本思想、基本活动经验的“四基”，由分析问题、解决问题的“两能”扩充为发现问题、提出问题、分析问题、解决问题的“四能”。

思考

“圆的周长”教学内容进入小学数学教育的几经沉浮对你有什么启发？你认为还有哪些教学内容以后也有可能进入小学数学？你打算为此做些什么？

2.1.2 教学内容要求的演变

教学要求的提法有什么变化？

在1963年的教学大纲（小学六年制）中，在规定各年级每学期的教学内容之前，先提出这一年级的教学要求，这一做法一直延续到2000年教学大纲。2001年课标不再把教学内容和教学要求分开来提，采用了教学目标的提法，把内容和要求统一表述。

描述教学要求的行为动词有什么变化？

历年的课程标准（教学大纲）都涉及一些描述教学要求的用语，但没有界定其含义，容易造成理解、实践上的混乱，如从1963年到2000年，教学大纲关于“计算圆的周长”前所冠的行为动词依次是“能够”、“能够”、“会”、“掌握”、“掌握”、“掌握”。2000年的教学大纲意识到了这一问题，专门对此进行了解释。

有关知识的教学要求分为知道、理解、掌握、应用四个层次。

知道：是指对所学的知识有感性的、初步的认识，能够说出它指的是什么，并能识别它。表述词还有“认识”等。

理解：是指对所学的知识有一些理性认识，能够用语言表述它的确切含义，知道它的用途，知道它和其他知识间的联系和区别。

掌握：是指在理解的基础上，能够对所学知识进行分析、判断或计算，能说明一些道理。

应用：是指能够按照规定的方式、方法进行测量、画图、制作和正确的计算等数学活动。

有关技能的教学要求分为会、比较熟练、熟练三个层次。

会：是指能够按照规定的方式、方法进行测量、画图、制作和正确的计算等数学活动。

比较熟练：是指对读数、写数、口算、笔算等，通过训练达到正确、比较迅速的程度。

熟练：是指对读数、写数、口算、笔算等，通过训练达到正确、迅速的程度。有时还能选择简便的方法，合理、灵活地计算，从而形成能力。

思考

如何用上述行为动词来陈述“圆的周长”一课的教学目标?

2001 年课标使用两类行为动词：一类是描述结果目标的行为动词，包括“了解、理解、掌握、运用”；另一类是描述过程目标的行为动词，包括“经历、体验、探索”，并对这些词的基本含义和同类词进行了界定。2011 年课标继续使用这些行为动词来描述教学目标，并对词的基本含义和同类词作了一些调整。2011 年课标对这些行为动词的基本含义和同类词界定如下：

了解（同类词：知道、初步认识）：从具体事例中知道或举例说明对象的有关特征；根据对象的特征，从具体情境中辨认或者举例说明对象。

理解（同类词：认识、会）：描述对象的特征和由来，阐述此对象与相关对象之间的区别和联系。

掌握（同类词：能）：在理解的基础上，把对象用于新的情境。

运用（同类词：证明）：综合使用已掌握的对象，选择或创造适当的方法解决问题。

课标还使用了表示过程的目标动词“经历、体验、感受”：

经历（同类词：感受、尝试）：在特定的数学活动中，获得一些感性认识。

体验（同类词：体会）：参与特定的数学活动，主动认识或验证对象的特征，获得一些经验。

探索：独立或与他人合作参与特定的数学活动，理解或提出问题，寻求解决问题的思路，发现对象的特征及其与相关对象的区别和联系，获得一定的理性认识。

> **思考**
>
> 如何用这些行为动词来表述“圆的周长”一课的教学目标?

总的来说，相对于此前的教学大纲，21 世纪以来颁布的两个课标对教学内容、教学要求的描述更加清晰，可操作性更强，也更加全面完整，尤其是过程目标的提出。

⊙ 教学内容的具体要求有什么变化？

在 1963 年教学大纲（小学六年制）中，针对六年级提出：掌握圆的特征，能够计算圆的周长和面积。针对三年级提出学习长方形和正方形周长的要求作为六年级学习的铺垫。大纲还在“教学中应该注意的几点”中指出：为了使学生牢固地掌握法则、公式及解题方法，在教学时，应该通过典型的例子来说明，或者根据已知的知识来推导，使学生理解它们的来源，然后举例说明它们的应用，并且要通过一定数量的练习，让学生来掌握它们，不要让学生死记硬背。

1978 年教学大纲（小学五年制）提出五年级的教学要求：掌握圆的特征，能够画圆，计算圆的周长和面积。而把长方形和正方形周长的学习放在了二年级。

1986 年教学大纲提出了五年制小学和六年制小学的教学要求，其中五年制小学五年级的教学要求为：掌握圆和扇形的特征，能够画圆，会计算圆的周长。在二年级提出了周长概念的教学、长方形和正方形周长概念和计算的要求，为五年级圆周长的学习奠定了扎实的基础。与此相对应，六年制小学把这两个教学要求分别放在了六年级和三年级。

1988 年教学大纲（小学五年制）提出五年级的教学要求：认识圆，会画圆，掌握圆周长和面积的计算公式，通过介绍圆周率的史料使学生受到思想教育。把知道周长的含义、会计算长方形和正方形的周长这一教学要求放在了二年级。六年制小学提出六年级的教学要求：认识圆，会画圆，掌握圆周长和面积的计算公式，通过介绍圆周率的史料使学生受到思想教育。把知道周长的含义、会计算长方形和正方形周长这一教学要求放在三年级。关于圆周率的史料介绍，大纲在教学内容中没有提及，只在教学要求中提及，并进而提出进行思想教育的要求。这也是首次在类似课程标准的文件中明确提出这一要求。可以看到，圆的周长的教学要求在拓展。关于计算，大纲在“教学内容的确定和安排”中特别指出：“认识常见的简单几何形体特征，学会计算它们的周长、面积和体积……求积计算的数据不应过繁。”

思 考

你认为数学教育中的学科德育有哪些内容？如何实施学科德育？

1992 年教学大纲中“长方形、正方形、三角形和圆的直观认识。长方体、正方体、圆柱和球的直观认识”这一教学内容保留，教学要求取消。另外的要求都与 1988 年教学大纲相同。2000 年教学大纲的教学要求与 1992 年教学大纲中的完全相同。

2001 年课标在第二学段（四至六年级）提出的教学要求是：探索并掌握圆的周长和面积公式。在第一学段（一至三年级）提出了“指出并能测量具体图形的周长，探索并掌握长方形、正方形的周长公式”的教学目标作为学习圆周长的基础。而 2011 年课标在第二学段（四至六年级）提出的教学要求是：通过操作，了解周长与直径的比为定值，掌握圆的周长公式。

理一理

教学内容要求的历史演变对你有什么启示？

2.2 教学内容要求的演变带来的启示

2.2.1 如何不断探索“大众数学”之路？

从20世纪以来数学教育演变的历史来看，随着社会的进步、生产力的发展，对劳动力数量和质量的要求不断提高，这使得受教育对象范围不断扩大、内容不断拓展，原来更高年级或学段的教学内容不断向下渗透，小学学算术的格局不断被打破，几何初步、统计初步、代数式与方程初步走入小学数学教育领域的步履从蹒跚到坚定，数学走向大众乃史之所趋，不可逆转。那么，如何探索这条“大众数学”之路呢？“圆的周长”教学内容要求的演变给了我们很多启发。

每个时代都需要探索者和先驱者。1932年，“圆的周长”第一次进入我国小学数学教育领域，这可能是受到国外数学教育的启发，但此前一定有有识、有志之士做了探索，验证了其现实的潜在可行性，列入课标只是进行了更大范围的验证而已。此后16年中，虽然不断有“学生负担繁重”、“内容较深”等呼声，这一教学内容始终得以保留，说明其教育教学价值是得到大家认同的，学生学习的可能性也是具备的。这就是说探索“大众数学”之路不仅要研究内容的教育教学价值，还必须研究学生的认知规律，探索学习的可能性，即什么时候学某内容合适？可能学到何种程度？

既然“圆的周长”其教育教学价值是得到大家认同的，为什么还不断有“学生负担繁重”、“内容较深”等呼声？最终导致它离开小学数学教育领域15年的原因是什么呢？联系当时的时代背景，师资和教学条件可能起了非常关键的作用。因此，数学走向大众还要研究师资培养的途径、方法和现实可能性以及教学的设备配置等问题。可能正是因为对这些问题有了比较全面的认识，为15年后的再次顺利进入奠定了基础。

未来将走向何方呢？我们认为，任何深刻的数学都有它浅近平易的一面。“割圆术”蕴含着极限思想，极限思想可算是比较“高深”的数学，它实际上并不是高不可攀，而是非常平易近人的：把一张纸片不断对折，剪等腰三角形，然后展开，我们发现对折次数越多，剪得的正多边形越逼近圆。这一事实能不能对我们的教学有所启发，可不可以以此来引出“割圆术”的介绍？可不可以此来深化学生对圆周率是定值的认识？2011年课标给出“通过操作，了解周长与直径的比为定值，掌握圆的周长公式”的教学要求。我们是否可以把要求中的“操作”不仅仅理解为“实验测量”的动手操作，也理解为头脑中想象、推理的思维“操作”？实际上，课标规定的是教学的下限，并没有封顶，有广阔的天地等待我们去探索，事实上，也确实有许多有识、有志之士在不断探索。总之，我们将不断探索，成为这个时代的探索者和先驱者。

思考

“圆的周长”的教学你觉得还有哪些可以研究探索的问题？其他方面呢？

2.2.2 如何不断细化、完善育人目标？

不同时代的育人目标是有所不同的。从20余个课程标准或教学大纲的产生背景来看，清政府的目标是为了培养忠于统治者的臣民，国民政府的目标是培养信仰三民主义的国民，新中国成立以来的目标是培养社会主义劳动者。“圆的周长”进入小学数学教育领域，从一开始的宏观育人目标下的具体教学内容规定，到1988年教学大纲明确要求“通过介绍圆周率的史料，使学生受到思想教育”，首次就某一具体内容的教学与教育目标进行了全面表述，这显然植根于我们对这一教学内容的深入研究，发掘其中的文化内涵，使之更好地产生“教书”、“育人”的均衡效果。这是值得我们研究每一堂课的教学所借鉴的。

2.3 2011年课程标准基本精神的研究落实

以史为鉴固然重要，最重要的还是解决我们眼下的问题——如何在课堂教学中研究落实新课标的基本精神，下面从课程目标、课程理念、能力培养三个方面试着展开探讨。

2.3.1 如何根据课程目标探索教材教学？

课程目标是国家教育方针的具体体现，而国家教育方针又是对社会进步、生产力发展的回应和引领。时代不同，国家教育方针就会有所不同，课程目标也会随之发生变化。如 2011 年课标提出了“四基”、“四能”的课程目标，就是对原来“双基”、“两能”的继承和发展。那么，如何理解那新增的“两基”和“两能”，并以此改进我们的教材编写和教学实践呢？

“基本思想”和“基本活动经验”是新增的“两基”。

2011 年课标提出的基本思想有别于传统意义上的数学思想方法。史宁中等（2007）[12]指出：“基本思想主要指一门学科教学的主线或一门学科内容的诠释架构和逻辑架构”，是“知识本身蕴含的思维形式和思维方法”，也就是“演绎与归纳两种思维”，“从学习的分类上说，演绎推理属接受性学习，归纳推理属发现性学习；从教学的指导思想上说，演绎能力的培养更多地依靠知识的传授，归纳能力的培养则更多地需要探究思维的启发；从表现的结果上说，演绎推理主要侧重获得一种知识，归纳推理主要侧重激发学生的智慧。归纳能力是建立在实践基础上的，归纳能力的培养可能更多地依赖过程的教育，依赖于经验的积累，而不是结果的教育”。在“圆的周长”教学中，探索圆周率显然需要归纳思维，学生首先要从活动经验中归纳得到圆的周长与直径有关，直径越长周长越长，直径越短则周长越短，然后通过测量、计算的数学实验得到圆的周长是直径的 3 倍多一些。既然，归纳利在探究、发现，演绎利在传授、接受，我们就要思考：“圆的周长”教学已经用了归纳，是否还需要再进行演绎？“割圆术”的发现是归纳的，推导出圆周率显然是演绎，是否需要用传授、接受的办法来介绍“割圆术”？需要让学生发现“割圆术”吗？如果是，教材教学就要进一步增加关于“割圆术”的介绍，减少技能训练，为增加的内容腾出教学的时间和空间。

思考

你如何看待本课教学中的归纳与演绎问题？

圆周长教学的基本活动经验有哪些？如何“让学生亲身感悟解决问题、应对困难的思想和方法……逐渐形成正确思考与实践的经验（史宁中 等，

2007）[13]”？本课中正确思考的经验是什么呢？如学生从活动经验中已经知道圆的周长与直径有关，直径越长周长越长，直径越短则周长越短，容易猜想到 $C_1: C_2 = d_1: d_2$，…，但这无助于“已知直径求周长”或“已知周长求直径”之类问题的解决，必须要转化为 $C_1: d_1 = C_2: d_2 = \cdots$，才能得到圆周率，可见，“转化”就是重要的正确思考经验。那么，正确的实践经验从何而来？如本课数学实验中的正确测量，在特定条件下采用通过测量直径求周长、通过测量周长求直径，等等，是否就是正确的实践经验呢？

思考

你觉得本课教学中还有哪些基本活动经验需要特别关注?

“发现问题”和“提出问题”是新增的“两能”。

发现问题就意味着要从镶嵌了数学事实的现实情境中看出问题。比如，汽车变速箱中大小齿轮咬合在一起，大齿轮转一圈小齿轮要转很多圈，通过这个办法把车轮的转速提上来，也就把车速提了上来。从中发现的问题是：为什么这能把车速提上来呢？回答是：这是因为大齿轮的齿数多于小齿轮的齿数。进一步的问题是：相邻齿的间隔相等，为什么大齿轮上可以容下更多的齿？这当然与圆的周长有关，相邻齿的间隔是固定，可以根据圆周长求齿数。这就提出了“如何求圆周长”的问题。

思考

你觉得本课教学中还有哪些途径可以培养学生发现问题和提出问题的能力?

2.3.2 如何根据课程理念探索教材教学?

2011 年颁布的课标提出了五个方面的基本理念。我们来略做研讨。

“人人都能获得良好的数学教育”是基本理念中的第一方面，相信这是 20 世纪至今 100 多年来数学教育的有识、有志之士的共同梦想，不同可能仅在于对“良好的数学教育”的理解不同。就当下的时代背景而言，良好的数学教育显然应该是学科教学与学科德育并重。就圆的周长教学而言，需要思考的问题是：学科德育就是祖冲之吗？在积贫积弱的年代，我们无疑需要用灿烂、悠久的历史来培养学生的民族自豪感、增强民族自信心，在改革开放30多年来的今天，中华民族正处在实现她伟大复兴的历史性时刻，我们是否需要考虑在培养民族自豪感的同时，增加一点宽广的国际胸怀，对不同文明做出的贡献多一点了解和尊重呢？除此之外，学科德育还有什么呢？可能就要考虑教学过程中的民主、自由、平等与和谐共处共荣了。

“人人获得良好的数学教育”，还意味着能让“不同的人在数学上获得不同的发展”。这就意味着我们是否需要在让学生“通过操作，了解周长与直径的比为定值”的同时，让那些在数学上有一定天赋的学生感受“割圆术”中数学推理演算的力量？如果是，那教材如何编写？教学中如何实施？是课内外结合？还是在课堂中把这两者处理成前后两个教学环节？抑或是作为同一环节中两个可供选择的并行活动？课后的习题安排能否提供选择的机会，便于实现“不同的发展”？

基本理念的第二方面是关于课程内容的，课标指出：课程内容要反映社会的需要、数学的特点，要符合学生的认知规律。这就不仅包括作为研究结果的圆周率概念、圆的周长公式，也包括这些概念、公式的形成过程，如人们是如何发现周长与直径之间的增函数关系的，又是如何研究圆周率得到周长计算公式的，都必须认真考虑。如何选择圆周长的教学内容才能贴近学生实际，有利于学生体验与理解、思考与探索，比如创设“古人用木料制造车轮，比较车轮直径大小”的情境与“大小两辆汽车的车轮滚动一周，哪个行驶的路程比较长”的情境相比，究竟哪个更好？如何处理抽象与直观、直接经验与间接经验的关系，如教学是否止于实验探究圆周率，要不要介绍割圆术，介绍到何种程度，要不要让学生体会割圆的基本思想，都是需要深入思考的问题。

基本理念的第三方面是关于教学活动的，认为“教学活动是师生积极参与、交往互动、共同发展的过程”。教师作为学习的组织者、引导者与合作者，重要的工作之一是如何持续地激发学生的学习兴趣，这就要设计整堂课的基本问题链。比如，利用史料可以成为一条设计线索，从“周三径一是什么意思”开始，到“刘徽如何研究得到圆周率3.14”，最后到“圆周率究竟是一个怎样的数”。充分利用学生的生活经验也是一条线索，从创设情境提出“圆的周长与直径有什么关系”开始，到“如何研究圆周长与直径之间的关系”，再到“研究发现圆周长与直径之间有怎样的关系”，最后到“如何利用这一关系求周长、直径，解决生活中的具体问题”，等等。

基本理念的第四方面是关于学习评价的。如何进行本课教学中的学习评价呢？这就涉及小组学习和个体学习，小组学习通常采用的是团队评价，即以团队的成绩作为个体的成绩，比如以小组学习的形式用实验法探究圆周率时，如何进行评价？是否要根据测量的精确与否分出不同的水平层次，还是侧重于研究方法与态度的评价？个体学习如何评价？这就涉及一节课安排哪些诊断性练习，安排几次全体反馈的问题。

基本理念的第五方面是关于信息技术的。对本课而言，涉及的问题大体包括：课堂上如何利用多媒体电脑创设问题情境？是否以及如何进行圆周率实验探索过程的演示？是否以及如何进行割圆术和计算机研究圆周率的介绍？是把关于割圆术的软件放到网上，课后让学生自己去摸索吗？如何介绍古代数学家研究圆周率的成就？是老师讲还是用多媒体播放，还是提供网站让学生课后或课前自己去浏览？

思考

对上述问题，你会如何回答?

2.3.3　如何根据能力培养要求探索教材教学?

2011年课标提出要发展学生的数感、符号意识、空间观念、几何直观、数据分析观念、运算能力、推理能力和模型思想，要特别注重发展学生的应用意识和创新意识。为便于讨论，我们姑且把这十个方面称为十大能力。这比2001年课标提出发展六个方面的能力有了较大的拓展。那么，“圆的周长”的教学能为学生这些方面的能力培养提供哪些机会呢？

思考

你认为“圆的周长”的教学能为学生这十大能力的培养提供哪些机会?

数感主要是指关于数与数量、数量关系、运算结果估计等方面的感悟。建立数感有助于学生理解现实生活中数的意义，理解或表述具体情境中的数量关系。（中华人民共和国教育部，2012）[5] 本课教学中数感的培养可以从以下几方面来考虑：一是引导学生感悟情境中的数量关系。如：在我国古代，人们用木头弯曲后制作车轮，如果两根木料的长分别是3米和5米，那么，这两个车轮的直径大约相差多少米？二是引导学生进行运算的估计与决策。如：中国古代《周髀算经》中有“周三径一”的记载，意思是周长是直径的3倍，祖冲之求得圆周率为3.1415926～3.1415927，又求得圆周率的两个近似分数$\frac{22}{7}$和$\frac{355}{113}$，现在要筑造一个直径200米的圆形观象台，周围用隔离带屏蔽，要求它的隔离带长，采用上面的哪个近似值计算比较合适？

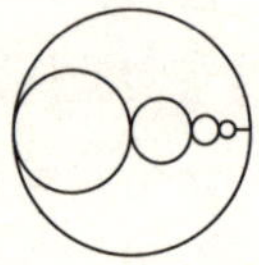
图 2.1

符号意识主要是指能够理解并且运用符号表示数、数量关系和变化规律；知道使用符号可以进行运算和推理，得到的结论具有一般性。建立符号意识有助于学生理解符号的使用是数学表达和进行数学思考的重要形式。（中华人民共和国教育部，2012）[6] 本课教学中符号意识的培养可以从以下几方面来考虑：一是感受周长和直径之间的数量变化规律，用字母表示周长和直径之间的倍数关系，即$\frac{C}{d}=\pi$，进而导出周长计算公式$C=\pi d=2\pi r$。二是利用字母进行推理演算，如：有一个大圆，如果以它的一个直径上的无数个点为圆心，画出无数个紧密相连的小圆（如图2.1所示），大圆周长与大圆内这些无数小圆周长之和相比较，谁更长一些？为什么？可令大圆直径为d，其内各小圆的直径依次为d_1、d_2、$d_3\cdots$，可知$d=d_1+d_2+d_3+\cdots$，大圆周长$C=\pi d$，无数小圆的周长和$C_1+C_2+C_3+\cdots=\pi d_1+\pi d_2+\pi d_3+\cdots=\pi(d_1+d_2+d_3+\cdots)=\pi d=C$，所以大圆周长与大圆内这些无数个小圆周长之和一样长。三是可以借助割圆术的介绍，呈现圆的内接正六边形和外切正方形，用d表示圆的直径，借助字母计算正方形与正六边形的周长，得到$3d<C_{圆}<4d$等。

空间观念主要是指根据物体特征抽象出几何图形，根据几何图形想象出所描述的实际物体；想象出物体的方位和相互之间的位置关系；描述图形的运动和变化；依据语言的描述画出图形等。（中华人民共和国教育部，2012）[6] 空间观念的培养主要是引导学生进行空间想象。如：引导学生想象骑车沿圆形花坛一周所经过的路线就是圆周，想象车轮滚动一周所经过的距离就是这个圆的周长。想象随着圆的扩缩变化，其内接正六边形和外切正方形同步扩缩，保持正六边形周长是直径的3倍、正方形周长是直径的4倍不变，即圆周长介于直径的3倍到4倍之间这一特性不变。又如：把一张边长10厘米的正方形纸片剪成一个最大的圆，求这个圆的周长。再如：将一个长方形（如图2.2所示，单位：厘米）在一条直线上翻滚几次，使A点再次落在这条直线上，那么A点在翻滚过程中经过的路线总长是多少？等等。

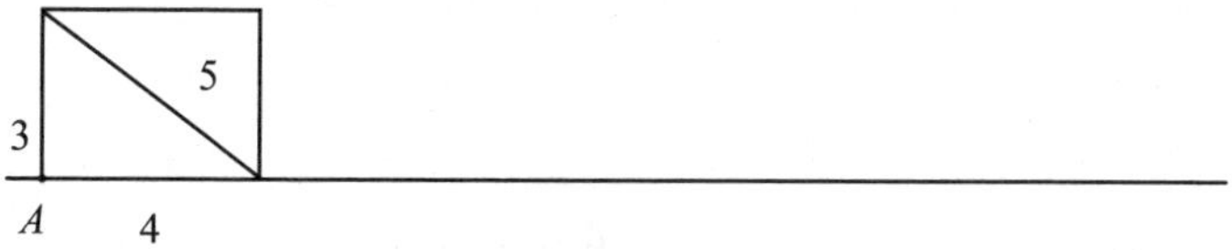

图2.2

几何直观主要是指利用图形描述和分析问题。借助几何直观可以把复杂的数学问题变得简明、形象，有助于探索解决问题的思路，预测结果。几何直观可以帮助学生直观地理解数学，在整个数学学习过程中都发挥着重要作用。（中华人民共和国教育部，2012）[6] 本课教学中的几何直观主要是帮助学生借助周长的概念直观地理解“圆滚动一周所经过的距离就是这个圆的周长”，帮助学生直观地理解周长和直径之间的倍数关系。如观察图2.3，思考：①圆周长与正方形、正六边形周长之间有什么关系？②正方形周长、正六边形周长与圆的直径之间有什么关系？③圆的周长与直径之间有什么关系？等等。

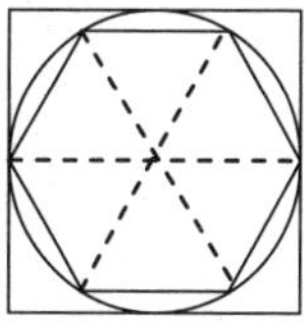

图2.3

数据分析观念包括：了解在现实生活中有许多问题应当先做调查研究、收集数据，通过分析做出判断，体会数据中蕴含着信息；了解对于同样的数据可以有多种分析的方法，需要根据问题的背景选择合适的方法；通过数据分析体验随机性，一方面对于同样的事情每次收集到的数据可能不同，另一方面只要有足够的数据就可能从中发现规律。（中华人民共和国教育部，2012）[6] 数据分析观念的应用主要在于实验测得的圆周长、直径的测量数据的处理。一方面为减少误差的影响，采用多次测量求平均数作为测量结果；另一方面可以引导学生多角度分析数据，学生可以从C_1∶C_2 = d_1∶d_2 =…的角度，也可以从C_1∶d_1 = C_2∶d_2 =…的角度对数据进行分析处理，然后通过对分析结果的价值判断，引出圆周率概念。

运算能力主要是指能够根据法则和运算律正确地进行运算的能力。培养运算能力有助于学生理解运算的算理，寻求合理简捷的运算途径来解决问题。运算能力主要表现在用运算律优化运算过程。（中华人民共和国教育部，2012）[6] 本课的运算能力培养，主要涉及圆周率与数的乘积问题，如：计算下面阴影部分（见图 2.4）的周长，学生可以在运算中记住几个常用的计算结果，如 $3.14\times2=6.28$、$3.14\times3=9.42$、$3.14\times5=15.7$ 等，使运算快捷。运算能力的培养还要注意引导学生寻求合理简捷的运算，如前文提及的“在我国古代，人们用木头弯曲后制作车轮，如果两根木料的长分别是 3 米和 5 米，那么，这两个车轮的直径大约相差多少米？”一题，在列式的基础上，不急于求“$5\div\pi-3\div\pi$”的值，而是先将 $\frac{5}{\pi}-\frac{3}{\pi}$ 化简为 $\frac{2}{\pi}$ 再求值。

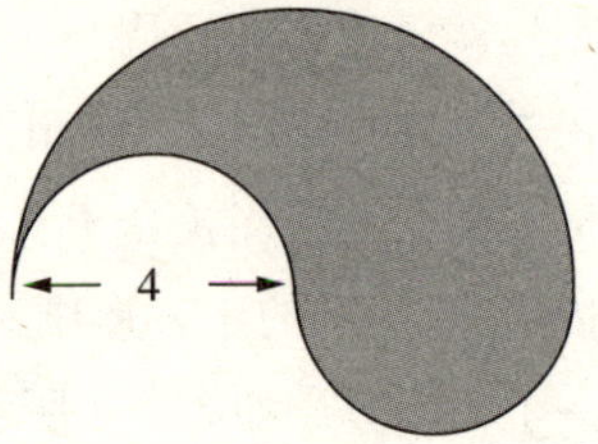

图 2.4

推理能力的发展应贯穿在整个数学学习过程中。推理是数学的基本思维方式，也是人们学习和生活中经常使用的思维方式。推理一般包括合情推理和演绎推理，合情推理是从已有的事实出发，凭借经验和直觉，通过归纳和类比等推断某些结果；演绎推理是从已有的事实（包括定义、公理、定理等）和确定的规则（包括运算的定义、法则、顺序等）出发，按照逻辑推理的法则进行证明和计算。在解决问题的过程中，合情推理用于探索思路，发现结论；演绎推理用于证明结论。（中华人民共和国教育部，2012）[6] 本课教学中可以培养学生的合情推理能力。如通过观察大小圆的直径和周长，猜测圆的周长与直径有关，通过操作、测量猜测相互间的数量关系。演绎推理能力的培养可以从以下几个方面考虑：一是如果在教学过程中打算比较详细地介绍割圆术，可以借助图 2.3，让学生画图想象，导出圆周长介于直径的 3 倍到 4 倍之间。二是在练习应用中安排推理问题，如在图 2.5 中，沙包落在哪里？

图 2.5

模型思想的建立是学生体会和理解数学与外部世界联系的基本途径。建立和求解模型的过程包括：从现实生活或具体情境中抽象出数学问题，用数学符号建立方程、不等式、函数等表示数学问题中的数量关系和变化规律，求出结果并讨论结果的意义。这些内容的学习有助于学生初步形成模型思想，提高学习数学的兴趣和应用意识。(中华人民共和国教育部，2012)[7] 本课教学中落实模型思想的主要途径是帮助学生体会和理解数学与外部世界的联系。一是可以在情境创设或知识应用中，给出四种类型的情境模型问题，让学生经历简单的建模过程。二是让学生经历从特殊到一般的过程，促进模型思想的形成。如：一个直径为 48cm 的齿轮带动一个直径为 36cm 的齿轮（相互咬合），如果大齿轮转 12 圈，则小齿轮转了多少圈？如果大齿轮的直径是 d_1，小齿轮的直径是 d_2，大齿轮转 n 圈，你能用字母表示出小齿轮的转数吗？

应用意识有两个方面的含义：一方面是有意识利用数学的概念、原理和方法解释现实世界中的现象，解决现实世界中的问题；另一方面是认识到现实生活中蕴含着大量与数量和图形有关的问题，这些问题可以抽象成数学问题，用数学的方法予以解决。(中华人民共和国教育部，2012)[7] 应用意识主要表现为用数学知识解决现实世界中的问题。如请你设计一个方案，在不锯倒树的前提下，测出树（如图 2.6 所示）的直径。又如，图 2.7 是赛跑跑道的一部分，它由两条直道和中间半圆形弯道组成。若内、外两条跑道的终点在同一直线上，则外跑道的起点必须前移，这样才能使两跑道有相同的长度。如果跑道每道宽为 1.22 米，则外跑道的起点应前移多少米？(π 取 3.14，结果精确到 0.01 米)

图 2.6

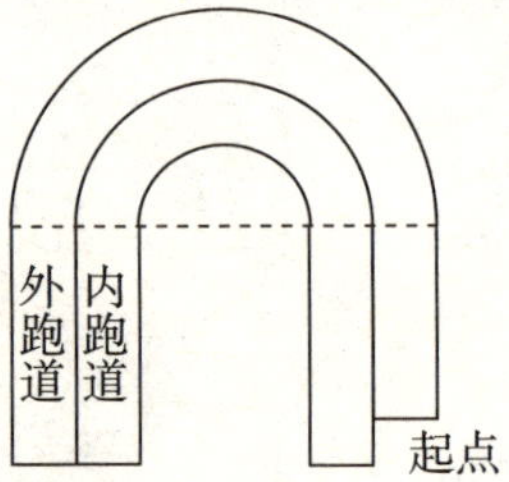

图 2.7

创新意识的培养是现代数学教育的基本任务，应体现在数学教与学的过程中。学生自己发现和提出问题是创新的基础；独立思考、学会思考是创新的核心；归纳概括得到猜想和规律，并加以验证，是创新的重要方法。创新意识的培养应该从义务教育阶段做起，贯穿数学教育的始终。（中华人民共和国教育部，2012）[7] 创新意识的培养一方面要让学生经历知识的形成过程，体会蕴含其中的人类原始创新的智慧，如通过创设情境让学生发现、提出问题，利用已有知识和归纳概括活动经验进行猜想，运用多种方法检验猜想得到规律性的认识。另一方面也可以通过带有开放探索过程的问题来培养学生的创新意识，如：用四个相等的半圆围成一个面积最大的花坛，花坛外周长是 188.4 米。请你用适当的比例尺画出这个花坛的平面图，并标上半圆直径的实际长度和比例尺。（不用写出计算过程）

3
教材比较研究

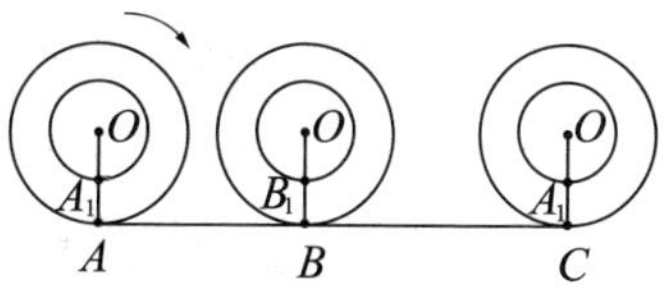

比较研究是一种按照一定的标准，对两个或两个以上有联系的事物进行考察，寻找其异同，探求普遍规律与特殊规律的研究方法。教材比较研究试图通过不同时代教材的纵向比较研究和同一时期不同版本教材的横向比较研究以及在此基础上的综合研究，弄清哪些是圆的周长教学中一直秉持不变的元素，哪些是随时代或编者的个人风格而变化的元素，进而更好地把握圆的周长教学的未来走向，取长补短，更好地服务于当下的教学。

为此，我们收集了改革开放以来国内外18套（见表3.1）不同版本的教材进行比较研究，这一方面是因为条件所限——我们没有收集到更多的改革开放以前的教材供比较，另一方面也是因为改革开放无论从观念到行为都深深地影响到了我们中的每一个人，作为更适切地认识当下和把握未来教学的一种途径，选择这一时段的教材进行深入研究就显得尤为意义重大。

纵向比较研究选择了具有明显传承关系的同属人民教育出版社的3个版本的教材和刘静和、张天孝主编的3个版本教材。横向比较借鉴了《改革开放重大事件和决策述实》一书中关于改革开放四个时期的划分——“开创改革开放的伟大事业（1978—1982）；改革开放全面展开（1982—1992）；抓住机遇，推进改革开放（1992—2002）；全面发展改革开放的宏伟事业（2002—2008）”（陈述，2008）[23-25]，把18套教材分成1980年代（包含改革开放的前两个时期）、1990年代、2000年代三个时期展开比较研究。

表 3.1　改革开放以来国内外 18 套教材

序号	教材名称	出版社	主　编	年份
1	全日制十年制小学课本《数学》第九册	人民教育出版社	中小学通用教材数学编写组	1980
2	全日制六年制小学课本《数学》第十一册	北京出版社	北京、天津、上海、浙江小学数学教材联合编写组	1983
3	全日制六年制小学课本《数学》第十一册	天津教育出版社	北京、天津、上海、浙江四省市小学数学教材联合编写组	1988
4	小学实验课本《数学》第九册	人民教育出版社	课程教材研究所、小学数学教材研究实验组	1990
5	九年义务教育小学数学实验课本《现代小学数学》第九册	科学出版社	刘静和、张天孝	1993
6	义务教育六年制小学教科书(实验本)《数学》第十一册	江苏教育出版社	江苏教育委员会教研室	1997
7	九年义务教育六年制小学实验课本《现代小学数学》第十一册	科学出版社	刘静和、张天孝	1998
8	义务教育六年制小学课本《数学》第十一册	浙江教育出版社	浙江省义务教育教材编委会	1999
9	九年义务教育教科书小学《数学》六年级第一学期	上海教育出版社	项家祥	2002
10	义务教育课程标准实验教科书小学《数学》五年级（下册）	江苏教育出版社	孙丽谷、王林	2005
11	义务教育课程标准实验教科书《数学》六年级上册	北京师范大学出版社	义务教育数学课程标准研制组	2006
12	义务教育课程标准实验教科书小学《数学》六年级上册	人民教育出版社	课程教材研究所、小学数学教材研究实验组	2006

续表

序号	教材名称	出版社	主　编	年份
13	义务教育课程标准实验教科书《数学》六年级（上）	西南师范大学出版社	宋乃庆	2006
14	义务教育课程标准实验教科书小学《数学》六年级上册	青岛出版社	徐云鸿	2007
15	九年义务教育小学实验教科书新思维小学《数学》	浙江教育出版社	张天孝	2012
16	小学《数学》6 上	台湾翰林出版事业股份有限公司	—	2002
17	《新思维数学》六上	澳门教育出版社有限公司	汪甄南	2007
18	小学《数学》5 下	日本	—	2001

（注：中国大陆地区教材按时间先后顺序排列，中国台湾、澳门地区和日本教材单列在后）

3.1 纵向比较：同种教材编写特点比较

在选择纵向比较的教材时遵循了两条标准：一是传承性，即编者队伍传承不断，且至今仍在使用；二是典型性，人教版教材一直是我国使用地域最广、使用人数最多的教材，刘静和、张天孝主编的教材是公认的具有鲜明特色的教材。

3.1.1 人教版教材编写的沿革特点

比较选取了人民教育出版社 1980 年、1990 年、2006 年版教材（以下分别简称 1980、1990、2006 版教材）。前两个版本是五年制教材，后一个是六年制教材。

思 考

人教版三个版本教材的编写沿革有什么特点?

⦿ 年级安排、呈现方式与教材结构

➤ 分别放在哪个年级教学?

1980、1990 版教材都把“圆的周长”这一内容的学习安排在第九册，也就是五年级上册。2006 版教材安排在六年级上册，也就是第十一册。三个版本的教材都把这一内容的教学安排在小学的最后一年学习。

➤ 呈现方式有什么异同?

2006 版教材明显不同于 1980、1990 版教材，1980、1990 版教材只有黑白两色，而 2006 版教材采用了彩色印刷，色彩明丽。仔细参详，就可以发现这不仅是印刷技术、装帧质量、资金投入的不同，更是编写理念的不同，深刻地反映出教材编写与社会需要、时代发展及由此带来的思想观念变化、技术进步之间的联系。

1980、1990 版教材主要是以编者的身份“陈述”教材，起到了呈现知识点、提示教学路径的作用，侧重于教师传授。2006 版教材中出现了学生和教师角色（见图 3.1），通过生生、师生的“活动和对话”呈现某些本来

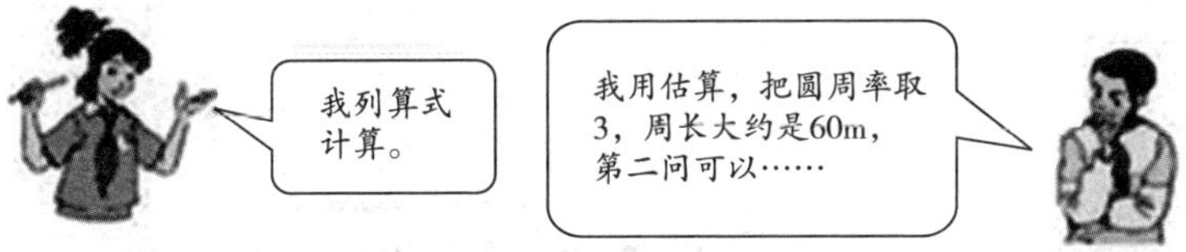

图 3.1

该由编者“陈述”的内容，鲜艳的色彩、生动活泼的版面和问题引领的内容呈现，容易吸引学生的注意，引发教材文本与学生的对话，实现了某种程度上的“教材”向“学材”的转变。从中我们可以看到明显的教学观念的转变——“学”开始由教学的边缘向中心转移，“教”是为了促进更好地“学”，教材的呈现方式也相应地呈现出“教”、“学”各方多元互动的特点。编者精心设置的“活动和对话”，在更好地提示了教学的线索与策略的同时，

也对教师解读教材的能力提出了更高的要求。限于篇幅，用“冒泡”（见图3.1）呈现的对话有了更多意犹未尽的余韵，需要教师去解读、把握。

➢ 教材结构有什么异同？

人教版三个版本教材的结构如表3.2所示。

表3.2 人教版三个版本教材结构比较

主要环节	1980版教材	1990版教材	2006版教材
1	指令操作（滚动圆纸片）引出圆周长概念	复习引出圆周长概念	创设情境，提出问题
2	—	—	澄清问题，确立研究思路
3	操作实验，研究圆周率	介绍测量圆周长的两种方法：绕线法和滚动法	讨论测量圆周长的两种方法：绕线法和滚动法
4	—	操作实验，研究圆周率	操作实验，研究圆周率
5	介绍圆周率；给出圆周长计算的文字和字母公式	介绍圆周率和常用近似值；给出圆周长计算方法和字母公式	介绍圆周率和常用近似值；给出圆周长计算方法和字母公式，栏目“你知道吗？”介绍圆周率的研究历史
6	例题1：求周长的应用问题	例题1：求周长的应用问题	例题：求周长的应用问题
7	例题2：求直径和半径的应用问题	例题2：求直径的应用问题	—
8	课堂练习	课堂练习	课堂练习
9	练习二十四	练习三十三	练习十五

比较三个版本的教材结构，自“操作实验，研究圆周率”环节之后，各个版本教材的编写思路大体相同，而在此环节前，1980、1990、2006版教材分别安排了1、2、3个环节，说明随着时代的发展，教材教学日益重视研究问题和研究方法的产生过程，重视让学生通过活动感悟蕴含在知识形成过程中的人类智慧。

⊙ 课题引入与新知探究

➢ 课题引入有什么异同？

1980 版教材（见图 3.2）采用了直接引入的办法：直接指令学生操作体验，给出圆周长描述性概念，引入“圆的周长”研究课题。

2.圆 的 周 长

我们用硬纸板剪一个直径是1分米的圆。照下图的样子在米尺上滚动一周，这一周的长，就是这个圆的周长。圆的周长用字母*C*表示。

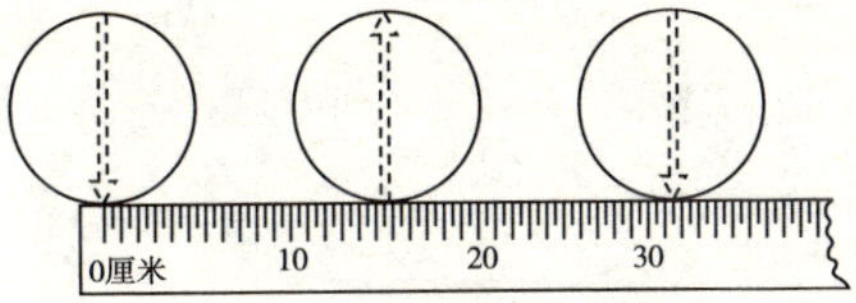

图 3.2

1990 版教材（见图 3.3）采用了复习引入的办法。教材没有直接提出“什么是周长？”这一问题，而是通过提出“长方形、正方形周长各指的是什么？”来唤起学生已有的知识经验，进而通过抽象概括，重建一般意义上的周长概念，再借助一般的周长概念来理解圆周长概念。教材设计了这样的教学路径可能是因为考虑到学生在平时的学习中，较少使用一般意义上的周长概念，这就导致他们较难直接回忆并利用这一概念认识圆周长，而他们在长方形、正方形周长计算和情境模型识别中积累了比较丰富的数学活动经验，便于我们通过具体的周长问题来重建一般的周长概念，进而认识圆周长。

II. 圆的周长和面积

1. 圆的周长

我们从前学过正方形和长方形的周长。回想一下，它们的周长各指的是什么？

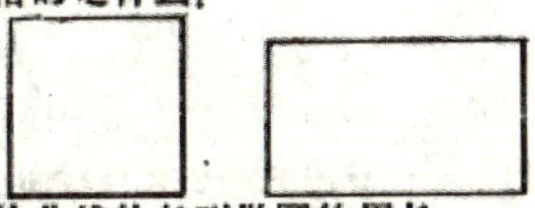

围成圆的曲线的长叫做圆的周长。

图 3.3

2006 版教材（见图 3.4）创设了某人沿花坛周围骑行一圈的情境，涉及第 2、3、4 类情境模型（情境模型的分类详见 1.1.5 中“圆周长的应用问题情境模型有哪些?”)。引导学生提出问题“骑一圈大约多少米?”，这就需要联系已有的知识经验，思考“绕圆一周是这个圆的什么?”，主动建构圆周长的概念，认识到这其实就是一个求圆形花坛周长的问题，进而引出“怎样才能知道一个圆的周长呢?”的研究主题。

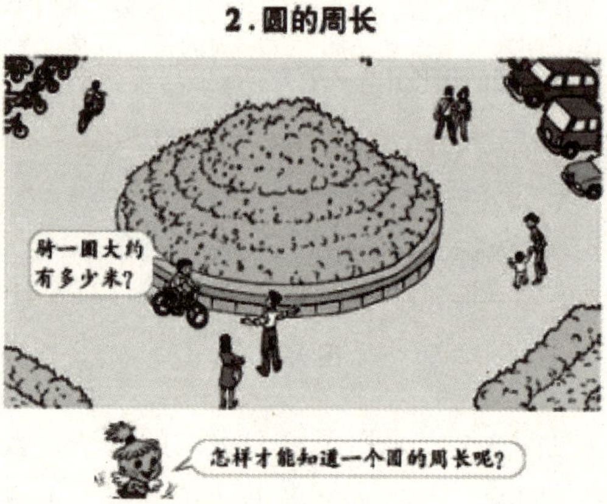

图 3.4

比较三个版本的教材，1980 版教材采用了直接引入的办法，1990 版教材采用了复习引入的办法，2006 版教材着墨最多，强调让学生从具体情境中发现问题、提出问题。不仅如此，教材还进一步提示师生展开研讨（见图 3.5)，进一步澄清问题：直接测量一个大圆有困难，需要寻求一个更简单的求得圆周长的方法。教材重视学生发现问题、提出问题能力的培养，颇有先见之明地体现了 2011 年课标的基本精神。

图 3.5

思考

复习引入和情境引入各有什么优缺点？在什么条件下使用比较合适？

➤ 周长概念的定义有什么异同？

1980 版教材借助操作活动经验引出圆周长概念——圆滚动一周，这一周的长就是这个圆的周长。这一定义（如果是定义的话）未免有点语焉不详——很难弄清"这一周的长"究竟是指圆滚动一周在米尺上行进的距离呢，还是指圆自身的一周？还是圆上某点绕圆心一周？如果是第一种意思，与一般的周长概念难以一致，如果是第二、第三种意思，似乎又不必借助滚动。1990 版教材对概念的表述最为清晰准确：围成圆的曲线的长叫作圆的周长。2006 版教材的概念呈现最为隐晦，它需要学生从问题情境中自主建构："绕圆形花坛骑行一周的长度"相当于"到定点距离等于定长的点的轨迹长度"——就是圆周长。通过基于情境的问题解决，学生应该也能构建圆周长的概念，但我们可能难以判明学生头脑中的圆周长概念究竟处于哪个层次：是具象层次？还是抽象层次？还是介于两者之间？由于教材中没有给出显性的圆周长定义，这就需要教师教学中的有效引导，帮助学生建立起清晰准确的圆周长概念。这也是 2006 版教材解读难度增大的原因之一。

➤ 探索圆周率的过程与方法有什么异同？

三个版本的教材在探索圆周率的方法上大同小异，都是通过测量圆周长和直径、计算圆周长与直径的比值来进行的。1980 版教材做了非常简单化的处理：用几个直径不同的圆，再做几次这样的实验（在米尺上滚动），可以看出，圆周长总是直径的 3 倍多一些。1990、2006 版教材都给出了一张表格（见图 3.6），让学生边量、边填、边算，然后得出结论：圆的周长总是直径的 3 倍多一些。

不同之处主要在于研究方法的形成过程。1980 版教材采用了直接指令操作的办法（见图 3.2），测量圆周长的方法也仅有滚动法一种。1990 版教材以编者（教师）身份介绍了滚动与绕线两种方法（见图 3.7）。2006 版教材（见图 3.5）强调让学生通过讨论形成测量周长的两种方法，为在讨论中突破"圆滚动一周所经过的距离就是这个圆的周长"提供了机会。另外，这一版本的教材在"圆的认识"的课后练习中介绍了两种测量圆的直径的方法（见图 3.8）。

物品名称	周长	直径	$\frac{周长}{直径}$的比值（保留两位小数）

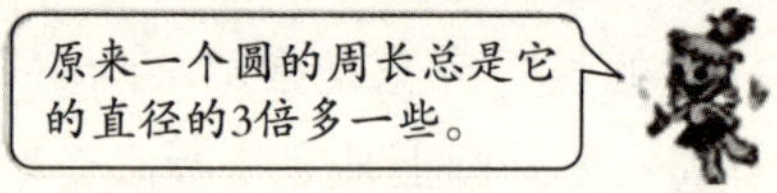

图 3.6

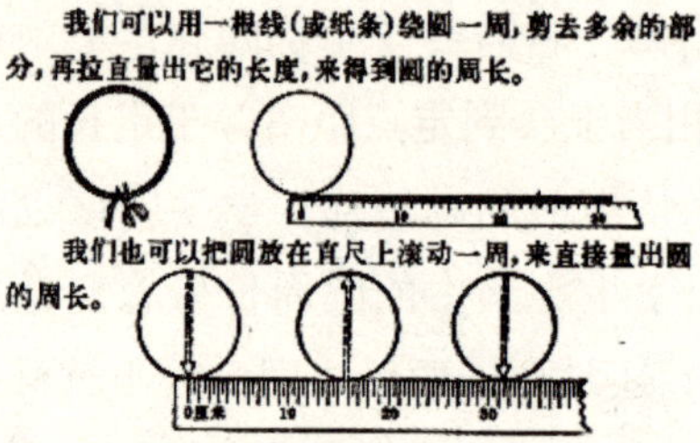

图 3.7

图 3.8

➢ 介绍圆周率及常用近似值的方法有什么异同？

1980 版教材的介绍最为简短：这个倍数是固定的数，我们把它叫作圆周率，用字母 π 表示。同时，用加注的方式介绍了我国古代数学家祖冲之研究圆周率的成就，并对 π 及常用近似值做了进一步的介绍（见图 3.9）。

---

*早在一千四百多年以前，我国古代的数学家祖冲之，就精密地计算出 π 的值在 3.1415926 和 3.1415927 之间，这是当时世界上算得最精确的圆周率的值。

经过精密计算，知道 π 是个无限不循环小数。在计算时，可以根据需要取它的近似值，如果取两位小数就是 3.14，取三位小数就是 3.142，本书在计算时都取两位小数。

图 3.9

需要注意的是，注释中“经过精密计算，知道 π 是个无限不循环小数”的说法是值得商榷的：“精密计算”所得的数位总是有限的，显然不足以证明“π是个无限不循环小数”，形成的只能是一个随求得数位的增加而不断增强信心的猜想，人们认识“π是个无限不循环小数”来自于推理论证。

1990版教材利用正文和脚注对π做了介绍：正文介绍了圆周率是一个无限不循环小数，指出了圆周率的常用近似值，脚注介绍了《周髀算经》和祖冲之计算圆周率的成就（见图3.10）。

2006版教材利用正文和栏目“你知道吗?”对π做了介绍：正文介绍了圆周率是一个无限不循环小数，指出了圆周率的常用近似值，栏目“你知道吗?”介绍了《周髀算经》和祖冲之计算圆周率的成就（见图3.11）。

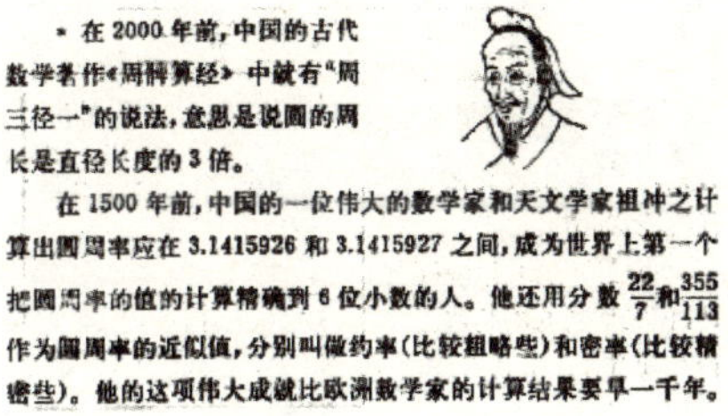

· 在2000年前，中国的古代数学著作《周髀算经》中就有“周三径一”的说法，意思是说圆的周长是直径长度的3倍。

在1500年前，中国的一位伟大的数学家和天文学家祖冲之计算出圆周率应在3.1415926和3.1415927之间，成为世界上第一个把圆周率的值的计算精确到6位小数的人。他还用分数$\frac{22}{7}$和$\frac{355}{113}$作为圆周率的近似值，分别叫做约率（比较粗略些）和密率（比较精密些）。他的这项伟大成就比欧洲数学家的计算结果要早一千年。

图3.10

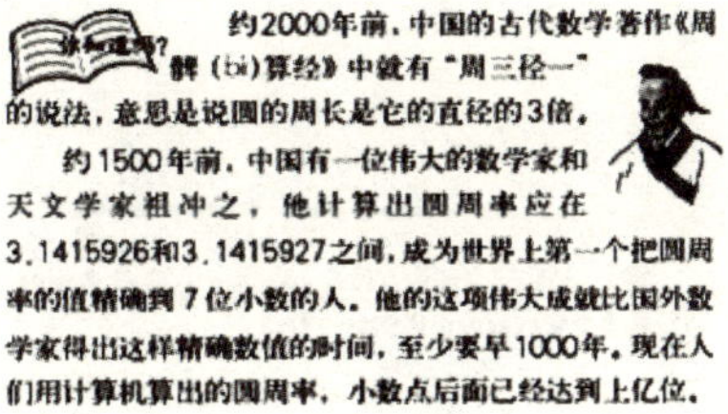

约2000年前，中国的古代数学著作《周髀（bì）算经》中就有“周三径一”的说法，意思是说圆的周长是它的直径的3倍。

约1500年前，中国有一位伟大的数学家和天文学家祖冲之，他计算出圆周率应在3.1415926和3.1415927之间，成为世界上第一个把圆周率的值精确到7位小数的人。他的这项伟大成就比国外数学家得出这样精确数值的时间，至少要早1000年。现在人们用计算机算出的圆周率，小数点后面已经达到上亿位。

图3.11

⊙ 公式的给出与应用

➤ 给出圆周长计算公式的方法有什么异同?

三个版本的教材在介绍圆周率后都直接给出了圆周长的算法，其中1980版教材给出了“圆周长=直径×圆周率”的文字公式和“$C=\pi d$或$C=2\pi r$”两个字母公式，1990、2006版教材都直接给出了字母公式，都没有呈现圆周率的定义式“$\pi=\frac{C}{d}$”来作为导出周长公式的过渡。

➤ 例题和练习的安排有什么异同?

从例题的量来看，1980、1990版教材分别安排了2个例题（分别见图3.12、图3.13），1990版教材在每个例题后还各配了一道“做一做”，2006版教材只有一个例题（见图3.14），不同于1980、1990版的基础题，这道例题是一道综合题，可见其对培养学生综合应用所学知识分析解决问题能力的重视。各个版本的教材中所有的例题都是带有生活情境的应用问题，这说明坚持数学与现实生活的联系是一贯的教学主张。

例 1 一辆载重汽车的轮胎外直径是 1.76 米。车轮滚动一周的距离是多少米？（得数保留两位小数。）

$C=\pi d$

$=3.14\times1.76$

$=5.5264$

≈5.53(米)

答：车轮滚动一周的距离约是 5.53 米。

例 2 一个圆形水池，周长是 37.68 米。它的直径是多少米？半径是多少米？

因为 $C=\pi d$

所以 $d=\frac{C}{\pi}$

$=\frac{37.68}{3.14}$

$=12$(米)

$r=\frac{d}{2}$

$=\frac{12}{2}$

$=6$(米)

答：它的直径是 12 米，半径是 6 米。

图 3.12

例 1 一张圆桌面的直径是 0.95 米。这张圆桌面的周长是多少米？(得数保留两位小数。)

3.14×0.95

$=2.983$

≈2.98(米)

答：这张圆桌面的周长是 2.98 米。

做一做

一辆自行车车轮的半径是 0.33 米。车轮滚动一周自行车前进多少米？(得数保留两位小数。)

例 2 一个圆形水池，周长是 37.68 米。它的直径是多少米？

解：设水池的直径是 x 米。根据 $C=\pi d$，得

$37.68=3.14\times x$

$x=\frac{37.68}{3.14}$

$x=12$

答：水池的直径是 12 米。

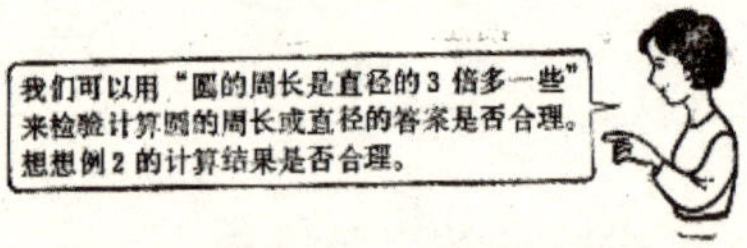

图 3.13

1 圆形花坛的直径是 20 m，它的周长是多少米？

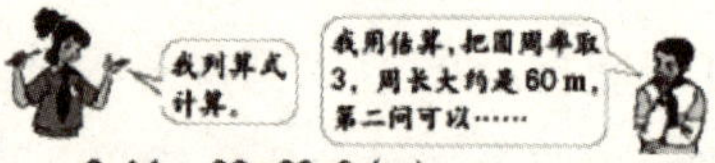

3.14 × 20=62.8 (m)

3.14 × 0.5=1.57(m)

62.8 ÷ 1.57=40 (周)

答：花坛的周长是 62.8 m，车轮大约转动 40 周。

图 3.14

从例题使用的情境模型来看，1980 版的两道例题使用了情境模型 4 和 2，涉及已知直径求周长和已知周长求直径、半径两种情况；1990 版两道例题都使用了情境模型 2，涉及已知直径求周长和已知周长求直径，“做一做”使用了情境模型 4 和 1，涉及已知半径求周长和已知周长求半径，穷尽了基本的公式变形；2006 版例题中有两个小问题，分别涉及情境模型 2、3、4。

从例题的解答要求来看，1980 版教材强调了利用公式解题的格式规范，使用了“因为”、“所以”的陈述，这可能是出于培养学生思维严密性、接轨中学教学的考虑，但也不免让学生和老师生出无病呻吟、徒增烦恼的感觉。解答还提出了得数保留两位小数的要求，这就要处理两次去近似值——用 π 的近似值 3.14 计算求得结果后再保留两位小数却用一处“≈”的矛盾，需要教师去解释。1990 版教材没有采用 1980 版教材的格式要求，却在例 2 中引入了列方程解应用题，并提示了一种利用圆周率检验计算结果的方法。2006 版教材舍弃了所有的繁文缛节，提示了解决问题的估算和列式计算两种方法。

表 3.3、表 3.4、表 3.5 整理了 1980、1990、2006 版教材中例题和练习的题型、题量分布情况。

表 3.3　1980 版教材中例题和练习的题型、题量分布情况

		无情境问题	情境模型问题						总　计
			第 1 类	第 2 类	第 3 类	第 4 类	其他	小合计	
基本题	知 d 求 C	8/24.2%	1/3%	1/3%	0	0	0	2/6.1%	10/30.3%
	知 r 求 C	8/24.2%	0	0	1/3%	0	0	1/3%	9/27.3%
	知 C 求 d	4/12.1%	0	2/6.1%	0	0	0	2/6.1%	6/18.2%
	知 C 求 r	4/12.1%	0	0	1/3%	0	0	1/3%	5/15.2%
	小合计	24/52.1%	1/3%	3/9.1%	2/6.1%	0	0	6/30.4%	30/90.9%
综合题		0	0	0	0	3/9.1%	0	3/9.1%	3/9.1%
合　计		24/52.1%	1/6%	3/9.1%	2/6.1%	3/9.1%	0	9/27.3%	33

（注：一次公式计算视作一题，有公式之外计算或多次公式计算的为综合题；每格中的前后两项数据分别指题数和占总题数的百分率，下同）

表 3.4　1990 版教材中例题和练习的题型、题量分布情况

		无情境问题	情境模型问题						总　计
			第 1 类	第 2 类	第 3 类	第 4 类	其他	小合计	
基本题	知 *d* 求 *C*	5/19.2%	0	2/7.7%	0	0	0	2/7.7%	7/26.9%
	知 *r* 求 *C*	5/19.2%	0	0	1/3.8%	1/3.8%	0	2/7.7%	7/26.9%
	知 *C* 求 *d*	2/7.7%	1/3.8%	1/3.8%	0	0	0	2/7.7%	4/15.3%
	知 *C* 求 *r*	0	1/3.8%	0	0	0	0	1/3.8%	1/3.8%
	小合计	12/46.1%	2/7.7%	3/11.5%	1/3.8%	1/3.8%	0	7/26.9%	19/73.1%
综合题		1/3.8%	2/7.7%	0	1/3.8%	1/3.8%	1/3.8%	6/23.1%	7/26.9%
合　计		13/50%	4/15.3%	3/11.5%	2/6.1%	2/7.7%	1/3.8%	13/50%	26

表 3.5　2006 版教材中例题和练习的题型、题量分布情况

		无情境问题	情境模型问题						总　计
			第 1 类	第 2 类	第 3 类	第 4 类	其他	小合计	
基本题	知 *d* 求 *C*	1/6.3%	0	0	1/6.3%	1/6.3%	0	2/12.5%	3/18.8%
	知 *r* 求 *C*	2/12.5%	0	1/6.3%	0	0	0	1/6.3%	3/18.8%
	知 *C* 求 *d*	0	1/6.3%	0	0	0	0	1/6.3%	1/6.3%
	知 *C* 求 *r*	0	0	0	0	0	0	0	0
	小合计	3/18.8%	1/6.3%	1/6.3%	1/6.3%	1/6.3%	0	4/25%	7/43.8%
综合题		2/12.5%	1/6.3%	1/6.3%	1/6.3%	2/12.5%	2/12.5%	7/43.8%	9/56.3%
合　计		5/31.3%	2/12.5%	2/12.5%	2/12.5%	3/18.8%	2/12.5%	11/68.8%	16

1980 版教材题量最大，达 33 题，其次是 1990 版达 26 题，两个版本教材都非常重视基本技能的熟练掌握，安排了大量的无情境问题作公式变形的操练。这是与当时重双基的时代背景相吻合的。在应用问题的情境模型分布上，2006 版教材最为均衡，其次是 1990 版教材。1980 版教材综合题仅占 9.1%，1990 版上升到 26.9%，2006 版更上升到 56.3%，说明能力培养日渐为编者所重视。1980 版教材的综合题都属第 3 类情境模型（见图 3.15），局限性明显比较大。1990 版教材综合题涉及除第 2 类之外的所有情境模型，出现了供选做的“ * ”题和思考题（见图 3.16）。2006 版教材的综合题涉及了各类情境模型，内容丰富、灵活。

10. 一种压路机的前轮直径是 1.32 米。前轮的周长是多少米？如果前轮每分钟转 6 周，它每分钟前进多少米？（得数保留整数。）

11. 一辆自行车轮胎的外直径约是 71 厘米。如果平均每分钟转 100 周，通过一座 1099 米长的桥，大约需要几分钟？

12. 量一量你见到的自行车轮胎的外直径，计算它转动一周前进多少米。

图 3.15

14*. 某学校操场的跑道是由正方形两条对边和两个半圆组成的，形状大小如右图。跑道一周长度是多少米？

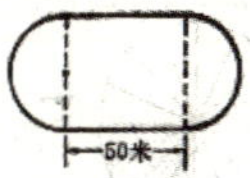

16. 

右面图形的周长是多少厘米？你能想出几种算法？怎样算最简便？

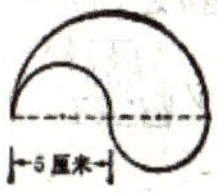

图 3.16

> **思 考**
>
> 三个版本教材的历史沿革给你什么启示?

3.1.2　刘静和、张天孝主编教材的编写沿革特点

20 世纪 80 年代，张天孝与中国科学院心理所刘静和等合作编写了《现代小学数学》，由科学出版社出版。2010 年代前叶根据 2001 年课标精神重新编写，称为新思维小学《数学》，由浙江教育出版社出版。

> **思 考**
>
> 刘静和、张天孝主编的三个版本教材的编写是如何沿革的?

通过系列化的训练培养学生的数学思维能力，是这一系列教材的公认特色。本研究选取的三个版本教材是：1993 年科学出版社出版的《现代小学数学》、1998 年科学出版社出版的《现代小学数学》、2012 年浙江教育出版社出版的新思维小学《数学》（以下分别简称 1993 版、1998 版、2012 版教材）。1993 版是五年制教材，1998、2012 版均为六年制教材。

⦿ 年级安排、呈现方式与教材结构

➢ 分别放在哪个年级教学？

1993 版教材把圆的周长教学安排在第九册，也就是五年级上册。1998、2012 版教材都安排在六年级上册，也就是第十一册。三个版本的教材都把这一内容的教学安排在小学的最后一年进行学习。

➢ 呈现方式有什么异同？

1993 版教材是黑白印制，1998、2012 版教材都是彩色印制。1993 版教材呈现分成陈述性文字和例题两部分，陈述性文字采用指令性文字较多，起到了呈现知识点、提示教学路径的作用，侧重于教师教学。1998 版教材呈现出现了"问题"、"活动"和"练一练"三个栏目。"问题"栏前面还有复习引入，"活动"栏目中还有例题，这两个栏目的设置，体现了培养学生问题意识、丰富学生活动经验、促进学生自主建构的基本理念。2012 版教材延续了 1998 版教材的三个栏目，正文中出现了学生这一角色，通过引发教材文本与学生的对话，促进教师、学生、教材文本之间的多元互动，体现教学中学生"学"的主体地位。

➢ 教材结构有什么异同？

刘静和、张天孝主编的三个版本教材的结构如表 3.6 所示。

表 3.6 刘静和、张天孝主编的三个版本教材的结构比较

主要环节	1993 版教材	1998 版教材	2012 版教材
1	—	复习引出圆周长概念	"观察与提问"：创设情境，提出问题
2	直接提出问题：下面圆周长是直径的几倍	"问题"：创设情境，提出问题，引出研究主题——圆周长与直径的关系	建立概念，引出研究主题——圆周长与直径的关系
3	指令操作实验，研究圆周率	"活动"：操作实验，研究圆周率	"操作与交流"：操作实验，研究圆周率
4	介绍圆周率，给出圆周长计算的文字和字母公式；介绍圆周率的研究历史和常用近似值	介绍圆周率和定义式，导出圆周长文字和字母公式；介绍圆周率的研究史和常用近似值	介绍圆周率和定义式，导出圆周长的文字和字母公式，给出常用近似值
5	例题 1：求周长的应用问题；例题 2：求直径和半径的应用问题	例题 1：求周长的应用问题；例题 2：求直径的应用问题	—

续表

主要环节	1993 版教材	1998 版教材	2012 版教材
6	课堂练习	课堂练习	“练习与应用”：课堂练习
7	—	—	“数学百花园”：介绍中国古代数学家对计算 π 值的贡献
8	练习十六	练习十一	练习九，安排了选做题

比较三个版本的教材结构，1998 版传承了 1993 版的后面六个环节，2012 版传承了 1998 版前面五个环节中的四个，这就使 2012 版与 1993 版呈现颇为不同的风貌，体现了编者锐意创新、不断进取的精神。值得注意的是，2012 版教材没有安排例题，直接进入练习，这一方面可能是因为编者认为即使安排例题也仅仅起到练习的效果，并没有多少新的东西可教，另一方面也可能是因为充分展开圆周率的探索过程，客观上也没有多少的时间可用于例题教学。

◉ 课题引入与新知探究

➤ 课题引入有什么异同？

1993 版教材采用了直接引入的办法：下面这个圆的周长是直径的几倍？教材没有给圆周长下定义而直接应用概念，教师在教学时可能先要向学生指明什么是圆周长。

1998 版教材采用了复习引入的办法（见图 3. 17），即通过让学生借助指出具体的三角形、长方形周长回忆周长概念，进而在指出圆周长的基础上引出圆周长的概念——围成圆的曲线叫作圆的周长。这一关于圆周长的提法可能需要商榷：按照通常关于周长的定义——封闭图形一周的长度叫作这个图形的周长，圆周长应该定义为“围成圆的曲线长叫作圆的周长”。

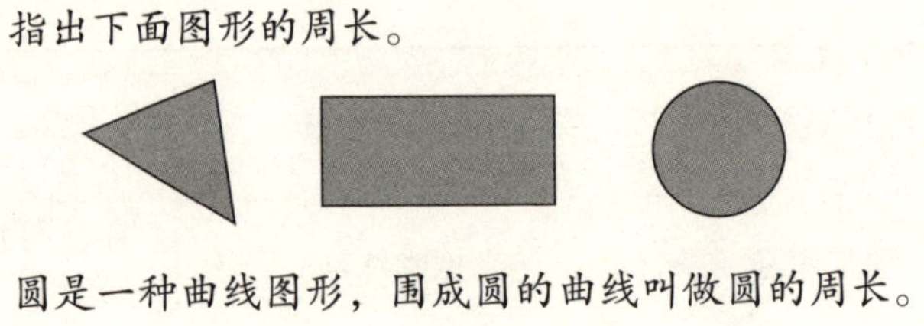

图 3.17

在明确概念的基础上，1998 版教材创设了公交车、轿车行驶同一路程的情境（见图 3.18），涉及第 2、4 类情境模型。提出问题引发学生思考“车轮转动的次数哪一个多?”，学生容易凭经验判断：轮子大的转一圈经过的距离长，行驶同一路程车轮转动的次数就比较少。在具体的教学中，教师还要引导学生澄清所谓的轮子大就是圆的直径长，需要让学生认识到轮子转动一周所经过的距离就是这个圆的周长。进而通过问题（2）引出本课研究的主题：圆的周长和直径的关系。

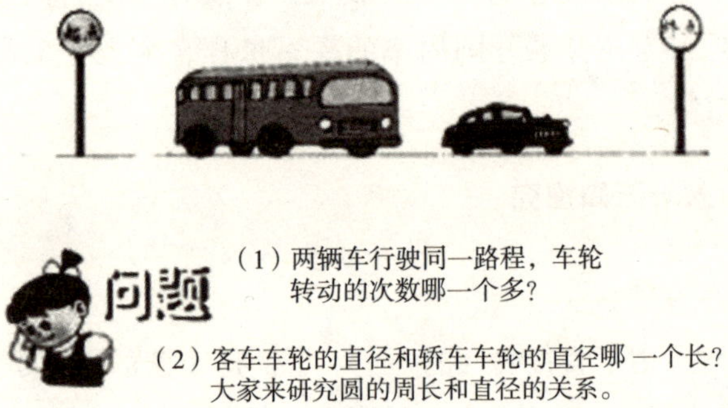

图 3.18

思考

你喜欢这种引入吗？为什么?

2012 版教材在创设情境时选用了两个题材（见图 3.19），涉及第 1、2、4 类情境模型。第一个题材是修建一块圆形菜地的篱笆，提出“圆形菜地一周的篱笆有多长?”，这一问题蕴含着圆周长的概念，通过提问可直接从情境中提取并给出圆周长的概念。第二个题材沿用了 1998 版的问题情境，通过问题串引导学生深入思考问题的本质，引出“圆周长与直径关系”的研究主题。在具体教学中，与1998版教材使用一样，教师同样需要让学生思考为什么客车车轮转动的转数比较少，需要让学生认识到轮子转动一周所经过的距离就是这个圆的周长。与1998版教材的复习引入圆周长概念相比，2012版教材采用了更加贴近生活实际、容易唤起学生已有知识经验的方式来给出圆周长概念，当然教材并没有显性地给出圆周长概念，需要教师在教学中去呈现。

图 3. 19

比较三个版本的教材，1993版采用了直接引入的办法，1998版采用了复习引入概念、问题引入研究主题的办法，2012版则直接采用情境引入。纵观三个版本教材在引入方式上的变化可以看到：重视数学与现实生活的联系，重视知识的情境建构，注重学生分析问题、把握问题本质能力的培养随年代的变迁而日益凸显，体现了教材重视学生思维能力培养的特色。

➤ 探索圆周率的过程与方法有什么异同？

在探索圆周率的方法上，三个版本的教材几乎完全一致，唯一的不同就在于1993、1998版要求用细铁丝围成一个圆（见图3. 20，选自1993版教材），而2012版是要求用线围成一个圆（见图3. 21），这样的改变可能是考虑到用细铁丝不容易围成圆。1998版与1993版完全相同，都介绍了绕线法和滚动法。绕线法是用细铁丝围成一个圆，拉直后与直径比较（这实际上是用直径度量圆周长），得出 3 倍多一些的结果。与用绕线法直接测量圆周长和直径求比值的方法相比，这种方法没有诉诸具体数字和计算，而由于周长和直径具有某种潜在的取值不定性，所以这种方法可能对学生认识圆周率是一个定值有利。滚动法都提出了用直径 2、3、4、5 厘米的圆进行实验的要求，并提供表格让学生计算探索圆周率。最后，教材都给出了这样的实验结论：圆的周长大约是直径的 3.14 倍（通过实验要得到大约 3.14 倍的结果可能是不太现实的）。

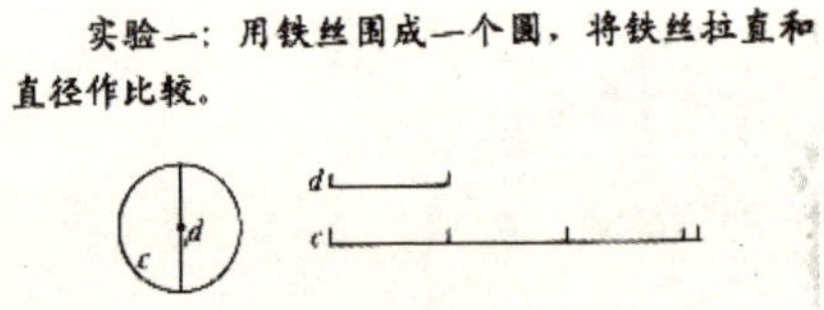

图 3.20

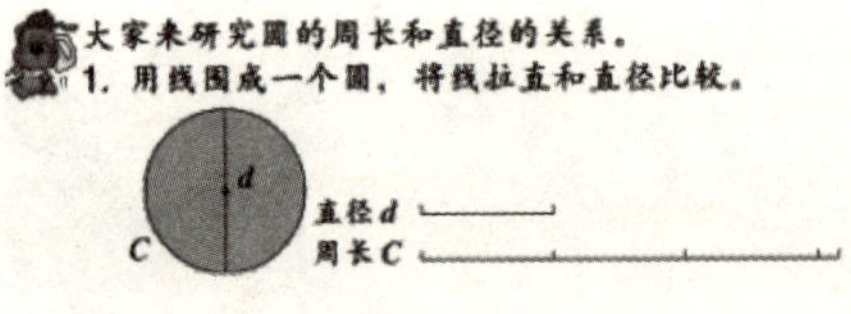

图 3.21

思考

你喜欢这种方法吗？为什么？

➤ 介绍圆周率及常用近似值的方法有什么异同？

1993、1998 版采用了完全相同的方式介绍圆周率，内容完全相同（见图 3.22，选自 1993 版教材），只是排版形式稍有变化。介绍首先说明圆周率是一个定值，然后给出圆周率的定义式，在此基础上导出圆周长计算的文字公式和两个字母公式。2012 版教材则略去了文字公式（见图 3. 23），直接给出字母公式，同时说明 π 是无限不循环小数，给出 π 的两个近似取值 3.14 和 $\frac{22}{7}$（约率）。1993、1998 版教材关于 π 是无限不循环小数和常用近似值的介绍放在圆周率研究的历史介绍之后，却不介绍 $\frac{22}{7}$ 为常用取值。

不管多大的圆，它的周长与直径的比值是一个常数，我们把它叫做圆周率，用字母π表示。

圆周长：直径=π，因此：

圆的周长=直径×圆周率

$C=\pi d$ 或 $C=2\pi r$

图 3.22

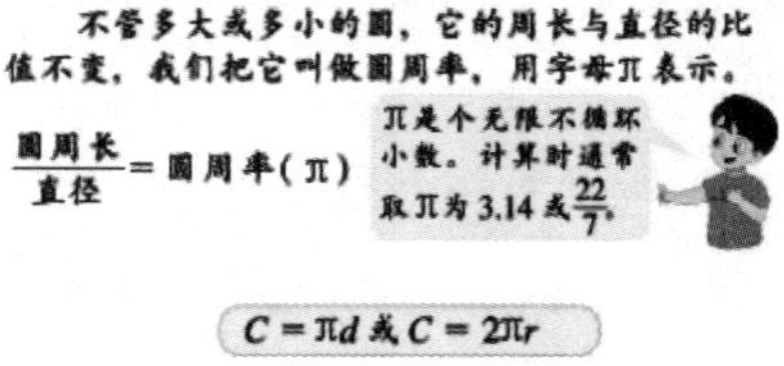
不管多大或多小的圆，它的周长与直径的比值不变，我们把它叫做圆周率，用字母π表示。

$\frac{圆周长}{直径}=圆周率(\pi)$

π是个无限不循环小数。计算时通常取π为3.14或$\frac{22}{7}$。

$C=\pi d$ 或 $C=2\pi r$

图 3.23

1993、1998 版教材关于圆周率研究历史的介绍也完全相同（见图 3. 24，选自 1993 版教材），出现在教材的正文中，突出介绍了祖冲之在圆周率研究中的重要成就。2012 版教材在“数学百花园”栏目中（见图 3. 25）比较系统地对我国古代圆周率研究的成就做了介绍，具体介绍了约率和密率，指出它们能用简单的分数表示出圆周率近似值却又有较好的精确度，是我国古代圆周率研究取得的重要成就。各版本教材都介绍了电子计算机在研究圆周率上取得的成果，给出了小数点后的 33 位小数。

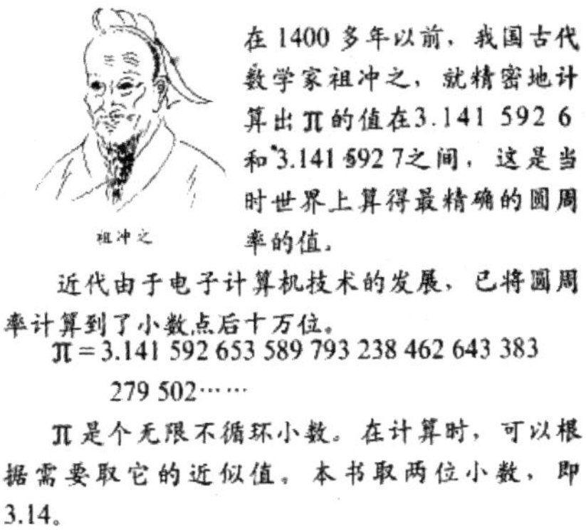
祖冲之

在 1400 多年以前，我国古代数学家祖冲之，就精密地计算出π的值在3.141 592 6和3.141 592 7之间，这是当时世界上算得最精确的圆周率的值。

近代由于电子计算机技术的发展，已将圆周率计算到了小数点后十万位。

π = 3.141 592 653 589 793 238 462 643 383 279 502……

π是个无限不循环小数。在计算时，可以根据需要取它的近似值。本书取两位小数，即3.14。

图 3. 24

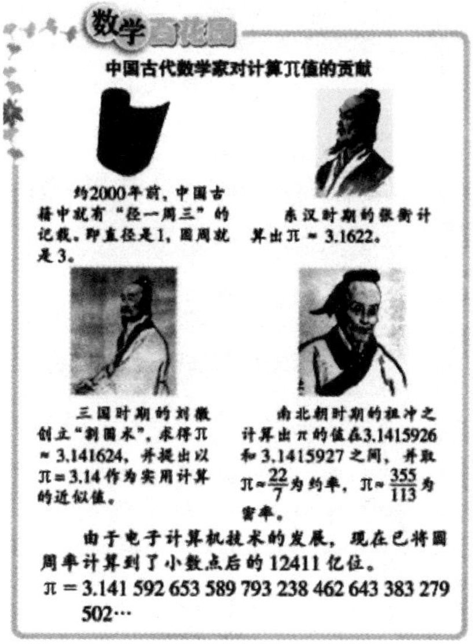
数学百花园

中国古代数学家对计算π值的贡献

约2000年前，中国古籍中就有“径一周三”的记载，即直径是1，圆周就是3。

东汉时期的张衡计算出π≈3.1622。

三国时期的刘徽创立“割圆术”，求得π≈3.141624，并提出以π=3.14作为实用计算的近似值。

南北朝时期的祖冲之计算出π的值在3.1415926和3.1415927之间，并取$\pi\approx\frac{22}{7}$为约率，$\pi\approx\frac{355}{113}$为密率。

由于电子计算机技术的发展，现在已将圆周率计算到了小数点后的12411亿位。

π = 3.141 592 653 589 793 238 462 643 383 279 502…

图 3. 25

⊙ 公式的给出与应用

➤ 给出圆周长计算公式的方法有什么异同？

从上文中可以看出，三个版本的教材给出圆周长的方法完全相同：都通过呈现圆周率的定义式“圆周长：直径 = π”，再借此利用公式变形来导出周长公式。

➢ 例题和练习的安排有什么异同？

从例题的量来看，1993、1998 版教材分别安排了两个例题，两个例题及具体的解题要求与过程都完全相同（见图 3.26），2012 版教材没有安排例题。从例题使用的情境模型来看，两道例题使用了情境模型 4 和 1，涉及已知直径求周长和已知周长求直径、半径两种情况。从例题的解答要求来看，1993、1998 版教材都强调了利用公式解题的格式规范（见图 3.27），解答还提出了得数保留两位小数的要求。

[例 1]车轮直径为55厘米的自行车，车轮转一周，约前进多少米（精确到两位小数)？

$d=55\text{cm}=0.55\text{m}$

$C=\pi d$

$=3.14\times0.55$

$=1.727$

≈1.73 (m)

答：车轮转一周约前进 1.73 米。

图 3.26

[例 2] 一个圆形水池，周长是37.68米，它的直径是多少米？半径是多少米？

$C=37.68\text{m}$

因为 $C=\pi d$

所以 $d=\frac{C}{\pi}=\frac{37.68}{3.14}$

$=12$ (m)

$r=\frac{d}{2}=\frac{12}{2}$

$=6$ (m)

答：它的直径是 12 米，半径是 6 米。

图 3.27

表 3.7、表 3.8、表 3.9 整理了 1993、1998、2012 版教材中例题和练习的题型、题量分布情况。

表 3.7　1993 版教材中例题和练习的题型、题量分布情况

		无情境问题	情境模型问题						总　计
			第 1 类	第 2 类	第 3 类	第 4 类	其他	小合计	
基本题	知 d 求 C	7/26.9%	0	0	0	1/3.8%	0	1/3.8%	8/30.7%
	知 r 求 C	4/15.4%	0	0	1/3.8%	0	0	1/3.8%	5/19.2%
	知 C 求 d	3/11.5%	0	2/7.7%	0	0	0	2/7.7%	5/19.2%
	知 C 求 r	0	0	1/3.8%	0	0	0	1/3.8%	1/3.8%
	小合计	14/53.8%	0	3/11.5%	1/3.8%	1/3.8%	0	5/19.2%	19/73.1%
综合题		1/3.8%	1/3.8%	2/7.7%	1/3.8%	1/3.8%	1/3.8%	6/23.1%	7/26.9%
合　计		15/57.7%	1/3.8%	5/19.2%	2/7.7%	1/3.8%	1/3.8%	11/42.3%	26

表 3.8　1998 版教材中例题和练习的题型、题量分布情况

		无情境问题	情境模型问题						总　计
			第 1 类	第 2 类	第 3 类	第 4 类	其他	小合计	
基本题	知 d 求 C	7/24.1%	0	0	0	1/3.4%	0	1/3.4%	8/27.5%
	知 r 求 C	4/13.8%	0	0	0	0	0	0	5/17.2%
	知 C 求 d	3/10.3%	0	2/6.9%	0	0	0	2/6.9%	5/17.2%
	知 C 求 r	0	0	1/3.4%	1/3.4%	0	0	2/6.9%	1/3.4%
	小合计	14/48.3%	0	3/10.3%	1/3.4%	1/3.4%	0	5/17.2%	19/65.5%
综合题		2/6.9%	1/3.4%	2/6.9%	1/3.4%	3/10.3%	1/3.4%	8/27.5%	10/34.5%
合　计		16/55.2%	1/3.4%	5/17.2%	2/6.9%	4/13.8%	1/3.4%	13/44.8%	29

表 3.9　2012 版教材中例题和练习的题型、题量分布情况

		无情境问题	情境模型问题						总　计
			第 1 类	第 2 类	第 3 类	第 4 类	其他	小合计	
基本题	知 d 求 C	5/23.8%	0	0	0	0	0	0	5/23.8%
	知 r 求 C	2/9.5%	0	0	0	0	0	0	2/9.5%
	知 C 求 d	3/14.3%	1/4.8%	0	0	0	0	1/4.8%	4/19.0%
	知 C 求 r	0	1/4.8%	0	0	0	0	1/4.8%	1/4.8%
	小合计	10/47.6%	2/9.5%	0	0	0	0	2/9.5%	12/57.1%
综合题		2/9.5%	0	1/4.8%	1/4.8%	4/19.0%	1/4.8%	7/33.3%	9/42.9%
合　计		12/57.1%	2/9.5%	1/4.8%	1/4.8%	4/19.0%	1/4.8%	9/42.9%	21

1998 版教材题量最大，达 29 题，其次是 1993 版，达 26 题，2012 版达 21 题。各个版本教材都非常重视基本技能的熟练掌握，尤其是利用公式的各种变形计算，基本题量分别为 19 题、19 题、12 题，占总题量的 73.1%、65.5%、57.1%，无情境题量均在 50% 左右，2012 版教材还特意安排专项的计算练习（见图 3.28，未计入 2012 版总题量）。在应用问题的情境模型分布上，各个版本的教材均涉及各个类型，但侧重有所不同。各个版本教材均有较大的综合题题量，1993、1998、2012 版教材分别有 7 题、10 题、9 题，分别占总题量的 26.9%、34.5%、42.9%，1993、1998 版教材在练习中还分出了基本练习和综合练习栏目（见图 3.29、图 3.30），重能力培养

是该教材的传统和特色。

3. 在空格里填入两数相乘的积。

×	1	2	3	4	5	6	7	8	9	10
3.14										

利用上表写出下面各题的积。

3.14 × 40 =　　　　3.14 × 1.8 =

3.14 × 17 =　　　　3.14 × 2.5 =

3.14 × 29 =　　　　3.14 × 0.36 =

图 3.28

练 习 十 六

基本练习：

1. 照下列条件用圆规画圆（单位：厘米）。

图 3.29

综合练习：

7. 在一个硬纸做的周长为100毫米的正方形内，要剪一个最大的圆，这个圆的半径是多少厘米？

图 3.30

思考

三个版本教材的比较给你带来哪些启示?

3.2 横向比较：同期教材编写特点比较

横向比较分成 1980 年代、1990 年代、2000 年代三个时期展开研究，分别涉及三套、五套、十套教材。由于 2010 年代教材数量较多，比较分两步进行：先进行大陆七套教材的比较，然后再与中国台湾、澳门地区和日本的教材做比较。

3.2.1 1980 年代教材编写特点比较

比较选取了人民教育出版社 1980 版、北京出版社 1983 版、天津教育出版社 1988 版（以下分别简称 1980 人教版、1983 北京版、1988 天津版）三个版本教材。其中人教版是五年制教材，另两个版本是六年制教材。1980 人教版教材安排在第九册，也就是五年级上册；1983 北京版、1988 天津版教材安排在六年级上册，也就是第十一册。三套教材都把这一内容的教学安排在小学的最后一年进行学习。

三套教材都采用了完全相同的教材呈现方式，教材结构与前文所说的1980人教版教材完全相同——从课题引入到圆周长的定义，从探索圆周率的方法、过程到圆周率的研究历史和常用近似值的介绍，直到圆周长公式的给出，无论呈现内容与呈现形式都完全相同。1983北京版教材的例题及解题规范与1980人教版教材完全相同，1988天津版例题的解题规范与前两种教材完全相同，例题的应用问题情境略有变化（见图3. 31），但情境模型完全相同。

例1 一种飞机的主轮直径是0.65米，主轮旋转一周飞机在地面前进多少米？（得数保留两位小数）

例2 一个圆形花坛，周长是7.85米，它的直径是多少米？半径是多少米？

图3. 31

1983北京版教材与1980人教版教材的练习安排除1983北京版安排了思考题外（见图3. 32），其余完全相同。

思考题 一个人要从A到B（如下图），他可以按①号箭头所表示的路线走，也可以按②号箭头所表示的路线走，按哪条路线走近些？为什么？

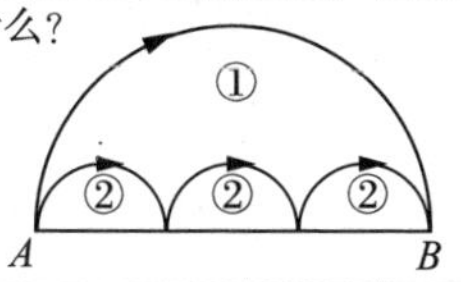

图3. 32

半径（r）	直径（d）	周长（C）
35 厘米		
	1. 2 分米	
		502. 4 米
	90 毫米	
0. 65 米		
		100. 48 米

图3. 33

1988天津版教材的练习安排有了较大的变化，出现了用填表的方式呈现基本练习，便于学生从表格中更好地体会公式变形及其相互关系（见图3. 33）。其题型、题量分布如表3. 10所示。

表 3.10 1988 天津版教材中例题和练习的题型、题量分布情况

		无情境问题	情境模型问题						总计
			第 1 类	第 2 类	第 3 类	第 4 类	其他	小合计	
基本题	知 d 求 C	4/20%	0	0	0	1/5%	0	1/5%	5/25%
	知 r 求 C	4/20%	0	0	1/5%	1/5%	0	2/10%	6/30%
	知 C 求 d	2/10%	0	1/5%	0	0	0	1/5%	3/15%
	知 C 求 r	2/10%	0	0	0	0	0	0	2/10%
	小合计	12/60%	0	1/5%	1/5%	2/10%	0	4/20%	16/80%
综合题		0	1/5%	0	0	2/10%	1/5%	4/20%	4/20%
合计		12/60%	1/5%	1/5%	1/5%	4/20%	1/5%	8/40%	20

相对另两个版本的教材而言，1988 天津版教材总题量为 20 题，其中基本题 12 题，更关注公式各种变形之间的联系，通过填表的比较练习促进学生的理解和掌握；综合题为 4 题，占总题数的 20%。

从前文的比较来看，这一时期的三个版本教材之间存在着某种意义上的相互模仿，甚或干脆照搬的现象，总的来说缺乏个性与创新。

思考

你如何看待这一年代教材编写的这些现象？

3.2.2 1990 年代教材编写特点比较

比较选取了人民教育出版社 1990 版、科学出版社《现代小学数学》1993 版和 1998 版、江苏教育出版社 1997 版、浙江教育出版社 1999 版（以下分别简称 1990 人教版、1993 科学版、1998 科学版、1997 苏教版、1999 浙教版）。

思考

读一读这些版本的教材，想一想，它们有什么异同？

◉ 年级安排、呈现方式与教材结构

➢ 分别放在哪个年级教学？

1990 人教版、1993 科学版是五年制教材，把圆的周长教学安排在第九册，也就是五年级上册；1997 苏教版、1998 科学版、1999 浙教版都是六年制教材，把圆的周长教学安排在第十一册，也就是六年级上册，五个版本教材均把圆的周长放在小学最后一年教学。

➢ 呈现方式有什么异同？

1990 人教版、1993 科学版全部黑白印刷，1997 苏教版、1999 浙教版出现了彩印，但并没有起到服务于情境创设、促进学生与文本对话的作用，1998 科学版的色彩运用比较合理，有利于吸引学生阅读教材，引发学生与文本的交流。

1990 人教版、1993 科学版、1997 苏教版、1999 浙教版这些版本的教材主要是以编者的身份“陈述”教材，起到了呈现知识点、提示教学路径的作用，侧重于教师传授。1998 科学版教材呈现分成了三个栏目：“问题”、“活动”和“练一练”，重视培养学生的问题意识，丰富学生数学活动经验，促进学生自主建构，从一定程度上预示了教改的新趋势。

➢ 教材结构有什么异同？

1990 人教版、1993 科学版、1998 科学版教材结构前文已经作了介绍，这里就不再赘述。

1997 苏教版教材按如下的顺序呈现教学内容：（1）复习引出圆周长概念；（2）介绍测量圆周长的两种方法：绕线法和滚动法；（3）操作实验，研究圆周率；（4）介绍圆周率和常用近似值；（5）给出圆周长计算方法和字母公式；（6）例题 1：求周长的应用问题，练一练；（7）例题 2：求直径的应用问题，练一练。1997 苏教版与 1990 人教版在教材结构上基本相同，不同在于 1990 人教版“练一练”集中编排，而 1997 苏教版“练一练”配合例题安排。

1999 浙教版教材按如下的顺序呈现教学内容：（1）指令操作（滚动圆纸片）引出圆周长概念；（2）操作实验，研究圆周率；（3）介绍圆周率；（4）给出圆周长计算的文字和字母公式；（5）例题 1：无情境的已知直径求周长问题，“试一试，练一练”；（6）例题2：已知直径求周长的应用问题，“试一试，练一练”。教材呈现的（1）、（2）、（3）、（4）四个环节与1980人教版教材完全相同，但习题安排采用了配合例题的办法。

除科学出版社的两个版本教材外，这一时期的其他三种教材之间仍然存在着相互模仿，甚或干脆照搬的现象，总的来说仍然缺乏个性与创新。

课题引入与新知探究

➤ 课题引入有什么异同？

1999浙教版教材采用了直接引入的办法，与1980人教版完全相同，通过操作体验引出圆周长概念。1993科学版教材也采用了直接引入的办法，不同在于1993科学版没有给圆周长下定义，而是直接应用概念提出了“下面这个圆的周长是直径的几倍？”这一研究问题。

1990人教版、1997苏教版、1998科学版教材都采用了复习引入的办法，不同在于1990人教版教材给出了长方形、正方形的图帮助学生回忆正方形、长方形周长概念，从而引出圆周长的概念。而1997苏教版教材通过提出“长方形、正方形周长各指的是什么？怎样计算它们的圆周长？”引出圆周长概念。1998科学版借助让学生指出具体的三角形、长方形周长回忆周长概念，在指出圆周长的基础上引出圆周长的概念，并进而创设情境，提出问题。

➤ 探索圆周率的过程与方法有什么异同？

在探索圆周率的方法上，1999浙教版沿袭了1980人教版的滚动法测量圆周长，1990人教版和1997苏教版都介绍了用绕线法和滚动法测量圆周长，1993、1998科学版用细铁丝围成一个圆，拉直后与直径比较（这实际上是用直径度量圆周长），以此来探究圆周长是一个定值，在此基础上介绍了用滚动法测量圆周长的方法。各版本的教材都强调通过实际测量并提供表格让学生计算来探索圆周率，1999浙教版、1990人教版、1997苏教版还明确提出了得数保留两位小数的要求，充分考虑了计算中可能遇到除不尽的情况，而1993、1998科学版没有提出这一要求（见图3.34）。

圆的直径	圆的周长	周长是直径的几倍(得数保留两位小数)

1999浙教版

把实验二的结果填在下面的表格里。

d (cm)	*C* (cm)	*C* 除以 *d* 的值
2		
3		
4		
5		

1993科学版

图 3. 34

1990 人教版、1997 苏教版、1999 浙教版都给出了“圆的周长是直径的 3 倍多一点”的结论，1993、1998 科学版给出的是“圆的周长大约是直径的 3. 14 倍”的结论，这可能是源于不同教材编者对实验所能达到的精度的不同判断。

思考

从测量的实际情况看，你怎么评价结论的这两种编写方法?

➤ 介绍圆周率及常用近似值的方法有什么异同?

1999 浙教版沿用 1980 人教版教材的介绍，也用加注的方式对 π 做了进一步的介绍，但删去“经过精密计算，……”这一段（见图 3. 35）。常用近似值的介绍写入正文。

注：早在一千五百多年以前，我国古代的数学家祖冲之，就精密地计算出圆周率的值在3.1415926和3.1415927之间，比欧洲早一千多年，是当时世界上算得最精确的圆周率的值。经过精密计算，知道π是个无限不循环小数。

图 3. 35

1997 苏教版的正文（见图 3.36）介绍要比 1990 人教版（见图 3.37）简单得多，脚注的内容少了关于密率和约率的介绍。

> 通过实验可以知道，圆的周长总是直径的3倍多一些，实际上，任何圆的周长和直径的比值是一个固定的数。我们把它叫做圆周率，用字母π（读pài）表示。π是一个无限不循环小数。
>
> π=3.141592653……
>
> 我们在计算时，一般保留两位小数，取它的近似值。
>
> π≈3.14

图 3.36

> 通过实验可以知道，圆的周长总是直径的3倍多一些，实际上，任何圆的周长和直径的比值是一个固定的数。我们把它叫做圆周率，用字母π（读pài）表示。π是一个无限不循环小数。
>
> 很早以前，人们就开始研究圆周率到底等于多少。后来数学家们逐渐发现圆周率是一个无限不循环的小数。现在人们已经能用计算机算出它的小数点后面上亿位。
>
> π=3.141592653……
>
> 但是，在实际应用中并不需要这么多位小数。我们在计算时，一般只取它的近似值。
>
> π≈3.14

图 3.37

1993、1998 科学版没有采用注的形式，全部出现在正文中，用了完全相同的内容和方式介绍圆周率：首先说明圆周率是一个定值，接着介绍了祖冲之和现代电子计算机求 π 的成就，说明 π 是无限不循环小数和常用的近似取值。

这一阶段版本的教材都重视介绍我国古代在圆周率 π 研究上的成就，都说明 π 是一个无限不循环小数，介绍了常用的近似值 3.14。

⊙ 公式的给出与应用

➤ 给出圆周长计算公式的方法有什么异同？

1990 人教版、1997 苏教版、1999 浙教版用同样的方式给出圆周长计算公式：因为圆的周长总是直径的 π 倍，当我们知道了圆的直径或半径时，就可以计算出它的周长。如果用 C 表示圆，那么 $C=\pi d$ 或 $C=2\pi r$。

1993、1998 科学版给出圆周长计算公式的方法也完全相同：都通过呈现圆周率的定义式“圆周长 : 直径 = π”，再借此利用公式变形来导出周长计算的文字和字母公式。

可见，五个版本的教材实际上分成了两个系列，以人教版为代表的系列采用了从实验结果直接导出公式的办法，而科学版教材采用了从圆周率的定义式导出公式的办法，可谓各有千秋。

➤ 例题和练习的安排有什么异同?

从例题的量来看，五个版本的教材都安排了 2 个例题来进行公式应用，例题都是基本类型。1990 人教版、1997 苏教版在每个例题后都配了一道“做一做”或“练一练”，1999 浙教版教材配合例题安排了“试一试”和“做一做”两个栏目。

从例题使用的情境模型来看，1990 人教版教材的 2 个例题都使用了第 2 类情境模型，1993 科学版、1997 苏教版、1998 科学版的 2 个例题都分别使用了第 4 类和第 2 类情境模型，4 个版本教材中的例题 1 都是已知直径求周长，例题 2 都是已知周长求直径，1990 人教版、1993 科学版、1998 科学版进而要求求半径。比较特别的是 1999 浙教版，例题 1 是无情境问题，已知直径求周长，例题 2 是第 2 类情境模型问题，也是已知直径求周长，属于五个版本的教材中挑战性最低、最重视基本类型操练的教材。

从例题的解答要求来看，1990 人教版、1997 苏教版教材的例题 1 都直接列式计算，例题 2 采用了列方程解。1993、1998 科学版都采用了应用公式及其变形代入求值的方法。

除前文已经给出的 1990 人教版、1993 科学版、1998 科学版教材例题和练习的题型、题量分布情况外，表 3.11、表 3.12 给出了 1997 苏教版、1999 浙教版教材中例题和练习的题型、题量分布情况。

表 3.11　1997 苏教版教材中例题与练习的题型、题量分布情况

		无情境问题	情境模型问题						总计
			第 1 类	第 2 类	第 3 类	第 4 类	其他	小合计	
基本题	知 d 求 C	6/18.8%	0	2/6.3%	0	2/6.3%	0	4/12.5%	10/31.3%
	知 r 求 C	5/15.6%	0	0	0	0	0	0	5/15.6%
	知 C 求 d	5/15.6%	0	3/9.4%	0	0	0	3/9.4%	8/25%
	知 C 求 r	2/6.3%	1/3.1%	1/3.1%	0	0	0	2/6.3%	4/12.5%
	小合计	18/56.3%	1/3.1%	6/18.8%	0	2/6.3%	0	9/28.1%	27/84.4%
综合题		2/6.3%	1/3.1%	0	0	1/3.1%	1/3.1%	3/9.4%	5/15.6%
合　计		20/62.5%	2/6.3%	6/18.8%	0	3/9.4%	1/3.1%	12/37.5%	32

表 3.12　1999 浙教版教材中例题与练习的题型、题量分布情况

		无情境问题	情境模型问题						总　计
			第 1 类	第 2 类	第 3 类	第 4 类	其他	小合计	
基本题	知 d 求 C	7/33.3%	1/4.8%	0	0	1/4.8%	0	2/9.5%	9/42.9%
	知 r 求 C	6/28.6%	1/4.8%	1/4.8%	1/4.8%	0	0	3/14.3%	9/42.9%
	知 C 求 d	0	1/4.8%	0	0	0	0	1/4.8%	1/4.8%
	知 C 求 r	0	0	1/4.8%	0	0	0	1/4.8%	1/4.8%
	小合计	13/61.9%	3/14.3%	2/9.5%	1/4.8%	1/4.8%	0	7/33.3%	20/95.2%
综合题		0	0	0	0	1/4.8%	0	1/4.8%	1/4.8%
合　计		13/61.9%	3/14.3%	2/9.5%	1/4.8%	2/9.5%	0	8/37.5%	21

比较五个版本教材的题量，以 1997 苏教版最大，达 32 题；其次是 1998 科学版，达 29 题；1993 科学版和 1990 人教版都是 26 题，1999 浙教版仅 21 题。从题型分布来看，除 1999 浙教版缺乏“知 C 求 d、知 C 求 r”等基本变式训练外，各个版本教材都非常重视基本技能的熟练掌握，尤其是利用公式的各种变形计算，无情境题量均在 50% 左右，1996 苏教版教材还特意安排专项的 1 ~9 各数与圆周率相乘的计算练习（未计入该版题量），1993、1998 科学版安排了填表格的题，并让学生说说周长如何随直径的变化而变化，渗透了函数思想。在应用问题的情境模型分布上，除 1997 苏教版外，其他各个版本的教材均涉及各类情境，但侧重有所不同，1990 人教版分布最为均衡——既涉及各类情境模型，题量也大体均衡，每种类型有不少于 2 题的量。从综合题题量来看，除 1999 浙教版仅 1 题外，其他各个版本教材均有较大的量，1990 人教版、1993 科学版、1996 苏教版、1998 科学版的题量分别为 7 题、7 题、5 题、10 题，分别占总题量的 26.9%、26.9%、15.6%、34.5%。

进入 2000 年代，随着课程标准的颁布和新课程实验的展开，由夏明华主编的原浙教版教材逐步退出历史舞台，人教版、苏教版、科学版教材继续得到传承，其中刘静和、张天孝主编的科学版教材改由浙江教育出版社出版，变身为新的浙教版，即浙教版新思维小学《数学》教材，所以 1999 浙教版和 2012 浙教版没有传承关系，而 1993、1998 科学版和 2012 浙教版有直接的传承关系。

思考

这一时期五个版本的教材比较给你带来了哪些启示?

3.2.3 2000年后教材编写特点比较

进入2000年代的一个重要事件是颁布了《全日制义务教育数学课程标准（实验稿)》，北京师范大学出版社、人民教育出版社、江苏教育出版社、西南师范大学出版社、青岛出版社、浙江教育出版社都根据标准精神出版了新的小学数学教材（以下分别简称北师版、人教版、苏教版、西师版、青岛版、浙教版)。不同于其他的义务教育课程标准实验教科书，浙教版被作为九年义务教育小学实验教科书在小范围进行课程实验探索。比较还选取了根据上海市制订的数学课程标准编写的上海教育出版社教材（以下简称上教版)。

思考

读一读这七个版本的教材，想一想它们有什么异同?

年级安排、呈现方式与教材结构

➢ 分别放在哪个年级教学?

所选的教材都是小学六年制教材，除了苏教版将圆的周长放在五年级下册学习外，其余教材都将圆的周长放在六年级上册来教学。看来，所有的教材编写者都认为，该内容的学习需要学生具有较为丰富的知识经验积累和较高的数学思维发展水平，因此，都将该内容安排在较高的年级进行教学。

➢ 呈现方式有什么异同?

七个版本的教材都采用了彩色印制，色彩明丽，版面生动活泼。教材呈现除了陈述性的图文之外，还普遍出现若干个主题角色——贯穿整套教材的人物或动物，来描摹课堂中的师生、生生活动和对话，以启迪学生思维、提示教师组织教学活动的线索，某些本来该由教材陈述的内容改用对话互动的方式呈现出来，使“教材”具有了“学材”的特点，这实际上也对教师解读教材和运用教材的能力提出了更高的要求。

教材普遍突破了原来“例题 + 练习”的框架，采用了多栏目的形式，特别是新课的教材呈现，栏目丰富多样，包括“问题”、“活动”、“思考”、“探究”、“做一做”、“概括”、“你知道吗？”等；练习中也出现了许多次级栏目，如“实践活动”、“数学故事”、“思考题”等。

➢ 教材结构有什么异同？

人教版教材和浙教版教材结构前文已经描述，这里就不再赘述了。其他五个版本教材的结构如表 3.13 所示。

表 3.13　2000 年后五个版本教材结构比较

主要环节	北师版	苏教版	西师版	青岛版	上教版
1	创设情境，提出问题	例 4：创设情境，提出问题	创设情境，提出问题	创设情境，提出问题	“思考”：创设情境，提出并澄清问题
2	建立圆周长概念	澄清问题，引出研究主题	“量一量，算一算”：建立圆周长概念，引出研究主题	“合作探索”：讨论引出研究主题	—
3	“练一练”：讨论绕线法和滚动法测量圆周长	例 5：讨论绕线法和滚动法测量圆周长	讨论绕线法和滚动法测量圆周长	讨论绕线法和滚动法测量圆周长	“操作”：给出测量直径的方法和测量圆周长的绕线法和滚动法
4	澄清问题，引出研究主题	—	—	—	—
5	“探究活动”：操作实验，研究圆周率	操作实验，研究圆周率	操作实验，研究圆周率	操作实验，研究圆周率	操作实验，研究圆周率
6	介绍圆周率和常用近似值；给出圆周长计算的字母公式	介绍圆周率和常用近似值；给出圆周长计算的字母公式	“议一议”：介绍圆周率和常用近似值；给出圆周长计算的字母公式	介绍圆周率和常用近似值；给出圆周长计算的字母公式	介绍圆周率和常用近似值，介绍圆周率研究史；给出圆周长计算的字母公式

续表

主要环节	北师版	苏教版	西师版	青岛版	上教版
7	解决起始情境中提出的问题	“试一试”：解决起始环节情境中提出的问题；“练一练”：例6：列方程解已知周长求直径问题	例题：已知直径求周长的应用问题；例题：已知周长求直径、半径的应用问题	解决起始情境提出的问题：已知直径求周长和已知周长求直径。“问题口袋”：提问；“你知道吗?”：介绍圆周率研究史	例1：已知直径求周长的应用问题；例2：第3类情境问题综合题；例3：已知周长求直径的无情境综合题
8	—	用脚注说明：以后遇到数据较大的计算，一般可以使用计算器；“试一试”、“练一练”	“课堂活动”：用脚注说明：本单元的计算可以使用计算器	用脚注说明：位数较多和数据较大的计算可以使用计算器。除不尽时，得数一般保留两位小数	—
9	练习，练习中安排了“实践活动”：测树干的直径；还安排了“数学故事”；课后安排了：圆周率的研究历史	练习十八；课后安排了“你知道吗”：介绍圆周率的研究历史	练习四；安排思考题；课后安排了“你知道吗?”：介绍圆周率的研究历史；安排“相关链接”拓展阅读：提供网站、参考书目进一步了解圆周率的研究历史	“自主练习”；“课外实践”	练习4.1

> **思考**
>
> 你比较喜欢哪些栏目？关于栏目的开设，你有什么建议？

七个版本的教材普遍采用了“创设情境，提出问题—实践探究，发现规律—总结规律，解决问题—应用巩固，变式提高”的基本模式，并具体化为一些明白易懂的不同栏目以提示教学线索、推进对话互动进程。诚然，七个版本教材的编写，从具体的情境创设、教材呈现、例题习题安排已见不到多少相互模仿甚至照搬的痕迹，但编写的基本思路几乎完全一致，这固然可能是因为“问题是数学的心脏”，解决问题是数学学习的必由之路，但从1980年代、1990年代的一种模式到2000年代的又一种模式，我们是否该自问：我们的教材编写是否总是需要某种统一模式的规范？我们这些处于“金字塔尖”的教材教学研究人员到底怎么了？除此之外有没有另外的途径呢？比如，我们能不能根据圆周率的研究历史来呈现教材，在讲历史、学历史的过程中学习人类解决问题的智慧，并进而探索当今技术条件下解决问题的途径与方法，让学生站在巨人的肩膀上形成自己的数学活动经验和解决问题的智慧呢？

⊙ 课题引入与新知探究

➤“情境创设、提出问题”的编写有什么异同？

七个版本教材的情境引入，其主要区别在于圆周长概念的单一情境模型抽象和多个情境模型抽象上。浙教版多情境模型抽象的意图体现得最为清晰。人教版情境模型最为丰富，创设了蕴含第2类、第3类、第4类情境模型的问题情境，给教学处理留出很大的空间。其他版本教材基本上采用单一情境模型。

在情境模型使用上，有三个版本的教材采用了轮子大小（直径）与滚动一周行程长短之间关系的问题情境（浙教版、苏教版见图3.38，西师版见图3.39），属同一情境模型中采用率最高的，这可能是因为乘车、行车的丰富直观生活经验便于引发学生的问题意识，进而直接切入到问题的本质探究——周长与直径的关系。北师版教材创设了给两块圆镜镶边框的情境，引出比较边框长短的问题（见图3.40），借助情境给出圆周长概念——绕圆镜一周的长度就是圆镜的周长，教材采用的是第1类情境模型问题。青岛版教材采用了第2类情境模型（见图3.41），呈现天坛圜丘和祈年殿的相关信息引导学生提出与圆的周长有关的问题，但没有直接给出圆周长概念，圜丘的周长在视觉上不封闭（上台的台阶）不利于圆周长的概念抽象，殿顶的圆周长概念抽象需要更高的空间想象能力，这是教材使用时两个需要注意的问题。这一教材的编写虽然也呈现了多个题材让学生概括提取圆周长的数学模型，但同类的情境模型在降低了概括的难度的同时也无疑削弱了模型的普遍意义。

上教版教材情境创设较有特色。创设了两辆遥控赛车模型同时同速出发分别沿边长为3米的正方形和直径为3米的圆周行驶的情境（见图3.42），涉及第3类情境模型。提出问题：哪辆车先回到出发地点？引出两个图形的周长比较问题，进而引出圆周长的计算问题。

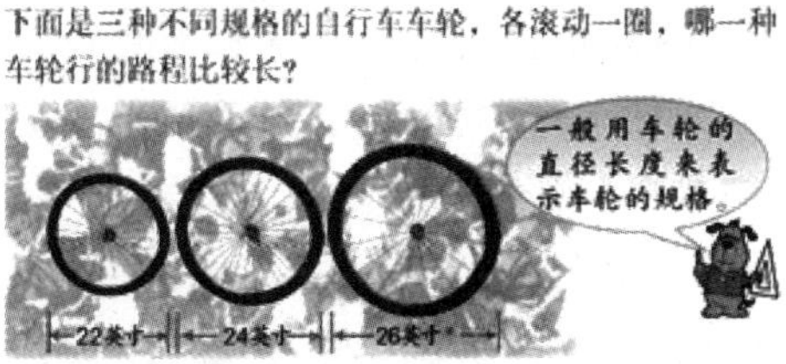

图3.38

图3.39

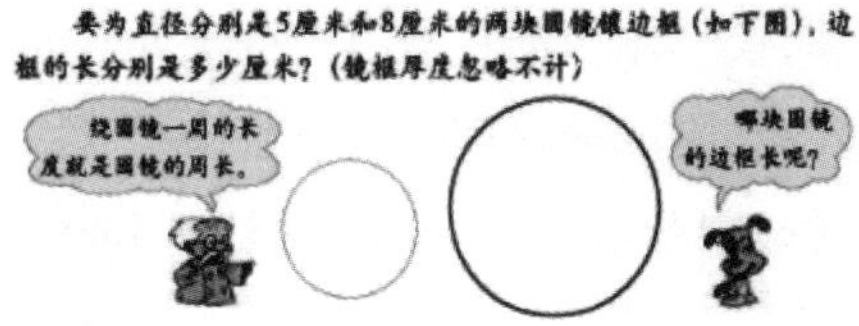

图3.40

图3.41

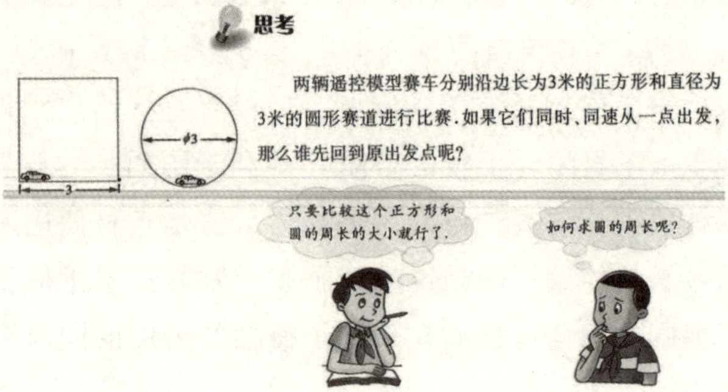

图 3.42

思考

你比较喜欢哪个情境？为什么？你有更好的情境吗？

➤ 探索圆周率的过程与方法有什么异同？

探索圆周率首先需要把计算圆周长的问题转化为探索周长与直径之间关系的问题。浙教版、苏教版、西师版三个版本的教材利用情境直接提出了周长与直径关系的研究问题。其他四个版本教材的处理分成三种情况：第一种是“难的不会，从简单的开始”。如人教版通过讨论引出了测量曲边长太麻烦，有没有可能找到通过测量直边长来计算圆周长的方法，然后根据直径长则周长长的直观经验，引出周长与直径关系的讨论，再进而讨论如何测量周长的问题。青岛版教材也用了这一方法，教材呈现非常清晰充分（见图 3.43）。第二种是先直接测量周长，体会周长与直径的关系，再明确研究主题，如北师版教材（见图 3.44）。第三种处理是直接指令操作，先从简单的、容易测量的圆开始，直接测量周长和直径，体会周长与直径的关系，再利用已有的数据研究周长和直径的倍数关系，如上教版教材（见图 3.45）。

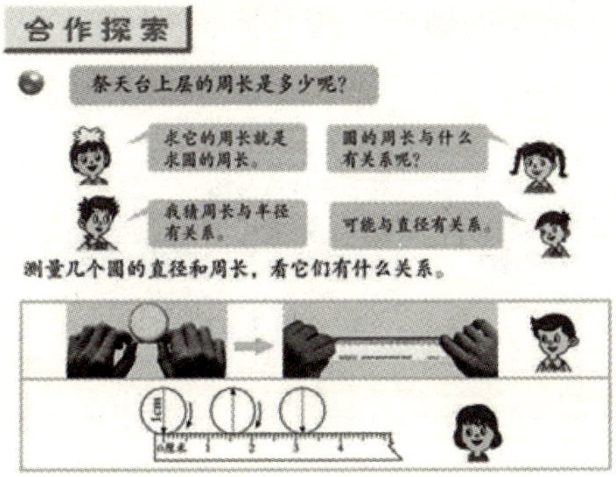

图 3.43

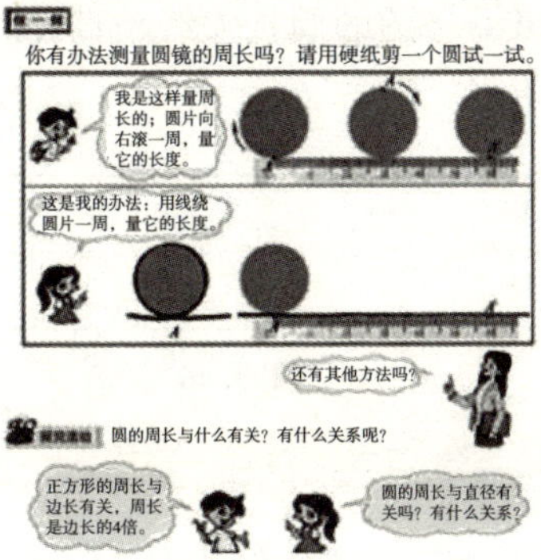

图 3.44

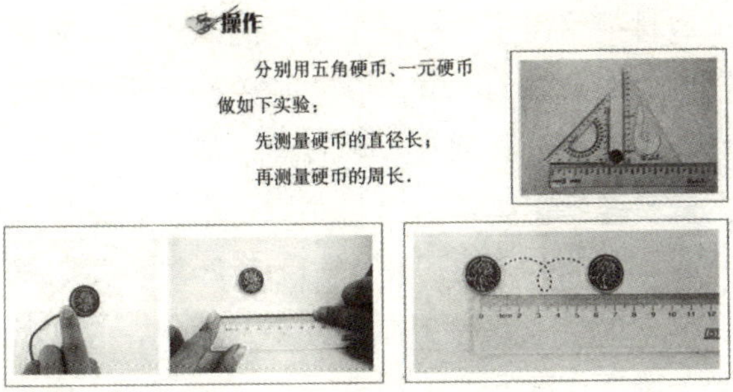

图 3.45

研究主题明确后，就要确定具体的研究方法。在探索圆周率的方法上，七个版本的教材一致采用了实验方法，都介绍了通过绕线法和滚动法测量圆周长。其中，人教版、北师版、苏教版、西师版、青岛版、上教版都没有指定在实验中用哪种方法测量圆周长，唯有浙教版指定了用滚动法测量圆周长，而绕线法被用于以直径为单位度量圆周长，研究“任意”圆周长与直径之间的关系。浙教版还指定了用于实验研究的圆的直径，这就不涉及直径的测量问题。上教版还在本课上安排了测量直径方法的介绍。另外，北师版、苏教版、青岛版要求学生准备大小不同的圆片，人教版和上教版要求测量实物，上教版更是指定了实物是五角硬币和一元硬币。

各个版本的教材都提供了表格让学生计算探索圆周率，除青岛版外（见图 3.46）都给出了“周长、直径、周长除以直径的商”三个栏目。除青岛版外（见图 3.47），其他各个版本的教材都给出了实验的结果，浙教版给出了“圆的周长大约是直径的3.14倍”的结论，其他版本教材都给出了“3倍多一些”的结论，“3倍多一些”的结论可能更符合实验实际一些。

周长					…
直径					…

图3.46

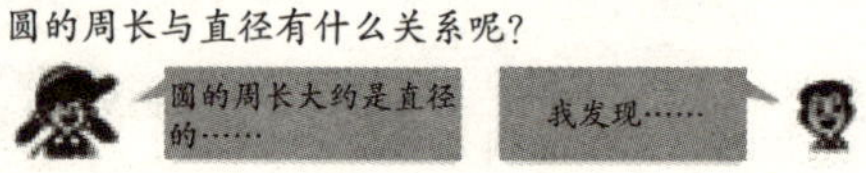

图3.47

思考

你比较赞成哪种处理方法？为什么？你有更好的办法吗？

➤ 介绍圆周率及常用近似值的方法有什么异同？

七个版本的教材都给出了圆周率的定义，其中浙教版教材还给出了定义式。都说明了圆周率是一个定值，给出了π的常用近似值3.14，浙教版教材还给出了约率和密率。除北师版教材外，都说明了π是无限不循环小数，有些版本的教材还给出了前若干位小数的取值，其中苏教版教材在表示上略有瑕疵（见图3.48），用“π=3.141592653…”更妥当一些。除浙教版教材通过圆周率的定义式导出周长计算公式外，其他各版本教材都直接给出了圆周长的两个计算公式。

> 实际上，任何一个圆的周长除以它直径的商都是一个固定的数，我们把它叫做圆周率，用字母π（读pài）表示。π是一个无限不循环小数。
>
> π=3.141592653
>
> 我们在计算时，一般保留两位小数，取它的近似值3.14。

图3.48

各个版本的教材都以栏目的形式介绍了我国古代数学家研究圆周率的成就，祖冲之出现在每个版本的教材当中。除苏教版外，各版本教材都介绍了用计算机研究圆周率的成就。各个版本的教材中，北师版教材的介绍最为详尽，除上述内容外，还进一步介绍了阿基米德逼近法、刘徽割圆术以及概率方法。西师版教材介绍了欧拉引入圆周率的符号“π”，还用了“相关链接”的形式为学生提供进一步了解圆周率及其研究历史的相关网站。从各个版本关于圆周率介绍的内容比较来看，我国古代圆周率的研究成就和现代电子计算机研究成就的介绍是必需的，如能介绍一点国外的研究当然更好。从介绍的方式来看，西师版的处理方法更有信息时代的特色。

思考

你比较欣赏哪种介绍圆周率研究历史的方法？为什么？你有更好的方法吗？

例题和练习的安排

浙教版教材没有安排例题，其他各个版本的教材都正式或非正式地呈现了例题，并给出了解题的思路分析和解题规范。人教版教材的例题是一道综合题，涉及情境模型2、3、4，直接列算式解决已知直径求周长问题。北师版教材也是直接列算式解决起始环节中提出的两个已知直径求周长的第1类情境问题。苏教版教材通过“试一试”解决起始环节中提出的已知直径求周长的第2类情境模型问题，通过“练一练”解决已知半径求周长的第4类情境模型问题，然后出现“例6”列方程解决已知周长求直径的第2类情境模型问题（见图3.49），通过“试一试”解决无情境模型的已知周长求半径问题。西师版教材的第一个例题是已知直径求周长的第4类情境模型问题，第二个例题是列方程解已知周长求直径、半径的第2类情境模型问题（见图3.50），与苏教版不同的是，西师版的列方程解应用题直接利用了公式。青岛版教材解决了起始环节的两个问题，一是利用直径求周长的第2类情境模型问题，二是列方程解已知周长求直径的第2类情境模型问题。上教版教材给出了三个例题，都利用了代数式代入求值的解题规范。例题1是已知直径求周长的第2类情境模型问题（见图3.51），例题2是综合题，涉及第3类情境模型（见图3.52），例题3也是综合题（见图3.53），涉及第2类情境模型。从七个版本所使用的情境模型来看，第2类情境模型的使用率最高，这可能是因为在例题教学的这一环节需要通过练习来熟练运用公式，因此有必要降低从情境中辨识周长模型的难度。

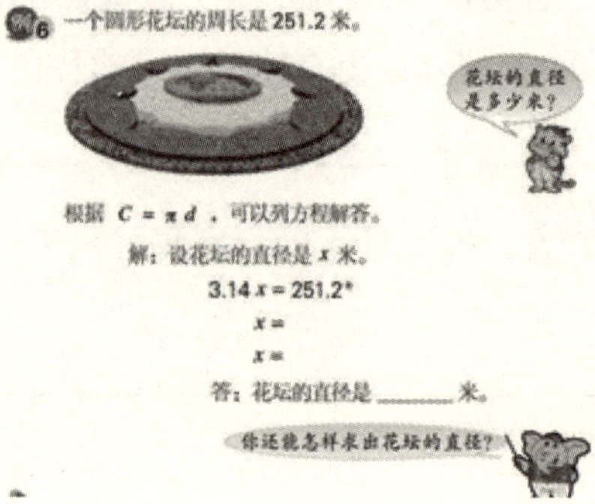

例6 一个圆形花坛的周长是251.2米。

根据 $C=\pi d$，可以列方程解答。

解：设花坛的直径是 x 米。

$3.14x=251.2$*

$x=$

$x=$

答：花坛的直径是______米。

图 3.49

3

解：设花坛的直径是 d 米，根据 $C=\pi d$ 得

$3.14d=31.4$

$d=$______

$d=$____

$r=$______

答：它的直径是____，半径是____。

图 3.50

例题1 一张王莲的叶子近似于一个圆，它的直径长约是0.95米．这张叶子的周长是多少米？(结果保留两位小数)

解 $d=0.95$，

$C=\pi d=3.14\times0.95=2.983\approx2.98$(米).

答：这张叶子的周长约是2.98米.

图 3.51

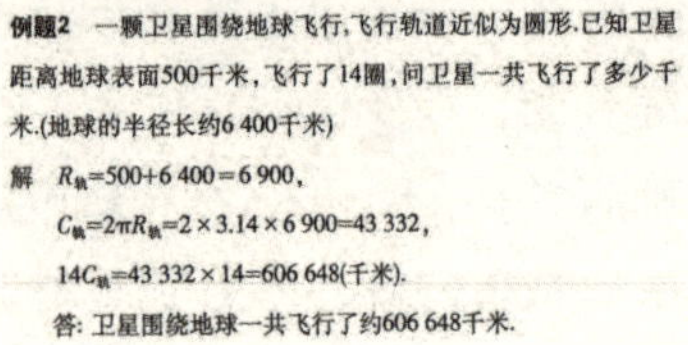

例题2 一颗卫星围绕地球飞行，飞行轨道近似为圆形．已知卫星距离地球表面500千米，飞行了14圈，问卫星一共飞行了多少千米.(地球的半径长约6 400千米)

解 $R_{轨}=500+6\,400=6\,900$，

$C_{轨}=2\pi R_{轨}=2\times3.14\times6\,900=43\,332$，

$14C_{轨}=43\,332\times14=606\,648$(千米).

答：卫星围绕地球一共飞行了约606 648千米.

图 3.52

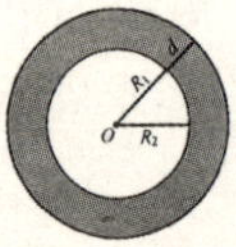

例题3 如图，圆环的外圆周长 $C_1=250$cm，内圆周长 $C_2=150$cm，求圆环的宽度 d(结果精确到0.1cm).

解 由 $C=2\pi R=2\times3.14\times R=6.28\times R$，得 $R=C\div6.28$.

设外圆的半径长为 R_1，内圆的半径长为 R_2，则

$R_1=C_1\div6.28$，$R_2=C_2\div6.28$，

$d=R_1-R_2=(C_1-C_2)\div6.28$

$=(250-150)\div6.28$

≈15.9(cm).

答：圆环的宽度约是15.9cm.

图 3.53

除前文已经给出的人教版、浙教版教材例题和练习的题型、题量分布情况外，表3.14、表3.15、表3.16、表3.17、表3.18分别给出了北师版、苏教版、西师版、青岛版、上教版教材中例题和练习的题型、题量分布情况。

表 3.14　北师版教材中例题和练习的题型、题量分布情况

		无情境问题	情境模型问题						总　计
			第 1 类	第 2 类	第 3 类	第 4 类	其他	小合计	
基本题	知 d 求 C	1/7.7%	2/15.4%	0	0	0	0	2/15.4%	3/23.1%
	知 r 求 C	1/7.7%	0	0	0	1/7.7%	0	1/7.7%	3/23.1%
	知 C 求 d	1/7.7%	0	1/7.7%	0	0	0	1/7.7%	2/15.4%
	知 C 求 r	1/7.7%	0	0	0	0	0	0	1/7.7%
	小合计	4/30.8%	2/15.4%	1/7.7%	0	1/7.7%	0	4/30.8%	8/61.5%
综合题		1/7.7%	0	1/7.7%	1/7.7%	1/7.7%	1/7.7%	4/30.8%	5/38.5%
合　计		5/38.5%	2/15.4%	2/15.4%	1/7.7%	2/15.4%	1/7.7%	8/61.5%	13

表 3.15　苏教版教材中例题和练习的题型、题量分布情况

		无情境问题	情境模型问题						总　计
			第 1 类	第 2 类	第 3 类	第 4 类	其他	小合计	
基本题	知 d 求 C	4/15.4%	0	4/15.4%	0	0	0	4/15.4%	8/30.8%
	知 r 求 C	4/15.4%	0	0	1/3.8%	1/3.8%	0	2/7.7%	6/23.1%
	知 C 求 d	4/15.4%	0	1/3.8%	0	0	0	1/3.8%	5/19.2%
	知 C 求 r	2/7.7%	0	1/3.8%	0	0	0	1/3.8%	3/11.5%
	小合计	14/53.8%	0	6/23.1%	1/3.8%	1/3.8%	0	8/30.8%	22/84.6%
综合题		1/3.8%	2/7.7%	1/3.8%	0	0	0	3/11.5%	4/15.4%
合　计		15/57.7%	2/7.7%	7/26.9%	1/3.8%	1/3.8%	0	11/42.3%	26

表 3.16　西师版教材中例题和练习的题型、题量分布情况

		无情境问题	情境模型问题						总　计
			第 1 类	第 2 类	第 3 类	第 4 类	其他	小合计	
基本题	知 d 求 C	4/21.1%	1/5.3%	1/5.3%	0	1/5.3%	0	3/15.8%	7/36.8%
	知 r 求 C	1/5.3%	0	0	1/5.3%	0	0	1/5.3%	2/10.5%
	知 C 求 d	1/5.3%	1/5.3%	2/10.5%	0	0	0	3/15.8%	4/21.1%
	知 C 求 r	1/5.3%	0	0	0	0	0	0	1/5.3%
	小合计	7/36.8%	2/10.5%	3/15.8%	1/5.3%	1/5.3%	0	7/36.8%	14/73.7%
综合题		2/10.5%	1/5.3%	1/5.3%	0	1/5.3%	0	3/15.8%	5/26.3%
合　计		9/47.4%	3/15.8%	4/21.1%	1/5.3%	2/10.5%	0	10/52.6%	19

表 3.17 青岛版教材中例题和练习的题型、题量分布情况

		无情境问题	情境模型问题						总　计
			第 1 类	第 2 类	第 3 类	第 4 类	其他	小合计	
基本题	知 d 求 C	3/11.1%	0	1/3.7%	0	1/3.7%	1/3.7%	3/11.1%	6/22.2%
	知 r 求 C	3/11.1%	0	0	2/7.4%	0	0	2/7.4%	5/18.5%
	知 C 求 d	1/3.7%	0	1/3.7%	0	0	0	1/3.7%	2/7.4%
	知 C 求 r	1/3.7%	0	0	0	0	0	0	1/3.7%
	小合计	8/29.6%	0	2/7.4%	2/7.4%	1/3.7%	1/3.7%	6/22.2%	14/51.9%
综合题		2/7.4%	2/7.4%	5/18.5%	1/3.7%	1/3.7%	2/7.4%	11/40.7%	13/48.1%
合　计		10/37.0%	2/9.5%	7/4.8%	3/11.1%	2/7.4%	3/11.1%	17/63.0%	27

表 3.18 上教版教材中例题和练习的题型、题量分布情况

		无情境问题	情境模型问题						总　计
			第 1 类	第 2 类	第 3 类	第 4 类	其他	小合计	
基本题	知 d 求 C	1/12.5%	0	1/12.5%	0	0	0	1/12.5%	2/25.0%
	知 r 求 C	1/12.5%	0	0	0	0	0	0	1/12.5%
	知 C 求 d	0/14.3%	0	0	0	0	0	0	0
	知 C 求 r	0	0	0	0	0	0	0	0
	小合计	2/25.0%	0	1/12.5%	0	0	0	1/12.5%	3/37.5%
综合题		2/25.0%	1/12.5%	0	1/12.5%	0	1/12.5%	3/37.5%	5/62.5%
合　计		4/50.0%	1/12.5%	1/12.5%	1/12.5%	0	1/12.5%	4/50.0%	8

从总题量看，总题量最大的是青岛版，达 27 题，其中基本题 14 题，综合题 13 题，比较均衡。上教版最少，仅 8 题，尤其是基本题偏少，教师可能还需要做一定量的补充以帮助学生熟练掌握公式。总题量在 20 题以下的还有人教版、北师版和西师版。其中人教版、上教版教材综合题比例超过基本题。七个版本教材中综合题少于 5 题的只有苏教版，但其基本题比例达到最高，为 84.6%。从题型来看，人教版、青岛版、上教版都没有“知 C 求 r”的类型，各个版本的教材中这一类型的题量均比较少。从情境模型来看，浙教版的基本题中不涉及模型 2、3、4 类，上教版的基本题中不涉及 1、3、4 类，北师版缺第 3 类，苏教版和青岛版缺第 1 类，这些都需要教师

在具体的教学活动中做适当的补充。

另外，西师版教材进一步应用周长概念和圆周长计算公式解决新问题（见图 3. 54）。青岛版教材编入了较多的综合性问题（见图 3. 55 中第 5、10、12 题）和开放题（见图 3. 55 中第 6 题）。

6.求下面两个图形的周长。

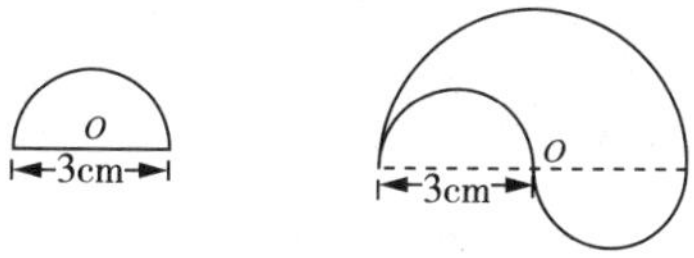

思考题

3只蜜蜂分别沿着阴影部分的边缘爬1次，哪只蜜蜂爬过的路线最长？(3个正方形的边长都为4)

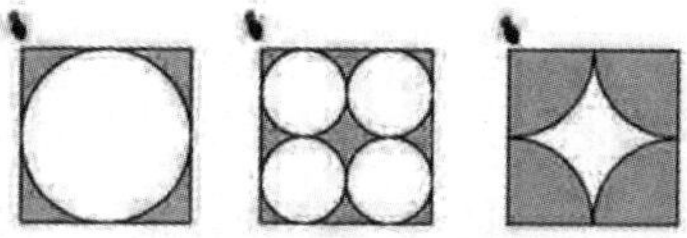

图 3. 54

5. 火眼金睛辨对错。

（1）圆规两脚间的距离是4厘米，画出的圆的周长是12.56厘米。（ ）

（2）圆的周长与它直径的比的比值是π。（ ）

（3）两圆半径的比是2 : 1，则其周长的比是4 : 1。（ ）

（4）半圆的周长就是圆周长的一半。（ ）

以车轮直径的大小而论，目前世界上能骑行的双轮自行车车轮直径最大的为3.05米，最小的为1.9厘米；最小的独轮自行车的车轮直径为1.8厘米。

（1）最大的双轮自行车车轮转一周前进多少米？

（2）车轮转动一周，最小的双轮自行车比独轮自行车多行多少厘米？

（3）你还能提出什么问题？

10. 圆形水池四周种了40棵树，每两棵树之间的距离是1.57米。这个水池的半径是多少米？

*12. 装卸工人把4根圆柱形钢管用铁丝捆扎在一起（如右图）。钢管的横截面直径是10厘米，如果铁丝接头处的长度忽略不计，捆扎2圈，需要多长的铁丝？

图 3. 55

思考

你觉得哪些例题、习题比较好？你有更好的题目吗？七个版本的教材比较对你有什么启发呢？

3. 2. 4 2000 年后中国台湾、澳门地区和日本教材编写特点比较

比较选取了 2000 年后出版的中国台湾、澳门地区和日本的三套教材，分别是台湾翰林出版事业股份有限公司、澳门教育出版社有限公司出版的教材（以下分别简称翰林版、澳门版）和一种日本教材（以下简称日本版）。适当介绍教材编写的时代背景可能有利于我们更好地理解和把握这些教材。

课程基本精神比较

世纪之交，我国台湾地区进行了一场大规模的课程改革，确立以“培养21世纪健全公民”为课程目标，“以生活应用能力作为课程、教材、教法与评量的核心理念”，推动课程理念、教学方式方法的与时俱进，促进课程设计从“学科本位”的“知识的认知”转向“能力本位”的“带得走能力的获得”，强调学生的主体兴趣与生活经验的重要性，围绕主题轴将传统上分而置之的课程统整为七个学习领域，并要求以七个学习领域为阵地，培养学生十大基本能力，从而合作努力达成其教育目标——培养健康活泼、乐观进取、具有创造力和批判思维能力的健全公民。

我国澳门地区的教材是根据《澳门教育暨青年局小学数学大纲（2004年修订版）》和内地《全日制义务教育数学课程标准（实验稿）》而编订的。突出了以下要旨：以学生为本位；以思维训练为主导；贴近澳门生活情况；目标清晰、结构明确；重视基础知识和运算能力。每课教材在编写结构上皆包括三个部分：引起动机，学习活动，课堂练习。在部分课次加入：动动脑筋，生活应用，为学生提供不同的发展空间。

“学力”是日本具有法律地位的《学习指导要领》中的一个核心概念。日本教育改革频繁，每次改革通常都是源于对原有学力观的批判、反思和澄清。2008年《学习指导要领》再次修订，延续了关于培养生存能力为核心的教育目标，突出了“知识—活用型”学力观。明确了“生存能力”的定义，强调如下三点：其一，作为应对变革社会的应变力，必须养成儿童发现问题、解决问题的能力。其二，知识、技能不是凝固不变的，而是新陈代谢的，因此，重要的是不断创新知识、技能的意欲和学习态度。其三，尊重他人和不同社会价值观并与之共处，重视自然和环境并与之共生的精神，是我们的共同诉求。为落实“知识—活用型”学力观，引导教师重新认识“扎实地掌握基础知识、技能的重要性”，重新确认“活用知识、技能的重要性”，重新肯定“基于探究与表达的生活科和跨学科的综合学习的独特价值”。提出并力图在教学中落实三种学习活动，即“习得型学习活动”，是指旨在习得基础知识、基本技能而展开的教授知识、反复练习的学习；“探究型学习活动”，是指诸如在综合学习中借助课题解决所学到的知识、技能在实际情境中的运用，同时养成自主学习、自主思考习惯的学习活动；

"活用型学习活动"，是指介乎以上两者之间的学习活动，习得型与探究型学习活动不是二元对立的，而是可以融合的。

思考

中国台湾、澳门地区和日本课程的基本精神有什么异同？对你有什么启示？

⊙ 年级安排、呈现方式与教材结构

➢ 分别放在哪个年级教学？

翰林版和澳门版教材都将圆的周长安排在六年级上册教学，日本版教材将圆的周长安排在五年级下册，三个版本教材对这一内容的年级安排与中国大陆同期教材的安排基本相同。

➢ 呈现方式有什么异同？

与同期的大陆教材一样，三个版本的教材都采用了彩色印制，色彩明丽，版面生动活泼。教材呈现除了陈述性的图文之外，也设置了若干个主题角色，通过教材中的主题角色互动来呈现教材，启迪学生思维，引发教材文本与学生、教师的对话。

➢ 教材结构有什么异同？

翰林版教材按如下顺序呈现教学内容：按知识点分成两个板块——圆周率和求圆周长、直径长。第一板块"圆周率"部分包括：①讨论测量直径长、圆周长的方法，给出测量直径的方法和测量圆周长的两种方法：绕线法和滚动法，提出问题"圆周长和直径有什么关系?"；②操作实验，研究圆周率；③栏目"重点提示"给出圆周长的计算方法；④定义圆周率，介绍我国古代圆周率的研究成果，栏目"重点提示"给出圆周率定义式。第二板块"求圆周长、直径长"部分包括：①例 1：已知直径求周长的应用问题；②例 2：已知半径求周长的应用问题；③栏目"自我挑战"，已知直径求周长的应用问题；④例 3：已知周长求直径的应用问题；⑤栏目"自我挑战"。

澳门版教材按如下顺序呈现教学内容：①利用课时主题图创设情境，

提出问题；②栏目“学习活动”，思考圆周长与半径之间的共变关系；③讨论测量圆周长的方法：绕线法和滚动法；④操作实验，研究圆周率；⑤介绍圆周率和定义式，导出圆周长的文字和字母公式，给出常用近似值；⑥例题：已知直径求周长的应用问题；⑦例题：已知周长求直径、半径的应用问题；⑧栏目“课堂练习”并附以圆周率研究历史的介绍；⑨综合练习九。

日本版教材分成两个部分。第一部分类似单元总领，提出研究周长和面积问题，讨论确定研究的基本思路，并按如下顺序呈现教学内容：①利用主题图创设情境，提出问题；②比较不同直径同心圆的周长、面积，得出周长、面积随直径变化而变化；③借助外接正方形，得到圆周长在直径的2到4倍之间，指出可类似地研究关于圆面积的方方面面。给出了问题、形成了总体研究思路后，进入第二部分——具体的研究活动。圆的“周长与直径”是这一部分的第一个研究主题，按如下顺序呈现教学内容：①介绍用滚动法量出圆周长，实验研究圆周率；②介绍圆周率和常用近似值，介绍圆周率的研究历史；③解决已知直径求周长的应用问题，给出圆周长的算法，解决已知周长求直径的应用问题；④呈现一组相切圆，研究圆周长与直径的正比例关系；⑤已知直径求周长的应用问题；⑥测量圆周长求直径的实践活动。

翰林版、澳门版教材的教材结构与大陆同期教材没有明显的差异，处理教材的方法我们都能在大陆教材中找到。日本版教材采用了一个单元主题情境，从情境中提出问题，确立研究的基本框架，大陆同期不少教材也采用了单元主题情境提问的方法，但往往没有给出引导学生作进一步探讨研究的基本框架。日本版教材的这一做法值得我们借鉴。

⊙ 课题引入与新知探究

➤ 课题引入有什么异同？

澳门版教材和日本版教材都采用了创设现实生活情境、提出问题的办法来引入课题，不同之处在于，澳门版教材的情境与第4类情境模型有关（见图3.56），提出“两辆单车走一样的路程，哪一辆的车轮转动的次数较多?”，这就要考虑哪辆的车轮转动一周所行的路程更长，从而引出“圆滚动一周经过的距离就是这个圆的周长”的命题。日本版教材的情境与第3类情境模型有关（见图3.57），学生容易把自己想象成图中的小朋友，提出“转动一周有多长？”的问题。翰林版教材直接提出测量圆直径、周长的要求（见图3.58），在实践活动中体会圆周长与直径之间的关系，提出研究的问题。

图3.56

图3.57

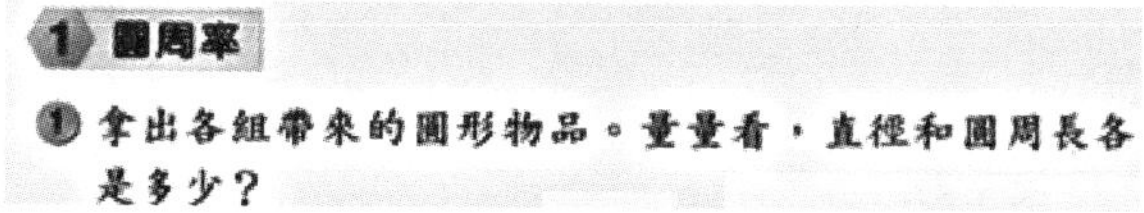

图3.58

➢ 如何让学生体会圆周长与直径的关系？

澳门版教材直接利用情境唤起学生的活动经验，通过对问题“两辆单车走一样的路程，哪一辆的车轮转动的次数较多？”的思考，认识到车轮大转动的次数少，也就是车轮转一圈所经过的距离比较长，即车轮的周长比较长，因而圆的周长与直径有关。

翰林版教材借助同心圆的直径与周长的比较帮助学生认识周长与直径之间的增函数关系（见图3.59）。

日本版教材比较有特色，不仅通过动手制作大小不同（直径分别为4cm、5cm、6cm）的圆，借助把三个圆重叠起来形成同心圆，帮助学生通过比较认识直径与周长、面积之间的增函数关系（见图3.60），尤为重视的是让学生在解决问题的过程中体会圆周率是一个定值（见图3.61），通过圆外切正方形以及连接切点的两条直径，让学生认识到圆的周长大于直径的2倍，小于直径的4倍，从中感受圆周长与直径的倍数是一个定值，这是其他各个版本教材都有所欠缺的。可见，日本版教材确实较好地落实了《学习指导要领》提出的“探究型学习活动”。

图 3.59

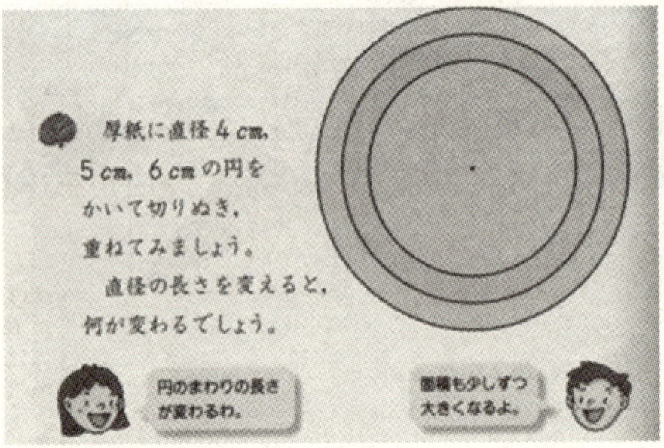

图 3.60

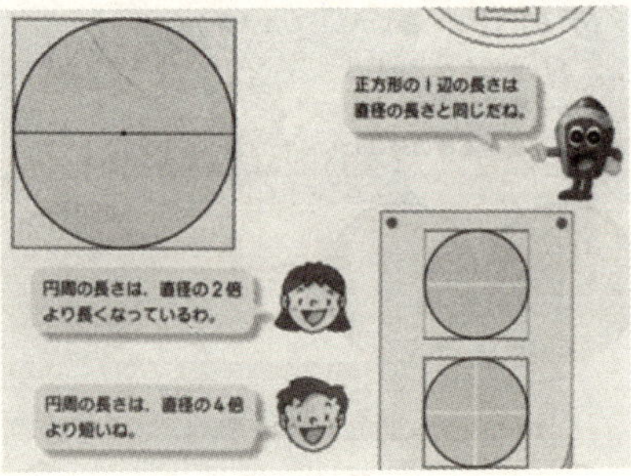

图 3.61

思考

你比较欣赏哪种处理方法？为什么？你有更好的方法吗？

➢ 探索圆周率的过程与方法有什么异同？

在探索圆周率的方法上，三个版本的教材都采用了实验方法。其中翰林版、澳门版教材的处理手法与大陆同期教材大体相同，都介绍了通过绕线法和滚动法测量圆周长，不同之处在于翰林版采用测量实际物品的办法，而澳门版采用了测量指定圆周长的办法，翰林版还直接告诉了学生一种测量直径的办法。在实验探索圆周率的方法上，日本版只用了滚动法。三个版本的教材都给出了同样的实验结论：圆的周长大约是直径的 3.14 倍。

➢ 介绍圆周率及其近似值的方法有什么异同？

三个版本的教材在介绍圆周率时都给出了圆周率的定义，并说明圆周率是一个定值，都给出了圆周率的定义式，介绍了圆周率的常用近似值。在介绍圆周率的历史时，翰林版介绍了刘徽、祖冲之的研究成果，澳门版介绍了祖冲之和现代电子计算机的研究成果，日本版教材介绍了古希腊阿基米德和现代电子计算机研究圆周率的成果。其他各版本教材与日本版教材相比，有明显的民族特色——突出了中国古代圆周率研究的成就。

⊙ 公式的给出与应用

➢ 给出周长计算公式的方法有什么异同？

翰林版根据实验结果直接给出圆周长的计算方法，在一定量的计算的基础上，给出圆周长计算的文字公式，但没有给出用字母表示的公式，甚至连圆周率 π 的符号也没有出现。澳门版教材在给出圆周率的定义式的基础上，直接导出了圆周长计算的文字公式和字母公式。日本版教材在给出圆周率定义式的基础上，结合具体的圆周长计算（第 3 类情境模型问题），借用框图的引导给出圆周长的计算公式（见图 3.62），说明可以用计算器计算。在后面的例题中，教材进一步利用框图引导学生思考已知周长求直径的方法（见图 3.63）。另外，日本版与翰林版教材一样，没有给出圆周率的符号，也没有给出字母公式。

图 3.62

图 3.63

➢ 例题和练习的安排有什么异同?

翰林版教材安排的前 2 个例题均为第 2 类情境模型的问题，第 3 个例题为第 1 类情境模型问题，涉及已知直径、半径求周长和已知周长求直径。澳门版教材为第 4、第 2 类情境模型，涉及已知直径求周长、已知周长求直径和半径。日本版教材有两道题，分别是：已知直径求周长的第 3 类情境模型问题，已知周长求直径的第 2 类情境模型问题。

表 3.19、表 3.20、表 3.21 分别反映了翰林版、澳门版、日本版教材中例题和练习的题型、题量的分布情况。

表 3.19　翰林版教材中例题和练习的题型、题量分布情况

		无情境问题	情境模型问题						总　计
			第 1 类	第 2 类	第 3 类	第 4 类	其他	小合计	
基本题	知 d 求 C	1/12.5%	0	2/25.0%	0	0	0	2/25.0%	3/37.5%
	知 r 求 C	1/12.5%	0	1/12.5%	0	0	0	1/12.5%	2/25.0%
	知 C 求 d	1/12.5%	1/12.5%	0	0	0	0	1/12.5%	2/25.0%
	知 C 求 r	1/12.5%	0	0	0	0	0	0	1/12.5%
	小合计	4/50.0%	1/12.5%	3/37.5%	0	0	0	4/50.0%	8
综合题		0	0	0	0	0	0	0	0
合　计		4/50.0%	1/12.5%	3/37.5%	0	0	0	4/50.0%	8

表 3.20　澳门版教材中例题和练习的题型、题量分布情况

		无情境问题	情境模型问题						总　计
			第 1 类	第 2 类	第 3 类	第 4 类	其他	小合计	
基本题	知 d 求 C	4/16.7%	0	1/4.2%	0	0	0	2/8.3%	6/37.5%
	知 r 求 C	4/16.7%	0	0	2/8.3%	0	0	1/4.2%	5/20.8%
	知 C 求 d	2/8.3%	0	1/4.2%	0	0	0	1/4.2%	3/12.5%
	知 C 求 r	2/8.3%	0	1/4.2%	0	0	0	1/4.2%	3/12.5%
	小合计	12/50.0%	0	3/12.5%	2/8.3%	0	0	5/20.8%	17/70.8%
综合题		3/12.5%	1/4.2%	0	0	3/12.5%	0	4/16.7%	7/29.2%
合　计		15/62.5%	1/4.2%	3/12.5%	2/8.3%	3/12.5%	0	9/37.5%	24

表 3.21 日本版教材中例题和练习的题型、题量分布情况

		无情境问题	情境模型问题						总计
			第1类	第2类	第3类	第4类	其他	小合计	
基本题	知 d 求 C	5/50.0%	0	0	2/20.0%	0	0	2/20.0%	7/70.0%
	知 r 求 C	0	0	0	0	0	0	0	0
	知 C 求 d	0	0	0	0	0	0	0	0
	知 C 求 r	0	0	1/10.0%	0	0	0	1/10.0%	1/10.0%
	小合计	5/50.0%	0	0	0	0	0	0	8/80.0%
综合题		1/10.0%	1/10.0%	0	0	0	0	1/10.0%	2/20.0%
合计		6/60.0%	1/10.0%	1/10.0%	2/20.0%	0	0	4/40.0%	10

从三个版本的教材来看，澳门版教材题量最大，与同期大陆七套教材的题量相比也属较大者，翰林版和日本版题量较小，与同期大陆七套教材相比也属较小的。从情境模型的分布来看，翰林版教材仅涉及2类情境模型，日本版教材涉及3类，唯澳门版教材涉及4类。另外，翰林版教材没有综合题，澳门版、日本版教材的综合题所占比例也在20%～30%之间，与同期大陆七个版本教材的综合题比例相比属较低之列。

思考

2000年后国内外教材的比较对你有什么启发？

3.3 综合比较：教材编写的规律与启示

鉴于1980年代、1990年代不少教材的近似程度很高，综合比较研究选取了1980人教版、1988天津版、1997苏教版、1998科学版四套教材作为代表与2000年后中国大陆的七套教材，中国台湾、澳门地区和日本三套教材，共十四套教材进行综述。

3.3.1 圆周率教学安排的规律与启示

表3.22按照“引入新课、提出问题→分析问题、确定变量→方法研讨、探究规律→定义概念（介绍圆周率的研究历史）、导出公式”的过程设计系列问题，比较十四套教材在圆周率教学上的特点（表中“√”表示教材涉及此问题）。

表3.22 十四套教材圆周率教学特点比较

序号	问题	1980人教版	1988天津版	1997苏教版	1998科学版	2006人教版	2006北师版	2012浙教版	2005苏教版	2006西师版	2007青岛版	2002上教版	翰林版	澳门版	日本版
1.1	是否通过复习周长概念引入新课?			√	√										
1.2	是否通过情境模型问题引入新课、提出与圆周长有关的问题?				√	√	√	√	√	√	√	√		√	√
2.1	是否用下定义的方式给出圆周长的概念?			√	√										
2.2	是否用描述的方式给出圆周长的概念?	√	√			√	√	√	√	√	√	√		√	√
3.1	是否直接提出圆周长计算问题?			√								√		√	
3.2	是否通过难以直接测量引发矛盾提出计算问题?					√									
4	是否在探究定向前让学生操作，体会圆的周长与直径（半径）有关?												√		√

续表

序号	问题	1980人教版	1988天津版	1997苏教版	1998科学版	2006人教版	2006北师版	2012浙教版	2005苏教版	2006西师版	2007青岛版	2002上教版	翰林版	澳门版	日本版
5	是否就圆的周长与什么有关、有什么关系展开讨论?				√		√	√	√	√	√			√	√
6.1	是否提出如何研究圆周长与直径之间关系的问题?									√	√				
6.2	是否直接指令测量圆周长、直径以研究相互关系?	√	√	√	√	√	√	√	√			√	√	√	√
7	是否使用内切或外接多边形让学生体会圆周长与直径之间存在倍数关系?														√
8	是否讨论并介绍圆形物体直径的测量方法?											√	√		
9.1	是否就如何测量圆周长展开讨论?					√	√		√	√		√	√	√	√
9.2	是否通过直接演示说明测量圆周长的方法?	√	√	√	√			√			√				
10	是否通过“化曲为直”直接用直径度量周长?				√			√							
11	是否介绍用线绕法测量圆周长?			√		√	√		√	√	√	√	√	√	
12	是否介绍用滚动法测量圆周长?	√	√	√	√	√	√	√	√	√	√	√	√	√	√

续表

序号	问题	1980人教版	1988天津版	1997苏教版	1998科学版	2006人教版	2006北师版	2012浙教版	2005苏教版	2006西师版	2007青岛版	2002上教版	翰林版	澳门版	日本版
13	是否对“圆沿直线滚动一周所经过的距离就是这个圆的周长”进行验证?														
14	是否用了其他度量方法（如圆片覆盖）研究圆周率?														
15	是否通过多个圆周长与直径的测量以发现关系?	√	√	√	√	√	√	√	√	√	√	√	√	√	√
16	是否直接要求求出圆周长与直径的比值来发现圆周长与直径的关系?	√	√	√	√	√	√	√	√	√		√	√	√	√
17.1	是否给出圆周长总是直径的3倍多一些的结论?	√	√	√		√	√		√	√		√			√
17.2	是否给出圆周长大约是直径的3.14倍的结论?				√			√					√	√	
18	是否给出圆周率的定义?	√	√	√	√	√	√	√	√	√	√	√	√	√	√
19	是否用π表示圆周率？是否给出周长计算的字母公式?	√	√	√	√	√	√	√	√	√	√	√		√	

续表

序号	问题	1980人教版	1988天津版	1997苏教版	1998科学版	2006人教版	2006北师版	2012浙教版	2005苏教版	2006西师版	2007青岛版	2002上教版	翰林版	澳门版	日本版
20	是否介绍“实验时期”圆周率研究的成果？			√		√	√	√	√		√				
21	是否介绍了用统计方法研究圆周率？						√								
22	是否介绍“几何时期”圆周率研究的成果？	√	√	√	√	√	√	√	√	√	√	√	√	√	√
23	是否介绍了用逼近思想研究圆周率的方法？						√		√						
24	是否介绍“分析时期”圆周率研究的成果？														
25	是否介绍“计算机时期”圆周率研究的成果？				√	√	√	√						√	√
26	是否只突出介绍我国古代圆周率研究的成果？	√	√	√	√	√		√	√		√	√	√	√	

续表

序号	问　题	1980人教版	1988天津版	1997苏教版	1998科学版	2006人教版	2006北师版	2012浙教版	2005苏教版	2006西师版	2007青岛版	2002上教版	翰林版	澳门版	日本版
27	是否说明圆周率是一个无限不循环小数？	√	√	√	√	√	√	√	√		√	√		√	√
28	是否特别说明通常 π 取近似值 3.14 进行计算？	√	√	√	√	√	√	√	√	√	√	√	√	√	√
29	是否特别说明在 π 取 3.14 约定下的计算可直接用“=”而不用“≈”？														
30	教材是否给出圆周率的定义式？				√			√				√	√	√	√
31	教材是否导出已知直径求圆周长的公式？	√	√	√	√	√	√	√	√	√	√	√	√	√	√
32	教材是否导出已知半径求圆周长的公式？	√	√	√	√	√	√	√	√	√	√	√		√	
33	教材是否导出已知周长求直径的公式？				√								√	√	√
34	教材是否导出已知周长求半径的公式？													√	
35	是否说明本单元学习遇到复杂计算时可用计算器？								√	√	√	√		√	√

思考

哪些教材有独到的教学处理？对你有什么启发？

⊙ 教学内容整体处理的规律与启示

各版本教材都介绍了用滚动法测量圆周长；都通过多个圆周长与直径的测量发现两者之间存在固定的倍数关系，在此基础上给出了圆周率的定义；都介绍了“几何时期”圆周率研究的成果，我国的教材都突出介绍了祖冲之在圆周率研究上的成就；都说明了计算时圆周率通常取近似值 3.14；都给出了已知直径求圆周长的公式。

这些内容是国内外不同时期各版本教材共同关注的内容，具有高度的稳定性，其中知识与方法并重，探索与讲授同举，是教学中必须把握的基本点。

⊙ “引入新课、提出问题”的规律与启示

我国大陆教材的编写，根据 2001 年课标编写的教材与以前的教材有较大的不同。以前的教材主要有两种编写方法：一种是开门见山直奔主题，没有明显的新课引入部分，通常用“圆沿直线滚动一周所经过的距离就是这个圆的周长”直接给出圆周长的概念，也不提出圆周长计算问题以展开讨论，这种编写方法以知识内容的呈现为主，较少考虑学习过程的展开；另一种是通过复习周长概念引入新课，给出圆周长的定义，提出圆周长计算问题，然后通过指令性操作得出周长与直径之间的关系，这种教学以验证人类已经发现的圆周长与直径之间的关系为主线，重视联系，利于有意义的接受学习。课标教材都通过创设具有现实意义的生活情境引入新课，通过建模提出与圆周长有关的问题，体现以学为本、重视探究、学用结合的思想。

纵观我国大陆教材编写思路的演化，从没有明显的“新课引入、提出问题”环节到“复习引入、提出问题”再到“情境引入、提出问题”，一个阶段一种主要模式，可以明显地感受到教学观念变化的脉络。值得注意的是，1998 科学版教材的新课引入兼有“复习引入”、“情境引入”的特点，有承上启下、继往开来的意蕴。

我国香港、澳门地区和日本教材的编写理念与课标教材基本一致。我国台湾地区的教材比较有特点，采用“操作体验、提出问题”的方式引入新课，通过指令性操作测量圆周长和直径，引导学生体会两者之间的联系，进而提出问题。

站在当下的角度，需要进一步开阔视野、打开思路，考虑有没有其他的引入方式，如是否可以考虑借助超级画板的测量功能，用多边形逼近单位圆的方式引入新课等。

思考

课题引入的时代特征对你有什么启示?

十四套教材中有十套教材采用了现实生活情境问题引入新课的办法，其所使用的情境模型统计结果如表 3. 23 所示。

表 3. 23　各套教材新课引入采用的情境模型统计

教材版本	情境模型问题			
	第 1 类	第 2 类	第 3 类	第 4 类
1998 科学版				√
2006 人教版		√	√	√
2006 北师版	√			
2012 浙教版	√	√		√
2005 苏教版		√		√
2006 西师版				√
2007 青岛版		√		
2002 上教版			√	
澳门版				√
日本版			√	
合计次数	2	4	3	6

(“√”表示教材涉及此类情境模型问题)

各版本教材中以第 4 类情境模型的采用率最高，根据经验学生能够容易地想到轮子越大滚动一周所经过的距离越远，但“圆沿直线滚动一周所经过的距离就是这个圆的周长”对于学生来说并不直观，各套教材基本上都忽视了这一问题。奇怪的是，第 1 类情境模型最容易通过建模从周长概念中产生圆周长概念，而使用率却最低，是因为圆周长概念建立真的如此简单吗？第 3 类情境模型涉及圆的轨迹定义，需要与周长概念相联系才能形成圆周长概念来解决问题。使用率次高的是第 2 类情境模型，使用这类情境模型提出的问题通常是“……一周的长度是多少？”，是最直奔研究问题的情境模型。其中，青岛版教材采用了天坛的祭天台和祈年殿圆顶作为情境引入，有利于开阔学生的视野、培养学生的空间想象能力。需要引起注意的是，圆是一条连续的曲线，天台的台阶破坏了天台圆周的连续性，不利于学生形成正确的圆周长概念。

人教版和浙教版教材创设的情境中都蕴含 3 类情境模型，给学生从不同情境模型中抽取周长概念解决问题的机会，使得学用一体。其中浙教版教材并列设置了菜地、行车两个场景，蕴含 3 类模型，而人教版教材则在一个场景中蕴含 3 类模型。我们有没有可能通过并列设置的场景或同一场景同时蕴含 4 类情境模型的问题，为学生提供更广泛的学习机会呢？

思考

四类情境模型中你倾向于通过哪些类型来引入？如何引入？

“分析问题、确定变量”的规律与启示

圆的周长与它的直径（半径）有关，绝大多数学生通过圆的认识和生活实践，事实上已经具备了这一知识经验，本课的教学是否需要唤起学生这一知识经验呢？从意义学习的要求来看，学习是基于已有的知识经验，因此这一环节是必需的。是否需要用语言明确地表述这一知识经验呢？从教学内容的前后联系来看，这也是必需的。那么，通过何种方式来唤起这一经验呢？有些教材是把它作为缄默的知识，是能在测量、比较的实践活动中被自然地唤醒并得到强化和外化的知识，因此就略去了这一环节。有些教材是通过提问、创设情境，唤醒并强化和外化这一知识经验，使学生明确研究中的两个变量，为后续的探究定向，除 1980 人教版和 1988 天津版（四省市）教材外，前面列举的其他十二种教材都用不同的方式涉及了

这一问题，这可能是一种更合理的路径。

思考

你在教学中打算安排这一环节吗？如何安排？

"方法研讨、探索规律"的规律与启示

确定变量还需要形成对变量之间关系的猜想。一种思路是让学生在实际测量之前先形成关于周长和直径存在倍数关系的猜想，教材通常采用内接或外切多边形的方法（这种方法学生往往不容易想到，但可以理解，相当于圆周率研究"几何时期"的方法），然后通过实验把倍数进一步精确化，相当于"实验时期"的方法。这种思路存在某种历史程序的颠倒，日本版教材是代表。另一种是让学生通过实际测量活动不断地尝试建立、检验各种猜想，得到正确的函数表达式来教学，相当于圆周率研究"实验时期"的方法，青岛版教材是代表。由于猜想、检验的方法开放性大，获得正确的表达式具有一定或然性，因此绝大多数教材采用第三种思路，即测量后直接指令学生求圆周长与直径的比值，帮助学生发现两者之间的关系。

显然，直接指令的方法提高了活动的指向性，但不能体现真实的探究过程，而猜想、检验的方法虽然有一定的或然性，却更能体现历史上圆周率研究"实验时期"的真实探究过程。如果教学能在学生得出圆周长总是直径的3倍多一些之后介绍"几何时期"的方法，则是遵循圆周率研究的历史程序设计教学，如果还能与圆周率研究历史的介绍紧密结合，也不失为一种可选择的教学路径。当然，如果绝大多数学生在课前已经知道圆周率，"实验时期"研究方法的价值就会大大降低，我们可能要适当加强"几何时期"方法的教学，使学生学有所得。

在直径和圆周长的测量中，台湾、上海的教材介绍了用直尺和三角板测量直径的方法，这是有必要的。在周长的测量中介绍多种方法是有必要的，介绍中要注意，线绕法直接源自周长概念，要比滚动法更易为学生接受。另外，要从理论上向学生解释"圆沿直线滚动一周所经过的距离就是这个圆的周长"有小学阶段难以逾越的困难，因此有必要通过前文介绍的实验方法——"绕线—滚动—展开"来验证这一结论。在探索规律的过程

中，浙教版教材介绍了直接用直径度量周长的方法，这为学生认识“任意”圆的周长是它的直径的 3 倍多提供了潜在可能性。最后，就实验得到的结论而言，通过圆的周长与直径的测量、求比值，容易得到 3 倍多一些的结论。由于误差无法避免，大约是 3.14 倍的结论是不易得到的，这在教学中需要灵活处理。

⊙ “定义概念、导出公式”的规律与启示

在定义圆周率的同时，有些教材给出了圆周率的定义式，并根据定义式导出周长计算公式，这样的教学脉络更加清晰，值得借鉴。绝大多数教材在导出已知直径求周长的公式的同时，导出了已知半径求周长的公式，个别教材还导出了已知周长求直径、半径的公式。教学中，这些公式的导出可以由学生自己完成，学生需要记住的是圆周率的定义式，其他的公式不必要求记忆。各套教材都没有对用近似值 3.14 进行相关计算时直接用“=”不用“≈”做特别说明，教师在教学中需要就此做说明，同时说明圆周长与它的直径的比值是一个固定值，是一个无限不循环小数。

在介绍圆周率的历史时，需要介绍我国古代的研究成就，也需要适当介绍古代世界其他文明的研究成就，在激发学生的民族自豪感的同时，培养学生客观、全面地看待事物的能力，既不妄自菲薄，也不妄自尊大。另外，需要适当介绍“几何时期”的研究方法和“计算机时期”的研究成果，推荐若干相关网站供学生进一步了解圆周率研究的历史是个不错的主意。

3.3.2 例题安排的规律与启示

除 2012 浙教版之外，其他版本的教材在导出圆周长计算公式后都安排了例题，例题通常有 2 题，一题是已知直径求周长，另一题是已知周长求直径、半径。这样的安排与教学有利于学生巩固基础知识、形成基本技能。具体情况统计如表 3.24 所示。

表 3.24　各套教材例题安排的情境模型统计

教材版本	无情境问题	情境模型问题			
		第 1 类	第 2 类	第 3 类	第 4 类
1980 人教版			1		1
1988 天津版			1		1
1997 苏教版			1		1
1998 科学版			1		1
2006 人教版			1*		
2006 北师版		1			
2012 浙教版					
2005 苏教版			2		
2006 西师版			1		1
2007 青岛版			2		
2002 上教版	1*		1	1*	
翰林版			3		
澳门版			1		1
日本版			1	1	
合计次数	1	1	16	3	7

（表中数据为题量，带“＊”的为综合题）

例题安排时，各套教材普遍采用了情境模型问题，重视应用是国内外各个时期教学的共识。情境模型以第 2、第 4 类为主，第 2 类情境模型获得青睐可能是因为这类题不必建模，相对来说学生易于上手，第 4 类情境模型被广泛重视可能是其应用极为广泛的缘故。上教版教材采用了较多综合题做例题，这可能是大城市相对的教学起点较高的缘故。

3.3.3 练习安排的规律与启示

表 3.25 各种版本教材新课和练习课涉及的题量和形式统计

教材版本	总题量	无情境问题	情境模型问题						综合题
			第 1 类	第 2 类	第 3 类	第 4 类	其他	小合计	
1980 人教版	33	24/52.1%	1/6%	3/9.1%	2/6.1%	3/9.1%	0	9/27.3%	3/9.1%
1988 天津版	20	12/60%	1/5%	1/5%	1/5%	4/20%	1/5%	8/40%	4/20%
1997 苏教版	32	20/62.5%	2/6.3%	6/18.8%	0	3/9.4%	1/3.1%	12/37.5%	5/15.6%
1998 科学版	29	16/55.2%	1/3.4%	5/17.2%	2/6.9%	4/13.8%	1/3.4%	13/44.8%	10/34.5%
2006 人教版	16	5/31.3%	2/12.5%	2/12.5%	2/12.5%	3/18.8%	2/12.5%	11/68.8%	9/56.3%
2006 北师版	13	5/38.5%	2/15.4%	2/15.4%	1/7.7%	2/15.4%	1/7.7%	8/61.5%	5/38.5%
2012 浙教版	21	12/57.1%	2/9.5%	1/4.8%	1/4.8%	4/19.0%	1/4.8%	9/42.9%	9/42.9%
2005 苏教版	26	15/57.7%	2/7.7%	7/26.9%	1/3.8%	1/3.8%	0	11/42.3%	4/15.4%
2006 西师版	19	9/47.4%	3/15.8%	4/21.1%	1/5.3%	2/10.5%	0	10/52.6%	5/26.3%
2007 青岛版	27	10/37.0%	2/9.5%	7/4.8%	3/11.1%	2/7.4%	3/11.1%	17/63.0%	13/48.1%
2002 上教版	8	4/50.0%	1/12.5%	1/12.5%	1/12.5%	0	1/12.5%	4/50.0%	5/62.5%
翰林版	8	4/50.0%	1/12.5%	3/37.5%	0	0	0	4/50.0%	0
澳门版	24	15/62.5%	1/4.2%	3/12.5%	2/8.3%	3/12.5%	0	9/37.5%	7/29.2%
日本版	10	6/60.0%	1/10.0%	1/10.0%	2/20.0%	0	0	4/40.0%	2/20.0%

从总题量来看，2000 年以前我国内地各套教材总题量普遍较大，2000 年以后教材题量相对较小且差异很大。2000 年以前我国内地教材无情境问题均超过 50%，说明各套教材普遍重视基本技能的训练，其中苏教版更是通过计算让学生熟悉 3.14 与 1 ~9 相乘的积，以提高学生计算的速度与正确率。课标各套教材综合题比例普遍较高，说明比较重视学生综合应用知识解决问题能力的培养。各套教材中普遍出现了第 1、2 类情境模型的问题，第 3、4 类情境模型有些教材没有涉及，需要在教学时注意补充相应的习题，并根据在实际生活中的应用情况适当调整比例。需要进一步研究的是，不同学习程度的孩子需要不同层次、不同数量的练习，什么强度的练习才能达成我们设定的目标，我们缺少一个大致的标准，需要由一个比较科学的实验过程来得到。

4

学生学习圆周长的可能性研究

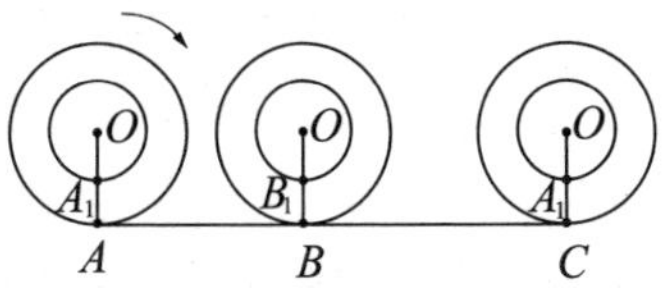

判定学生学习某一内容的可能性大小需要回答两个问题：一是学习的潜在可能性有多大？二是学习的实际可能性有多大？

就学习的潜在可能性而言，关键在于弄清学生在本课学习前已经具有了哪些与本课学习相关的知识经验。包括两个方面：一是弄清学生是否已经牢固掌握了已经学过的与本课学习相关的知识经验，即是否具备了学习的必要条件。二是弄清学生对本课将要学习的内容已经认知到何种程度——哪些是不教就已经会了的，这部分可以不教；哪些是还没有人会的，这可能是教学的难点所在；哪些是已经有人会的，这就要进一步分析这些人是真会还是假会，在教学中如何充分利用学习资源，让真会的人发挥引领作用，让假会的人得到深入思考、反思矫正的机会。弄清了学生本课学习的潜在可能性，就能进而分析、确定本课教学的学习起点。

就学习的实际可能性而言，关键在于弄清学生实际学到了什么。哪些是教了也不会的？短时期内可以考虑不必再教。哪些是教了所有学生都能会的或大多数人能会的，这就要好好教，要认真探索如何进一步改进教学，让更多的学生能更快地学会、学好。哪些是只有少数人会的？这就要考虑为了这少数人到底要不要教，有没有可能通过改进教学让更多的人能会？上限在哪里？诚然，为了多数人的教学很重要，但其实，为了少数人的教学也同样很重要。因为同时考虑多数人和少数人，这一方面是社会公平、正义的体现，另一方面，在这少数人中，往往潜藏着顶尖的数学人才，是人类突破未知世界重重黑幕的锋刃所在，我们不能置之不理。显然，关于学生学习的实际可能性的研究，既是对学生学习潜在可能性的验证，也是对今后这一内容教学深广度的探索。研究学生学习的实际可能性，必须建立在对新课、练习课的教学目标达成度进行考察分析的基础之上。

4.1 学生学习圆周长的潜在可能性

每上一节课，都有一个从哪里开始上的问题，也就是要找出学习的起点，这跟学生学习的潜在可能性有关。分析学习起点通常有两种方法：一是根据教材知识内容的前后联系分析学习的逻辑起点，这就是从理论上来探讨学习的潜在可能性；二是借助前测、访谈等办法了解、分析学生的现实起点，即从学生实际具备的知识经验出发来探讨学习的潜在可能性。

> **思考**
>
> 如何进行学习的逻辑起点和现实起点分析?

4.1.1 学生学习的逻辑起点分析

逻辑起点的分析可以按基础知识、基本技能、基本思想、基本活动经验的框架来进行（见表 4.1，表中“已经学的”知识序号与“将要学的”知识序号相对应，有多个知识点时，用两级序号分开，如“已经学的”1.1、1.2 对应于“将要学的”1.）。下面的分析仅限课标规定的本课基本教学内容。

表 4.1　“圆的周长”学习逻辑起点分析

	将要学的	已经学的
基础知识	1. 圆的周长：圆一周的长度叫作这个圆的周长 2. 圆周率：圆的周长与直径的比值叫作圆周率，即$\frac{C}{d}=\pi$ 3. 圆的周长计算公式： $C=\pi d=2\pi r$ 4. 周长公式的变形： $d=\frac{C}{\pi}$，$r=\frac{C}{2\pi}$	1.1 圆的特征：封闭图形；圆上的点到中心的距离都相等 1.2 周长：封闭图形一周的长度叫作这个图形的周长 2.1 直径是通过圆心，两端在圆上的线段 2.2 比与比值的概念 2.3 用字母表示数 3.1 比的各部分关系 3.2 用字母表示数

续表

	将要学的	已经学的
基础知识		3.3 半径是从圆心到圆上的线段 3.4 $d=2r$，$r=\frac{d}{2}$ 4.1 乘法的各部分关系 4.2 用字母表示数
基本技能	1. 用绕线法测量圆周长 2. 用滚动法测量圆周长 3. 测量直径 4. 小数四则计算	1. 已学 2. 未学 3. 已学 4. 熟练
基本思想（含某些重要的具体数学思想方法）	1. 归纳：根据实验求得的圆周率做统计推断 2. 演绎：根据已有的概念、原理推导出结论，如由圆周率定义式导出周长公式，根据圆内接、外切多边形推导圆周率取值范围等 3. 建模：建立四类情境模型的数学模型，解决问题	1. 在类似的情境中学习和使用过归纳思想 2. 在类似的情境中学习和使用过演绎思想 3. 在类似的情境中学习和使用过建模思想
基本活动经验	1. 通过观察、猜想、实验、计算、推理、验证等方法探索圆周率的活动全过程的经验 2. 正确思考的经验：如果没有现成的方法和答案，那么就按问题的构成要素去“做数学”，如本课中必须去做（测量、计算）圆周长与直径的关系，在“做”的过程中形成猜想、检验猜想、发现规律 3. 正确实践的经验：如何正确进行周长和直径的测量，如何对数据做进一步处理	1. 画圆的活动经验，体会到圆的周长与直径（半径）有关 2. 日常生活经验：圆越大，周边一圈的长度越大；圆越大，绕圆一周经过的路程越远；车轮越大，滚动一周经过的路程越远；等等 3. 有在类似情境中探索的过程经验 4. 有在类似情境中正确思考的经验 5. 有在类似情境中正确实践的经验

续表

	将要学的	已经学的
其他	识别情境模型，利用公式解决问题	与四类情境模型相关的、为理解情境所必需的背景性知识

从上面的分析来看，在本课学习前，学生从理论上来说应该已经具备了“圆的周长”学习所必须具备的条件。

试一试

挑一节你喜欢的课，分析它的学习逻辑起点。

4.1.2 学生学习的现实起点调查分析

思考

你在日常教学中是如何进行学习的现实起点调查分析的？你们在日常教研中又是如何做的呢？

要分析学生学习的现实起点，必须了解学生对本课教学中将涉及的已有知识技能、思想方法、活动经验等的掌握情况，对将学新内容的认知与运用水平。获取这些信息的常用方法包括课堂观察、提问、作业分析、访谈和测试等。课堂观察、提问和作业分析主要是根据对学生学前的课堂学习状况、作业完成情况的观察分析，预测学生在新的学习中的表现，这是日常教学中最为常用的方法。访谈法有利于教师根据互动中发现的问题，及时、灵活地调整角度，深度了解学生的学习准备状况。在日常教学中，这种做法比较适用于小样本的抽样调查，样本稍大就容易干扰学生正常的学习秩序，或者由于获取信息的时间跨度拉长，难以控制学生之间的信息传递，导致信度下降。还有一种办法就是前测，这通常用在相对正式的研究场合，如学校校本教研等。相对于课堂观察、提问和作业分析，这种方法获取的信息比较全面，主观的成分相对较少；相对于访谈，它可以做大样本调查，时间跨度较短、易于控制且通常占用学生的学习时间相对较少，因而在日常教研中应用比较广泛。但对于日常教学来说，经常进行比较正式的前测也并不现实，毕竟前测也是需要花费学生的时间的，因此课堂观察、提问、作业分析、小样本的访谈仍是主流方法。可以改进的是，在日常教学的课堂提问和作业布置中，适当地植入一些与后续教学有关的问题或题目，也能起到了解学生学习起点的作用，减少教学起点设置时的主观臆断。下面我们着重讨论前测问卷的编制、施测和分析。

思考

如果请你设计前测问卷，你打算检测哪些方面的内容？试题如何编制？测试的时间如何安排？数据如何处理和分析？

前测问卷的题目可以按“四基”的框架（见表 4.1）来设计。那么，是否表中罗列的所有内容都要设计题目进行测试呢？对于严谨的科学研究来说，这样做可能是有必要的。但我们日常研究的主要目的是为了改进教学，就应该更多地考虑如何简化测试，如何让一个题目的测试反映多方面的情况，毕竟统计分析也是要花时间的。尤其是最近刚教的内容，可以根据前面的教学状况，做出适当的估计就可以了，因为即使就这些方面进行测试，得到的结论也不见得跟我们的估计会有多大的差别。总之，问卷设计要从学生和教学的实际出发。

下面，我们将通过抽样调查的办法来对学生学习的现实起点做统计分析。本调查涉及杭州市的两所城市普通小学，甲校 33 人，乙校 62 人，共计 95 人，学生使用浙教版新思维小学《数学》教材。不同于其他版本教材通常把“圆的认识、周长、面积”作为一个教学单元，浙教版教材把“圆的认识”教学安排在四年级，把“圆的周长”教学安排在六年级。问卷的结构由标题、指导语、试题三部分组成（详见下文）。鉴于学生和教学的实际，我们设计的试题包括下列内容：①圆的相关概念（即问卷第 1 题）；②与圆周长相关的生活经验和数学活动经验（即问卷第 2 题）；③圆周长的概念（即问卷第 3 题）；④圆周长的测量（即问卷第 4 题）；⑤圆周率的概念与研究历史（即问卷第 5 题）；⑥周长公式（即问卷第 6 题）；⑦割圆术的相关基础（即问卷第 7 题）；⑧公式的掌握与应用（即问卷第 8 题）。具体测试时，为减少其他学生可能产生的挫败感，内容⑧在知道圆周长计算公式的学生中单独测试。需要提醒的是，这一问卷中的试题设计比较全面，日常教研测试中可以有所取舍。问卷具体内容如下。

“圆的周长”前测

各位同学：你好！

为了了解你在学习圆的周长之前所具备的相关知识，我们请你参加本次测试。请如实回答下列各题，如果你答不上来，请空出，这不会影响老师和同学对你的评价，问卷不必署名。谢谢合作！

选择与填空：

1. (1) 如下图所示，小明以 O 为圆心用圆规画了一个圆，圆规两脚之间的距离是 2 厘米。图中 OA 是这个圆的（　　），长度是（　　）厘米；BC 是这个圆的（　　），长度是（　　）厘米。

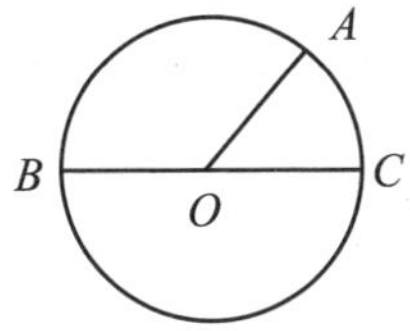

(2) 在画圆时，圆心决定圆的位置，（　　）决定圆的大小。

2. (1) 请你用圆规画两个圆，圆规两脚之间的距离分别是 2 厘米和 3 厘米，分别称为甲圆和乙圆，画（　　）圆时铅笔留下的痕迹线比较长。

(2) 如下图所示，给甲、乙两块菜地围上篱笆，（　　）菜地围的篱笆长。

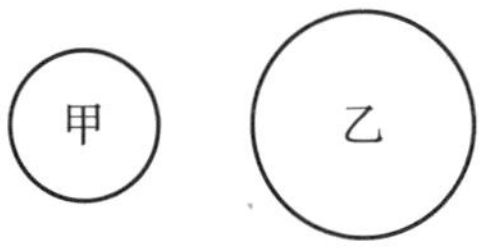

(3) 如下图所示，下面（　　）轮胎滚动一周所经过的路程比较远。

1 号胎　　**2 号胎**

3. (1) 什么叫作圆的周长？

答：(　　　　　　　　　　　　　　　　　　　　　　　　　　　　　　)。

(2) 一个圆形牛栏的直径是 100 米，围栏的长度就是这个圆的(　　)，围成的区域大小就是这个圆的(　　)。

(3) 汽车的车轮半径是 0.5 米，在水平路面上沿直线滚动一周，汽车行进的路程与车轮的周长（也就是这个圆的周长）有关吗？如果有，有什么关系？

答：(　　　　　　　　　　　　　　　　　　　　　　　　　　　　　　)。

4. 小丽用硬纸板做了一个圆，她想测出这个圆的周长。你能想出几种方法帮她测量出这个圆的周长？把你的方法写出来。

答：(　　　　　　　　　　　　　　　　　　　　　　　　　　　　　　)。

5. (1) 你听说过圆周率或"π（读作 pài)"吗？请选择。

答：(　　)。

A. 听说过　　　　B. 没听说过

听说过的同学请继续回答：你知道圆周率是什么意思吗？如果知道，请写出来。

答：圆周率表示的意思是(　　　　　　　　　　　　　　　　　　　　)。

(2) 你觉得大圆的圆周率与小圆的圆周率相等吗？请选择。

答：(　　)。

A. 相等　　　　B. 不相等　　　　C. 不一定　　　　D. 不知道

(3) 你听说过祖冲之这个人吗？请选择。

答：(　　)。

A. 听说过　　　　B. 没听说过

如果听说过请继续回答：他在数学上有什么贡献？

答：(　　　　　　　　　　　　　　　　　　　　　　　　　　　　　　)。

6. (1) 你认为圆的周长与什么有关？

答：(　　　　　　　　　　　　　　　　　　　　　　　　　　　　　　)。

(2) 你知道圆周长的计算方法吗？请选择。

答：(　　)。

A. 知道　　　　B. 不知道

如果知道，请写出圆周长的计算公式(　　　　　　　　　　　　　　　)。

那么，你又是怎么知道的呢？请选择。

答：（　　）。

A. 看书或视频　　B. 上课外班

C. 爸妈或别人告诉的　　D. 自己研究出来的

7.（1）如下图所示，想一想，随着正多边形边数的不断增加，它们的形状将越来越逼近一种与正多边形不同的图形，这种图形的形状叫作（　　）。

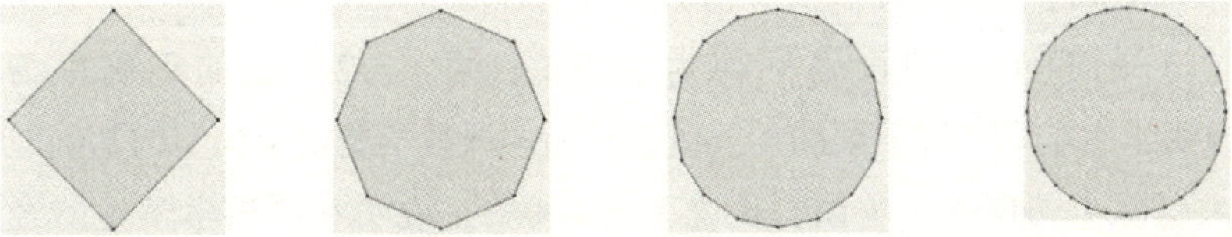

正方形　　正八边形　　正十六边形　　正三十二边形

……

（2）从下图中可以看出：

①圆外面的正方形周长、圆的周长、圆里面的正六边形周长中，（　　）的周长最大，（　　）的周长最小。

②正方形周长是直径的（　　）倍，正六边形周长是直径的（　　）倍。

③可以看出，圆周长在直径的（　　）倍到（　　）倍之间，相比较而言，更接近直径的（　　）倍一些。

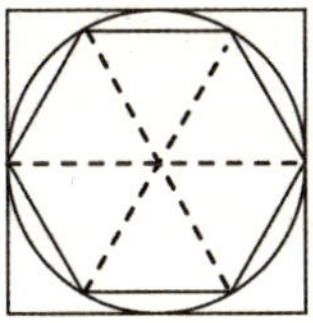

8.（1）如图1所示，王莲的直径是1.6米，它的周长是多少米？

（2）如图2所示，北京故宫有很多粗大的柱子，小杨量出其中一根柱子的周长是3.6米，这根柱子的直径大约是多少米？

（3）如图3所示，量得一辆汽车车轮轴心离地0.8米，车轮转一圈，汽车大约前行多少米？（得数保留两位小数）

（4）遥控赛车沿圆形轨道跑一圈正好20米，求轨道的半径大约是多少米？（得数保留两位小数）

图 1

图 2

图 3

测试结果表明：

第 1（1）题四个空的正确率均为 94.7%，第 1（2）题的正确率为 96.8%，说明学生牢固掌握了圆的相关概念，为本课教学奠定了扎实的基础。

第 2 大题除了两位学生笔误，正确率为 100%，说明本课教学学生的经验基础是比较扎实的。

第 3（1）题，能用规范的数学语言或用学生自己的语言正确叙述圆周长概念的有 50 人，占总人数的 52.6%，其中，能用规范数学语言叙述的有 29 人，其他的都用“圆的周边一圈”、“圆的边”、“圆的轮廓线”等来叙述。第 3（2）题，能从情境中正确区分圆周长的有 35 人，占 36.8%；能区分圆面积的有 33 人，占 34.7%；能同时区分两者的有 25 人，占 26.3%。看来，圆周长的概念并不是不教也会的，还是需要花点力气去教的，对于学生来说，从情境中提取圆周长的数学模型也还是有一定难度的。第 3（3）题，只有 13 位学生指出“行驶的路程就是这个圆的周长”，占 13.7%；还有 2 位学生指出“周长越长，滚得越远”；1 位学生认为“行驶的路程是两个车轮的周长和”。看来，“圆滚动一周所经过的路程就是这个圆的周长”这一命题远没有我们想象的显而易见，需要在教学中做比较细致的处理，帮助学生理解。

第 4 题，8 位学生给出了“先用绳子（或线）绕圆一周，然后拉直了量（绳子长）”，8 位学生给出了“用皮尺（卷尺、软尺）量”，还有 2 位学生指出可以“把圆拆开来量”，我们不妨认为这 18 位学生都采用了绕线法测量圆周长，占总人数的 18.9%。没有一个学生想到可以用滚动法来测量圆周长，即使刚刚答对第 3（3）题的学生也没有想到。据此，我们是否可以这样认为：在本课教学中，绕线法是学生容易想到的，滚动法是学生不容易想到，需要教学情境的暗示或教师的提示，当然，教学还需要进一步帮助学生澄清“圆滚动一周”与“圆周长”之间的关系。

第5（1）题，有74位学生听说过圆周率或“π”，占77.9%，但没有一位学生能说出“圆周率是圆的周长与直径的比值”，学生在解释圆周率意义时有10人给出的解释是关于取值的，其中给出“3.1415926”的有5人，给出“3.1415926…”的有2人，给出“3.141592654”的有2人，给出“3.14159265438…”的有1人，另外，还有6人给出了文字性的解释，当然都是错误的解释。显然，学生的“听说过”不是通过系统地看教科书中“圆的周长”的内容或上课得来的，是来自真正的“道听途说”。这一看起来“不太好”的测试结果，可能跟被试学生使用的浙教版新思维小学《数学》教材有关。如果用其他版本的教材，“圆的认识”、“圆的周长”、“圆的面积”在同一个单元，学完“圆的认识”后学生去翻看过教材的可能性就会大得多，测试结果就会好得多。而浙教版教材“圆的认识”、“圆的周长”分别安排在四、六年级学习，测试前学生去翻看教材的可能性就比较小。因而，从某种意义上来说，这是一个更加真实的测试结果。

第5（2）题，有30位学生认为大圆的圆周率与小圆的圆周率是相等的，占31.6%，他们认为如果大圆和小圆都有圆周率的话，它们就应该是一样的；有20位学生认为大圆的圆周率与小圆的圆周率是不相等的，大圆的应该大一些，占21.1%；只有1位学生认为大圆圆周率与小圆圆周率不一定相等。看来，认为“大圆的圆周率与小圆的圆周率是不相等的”的“市场占有率”也不小。

第5（3）题，有50位学生知道祖冲之这个人，占52.6%。在述及他在数学上的贡献时，有27位学生说他“发现（发明、创造、首先算出等）了圆周率”，还有1位学生说他发明了“切圆术”，只有7位学生说他算出了更精确的圆周率，这其中又只有1位学生说出他计算的圆周率的前七位小数是精确的。看来，祖冲之不愧为我国古代数学史上的名人，没有学过圆周率却久闻其大名的也大有生在，学校、社会润物无声的思想品德教育也着实令人惊叹，但道听途说终究是道听途说，我们匡正学生错误认识的负担并不轻。

第6（1）题，有38位学生认为圆的周长与直径或半径有关，占40%，与知道“直径（半径）决定圆的大小”的学生占96.8%的高比例相比，这个比例似乎低得有点出人意料。为什么呢？关键在于“圆的大小”这个概念很含糊，在学生头脑中既有周长的因素，又有面积的因素，可能还是面积的因素居多，再加上学生本身就不太清楚圆周长概念——能清楚表述圆周长概念的学生人数也就占到 52.6%，这个 40% 的比例还是大体说得过去。第 6（2）题，知道圆周长计算公式的只有 5 人，占 5.3%，其中只有 1 人知道可以用绕线法直接测量圆周长，其余 4 人都不“直接测量”，干脆直接上了公式。这 5 位学生获得公式的途径也简单：一是别人告诉，二是在课外书上看到过公式，至于这一公式是用什么方法推演出来的就都不知道了。可见，即使学生知道了圆周长的公式，他们也不见得就了解了公式的来龙去脉，还需要引导学生去亲身经历知识的形成过程，感悟蕴含其中的原始创新活动中的人类智慧。

第 7（1）题，有 55 位学生给出了“圆”的答案，占 57.9%，这个比例不低。可以想见，如果配以多媒体课件演示极限过程配以必要解说，学生给出正确答案的比例可能还会有大的提高。看来，“圆是正多边形的极限”也并不是一个多么让学生难以理解的命题。第 7（2）题第①小题，答对正方形周长最大的有 77 人，占 81.1%，答对正六边形周长最小的要少得多，有 61 人，占 64.2%，这可能是因为学生对正六边形概念不如正方形来得熟悉，还有一个可能是图形比较复杂，学生不容易从图中找出正六边形。第②小题，答对正方形周长是直径 4 倍的有 57 人，占 60%，正六边形周长是直径 3 倍的人就少多了，只有 28 人，占 29.4%。第③小题，三空全对的有 21 人，占 22.1%。看来，在本课教学中，适当介绍“割圆术”的基本思想是有可能的。

第 8 题，因为知道圆周长计算公式的学生太少，小样本的调查难以得到有价值的结论，我们就没有继续做该题的测试。

需要提醒大家注意的是，由于地区教育与发展水平的不同、所用教材不同等因素，用同样试题去测试，得到的结果可能会有较大的不同。尽管如此，我们认为，上面测试的结果仍然是有启发性的。因为学生测试前翻看课本中“圆的周长”一课内容的可能性较小缘故，相对于其他版本教材的前测来说，它可能更接近于前测所可能达到的最低水平，从某种意义上来说，它所反映的问题更有基础性和普遍性，以此确定学习起点应该能更好地“保底”。

思考

前测的结果对你有什么启示？你觉得在教学中要注意什么问题？

4.2 学生学习圆周长的实际可能性

目标达成分析回答的是学生学习的实际可能性问题。这就首先要明确圆的周长教学的总目标，以此来统领新课和练习课的教学。圆的周长教学安排新课、练习课各一节，总的教学目标如下：

（1）经历在情境中提出问题的过程，提取圆周长的数学模型，掌握圆周长概念，发展空间观念。

（2）经历圆周率的实验探索和割圆术的探索性理解过程，发展实践能力，形成认真求实的科学态度，感受数学魅力，体会古代劳动人民和数学家的实践智慧和创新精神，培养民族自豪感。认识到圆周率是一个定值，了解圆周率是一个无限不循环小数。

（3）经历根据圆周率定义导出圆的周长计算公式的过程，掌握周长计算公式，能利用公式和公式变形解决简单的纯数学问题，形成熟练的技能。

（4）经历四类情境模型的基本问题、复杂问题（所谓的复杂问题指的是在情境模型的基础上追加其他的数量关系，形成比较复杂的问题情境，如一辆汽车车轮的直径是 60 厘米，如果以每分钟 300 转的速度行驶，1 小时能行驶多少千米？）以及某些综合性问题和专项思维训练问题的解决过程，提高分析和解决问题的能力，形成应用意识，并在数学上获得应有的发展。

目标的达成需要具体的教学内容和教学方法来承载，因此进行目标达成分析前必须清楚地描述教学的内容和方法，以澄清目标达成的条件。

在教学总目标的指引下，我们列出新课和练习课的教学内容主要包括：①圆周长概念；②圆周率的实验探究；③割圆术的探索性理解；④圆周率的定义与周长公式导出；⑤公式直接应用与公式变形练习；⑥四类情境模型的基本题；⑦四类情境模型的复杂题；⑧综合或专项思维训练题。其中，新课涉及的教学内容包括①～⑥，练习课主要涉及内容⑤～⑧。

为达成这一目标，各主要教学内容所采用的教学方法概述如下。

关于内容①，创设“给一块圆形菜地围篱笆”的情境，引导学生提问“菜地直径有多长？”、“需要多长的篱笆？”等，理解“需要多长的篱笆？”其实求的就是圆周长，让学生理解圆周长概念。创设“大客车、小轿车同时从甲地出发同时到达乙地”的情境，提出“哪辆车车轮转的圈数多?”问题，得出“车轮越大，转一圈行驶的距离越大”，进而引导学生借助实验方法理解“圆滚动一周所经过的距离就是这个圆的周长”，得到圆的周长与直径（半径）有关。

关于内容②，先讨论并介绍测量圆周长的两种方法——绕线法和滚动法，交代测量圆周长时的注意事项，学生四人小组测量各自事先准备的共四个已知直径的圆的周长，计算周长与直径的比值，认识到这个比值是一个固定的数。

关于内容③，先介绍古代中外数学家研究圆周率的方法，给出圆的外切正方形和内接正六边形，引导学生探索性理解圆周长在直径的3倍到4倍之间，进而用多媒体课件演示割圆的极限过程，介绍用这种方法可以求得任意精度的圆周率，介绍圆周率是一个定值，是一个无限不循环小数，介绍祖冲之等人的成就以及现代电子计算机研究圆周率的成果。

关于内容④，师生共同给出圆周率的定义，利用公式变形给出已知直径求圆周长的计算公式，引导学生进一步导出其他三个公式。

关于内容⑤，主要包括用图形、字母、表格呈现条件的题目，直接告诉直径、半径、周长中的某一个条件，求其他。

关于内容⑥，直接呈现四类情境模型的基本题，让学生独立解决，新课时以求周长为主，练习课增加求直径、半径的问题，并进行情境性变式。

关于内容⑦，直接呈现情境模型的复杂问题，让学生独立解决，然后进行变式练习。

关于内容⑧，主要为学生提供有挑战性的问题，如计算半圆面周长、组合图形周长（如操场的跑道长）、借助字母运算推理（如大半圆面直径上几个相切半圆的弧长与大半圆弧长的长度比较）、图形转动中动点经过的距离（如长方形沿直线连续翻动，求某顶点经过的路线长）、找规律的问题，等等。下面是一个找规律题的实例：

如图4.1，正方形$ABCD$的边长为1，以A为圆心、AD长为半径作$\frac{1}{4}$圆DA_1，以B为圆心、BA_1长为半径作$\frac{1}{4}$圆A_1B_1，以C为圆心、CB_1长为半径作$\frac{1}{4}$圆B_1C_1，以D为圆心、DC_1长为半径作$\frac{1}{4}$圆C_1D_1，以A为圆心、AD_1长

为半径作$\frac{1}{4}$圆 D_1A_2，……，当第 10 次作完$\frac{1}{4}$圆后，10 段曲线的总长是多少？第 n 次呢？

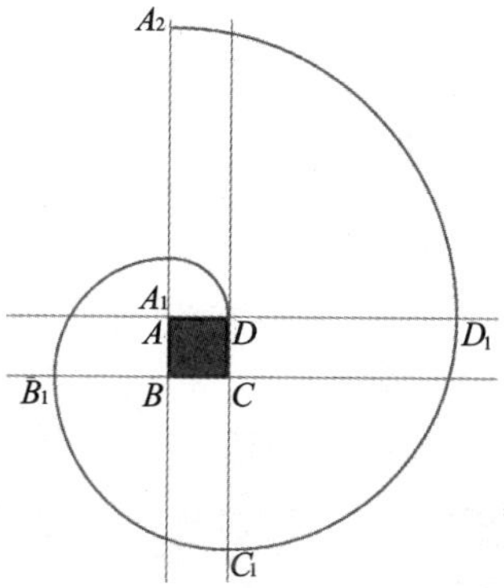

图 4.1

目标达成分析通常可以采用的方法也包括课堂观察、提问、作业分析、访谈、测试等。在日常教学中，相对于比较正式的前测，比较正式的后测可以进行得频繁一点，但课堂观察、提问、作业分析、小样本的访谈仍是主流方法。下面我们着重讨论后测问卷的编制、施测和分析。

> **思考**
>
> 如果请你设计后测问卷，你打算检测哪些方面的内容？试题如何编制？测试的时间如何安排？数据如何处理和分析？

根据教学目标，设计的后测问卷如下（其中第 1 ~ 8 题对应于教学内容①~⑧，第 9 题是关于情感与态度目标的，第 10 题是关于问题意识的）。

"圆的周长"后测

各位同学：你好！

为了了解你在学习圆的周长新课和练习课之后的掌握情况，我们请你参加本次测试。请如实回答下列各题，如果你答不上来，请空出。这不会影响老师和同学对你的评价，问卷不必署名。谢谢合作！

1. 请你填空

(1)（　　　　　　　　　　　　）叫作圆周长。

(2) 一个圆形花坛的直径是60米，小明绕花坛步行一周。这个花坛占地的大小是这个圆的（　　），小明步行的路程是这个圆的（　　）。

2. 请你填空

(1) 小明想知道一棵大树的胸围是多少，他用6米长的绳子正好在这棵树的齐肩高处绕了三匝，这棵树在该处的胸围是（　　）米。

(2) 图1中，圆沿直尺的边滚动一周，测得所经过的距离是（　　）厘米，这个圆的周长是（　　）厘米。

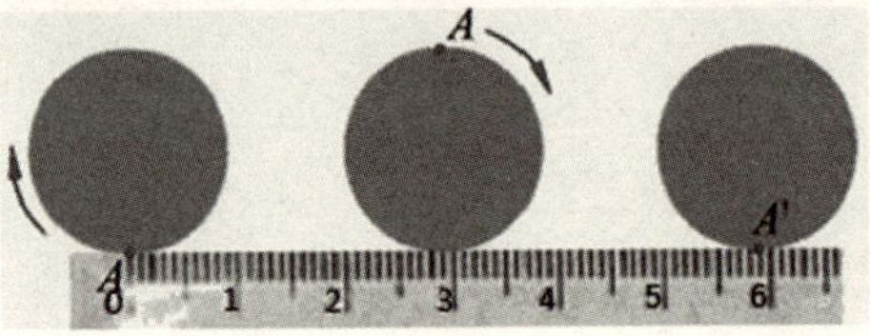

图1

3. 请你填空

(1) 从图2中可以看出：

①正方形周长是直径的（　　）倍，你知道这是为什么吗？请回答。

答：（　　　　　　　　　　　　　　　　　　　　　　）。

②正六边形周长是直径的（　　）倍，你知道这是为什么吗？请回答。

答：（　　　　　　　　　　　　　　　　　　　　　　）。

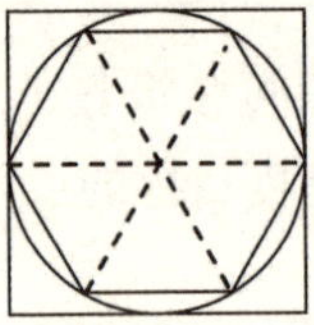

图2

(2) 我们知道，周长与直径之间有一个固定的倍数关系，你知道这是为什么吗？请回答。

答：（　　　　　　　　　　　　　　　　　　　　　　）。

4. 请你填空

(1)（　　　　　　　　　　　　）叫作圆周率，圆周率是一个

（　　）小数，我国古代数学家（　　）对此做了精密研究，得到圆周率为3. 1415926 ~ 3. 1415927。

（2）根据 $\pi=\frac{C}{d}$，我们可以得到 $C=$____。

5. 请你计算

（1）根据所给的条件求周长。

$d=10$ 米　　　　$r=8$ 厘米

（2）根据所给条件求直径。

$C=12.56$ 厘米

（3）根据所给条件求半径。

$C=18.84$ 分米

6. 请你列式解答

（1）用圆规画圆，圆规两脚之间的距离是 2 厘米，这个圆的周长是多少厘米？

（2）一个圆形牛栏的直径是 100 米，围栏的长度是多少米？

（3）一张圆桌的周长是 6. 28 米，它的直径是多少米？

（4）汽车的车轮半径是 0. 6 米，在水平路面上沿直线滚动一周，汽车所行驶的路程是多少米？(得数保留两位小数)

（5）小刚和小明在操场上画一个圆，小明抓着绳子的一头不动，小刚抓住另一头绕小明跑了一周，如果小刚跑了 47. 1 米，求这根绳子的长度。

7. 请你列式解答

（1）一辆汽车车轮直径是 0. 8 米，行驶中某一分钟转了 300 转，汽车这一分钟行驶的路程是多少米？

（2）一个圆形展台的直径是 15 米，布展时半径向外扩展了 2 米，现在展台的周长是多少米？

（3）2008 年 9 月 26 日凌晨 4 时 03 分，“神舟七号”飞船成功变轨，进入距地球表面约 343 千米的近圆轨道。已知地球是一个近似球体，直径约为 12756 千米。求飞船绕地球运行一周所经过的路程。

8. （1）请填空：一个直径是 10 厘米的半圆面的周长是（　　）。

（2）请选择：

①图 3 中大圆周长与三个小圆的周长之和相比较，结果是（　　）。

A. 大圆周长大　B. 大圆周长小　　C. 一样大小　　　D. 无法确定

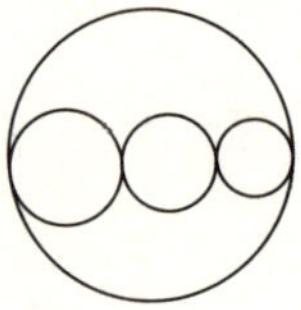

图 3

②蚂蚁甲和蚂蚁乙分别沿图 4 中阴影部分的边缘不重复不遗漏地爬 1 次，比较它们爬行的路程，结果是（　　）。

A. 蚂蚁甲路程远　　　　　　　　　B. 蚂蚁乙路程远

C. 一样远近　　　　　　　　　　　D. 无法确定

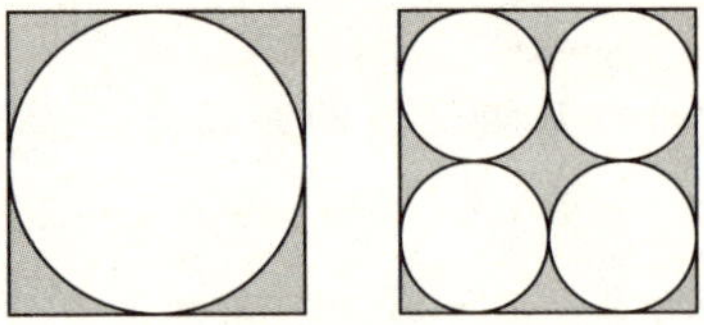

蚂蚁甲　　　　蚂蚁乙

图 4

(3) 请列式计算：把 7 根直径都是 4 厘米的圆柱形钢材扎成一捆，需要打 3 个箍，每个箍用铁丝绕 4 匝，至少需要多长的铁丝？

9. 请你回答

(1) 在圆的周长的两节课中，你觉得最有意思的活动是什么？为什么？

(2) 在圆的周长的两节课中，有没有什么东西让你感到震撼的？为什么？

10. 请你提问

(1) 学完圆的周长后，你还有什么不明白的问题？

(2) 学完圆的周长后，你觉得可以进一步研究的问题还有哪些？

测试对象是前测的同一批学生，结果（注：统计时，主要关注方法是否掌握，不考虑计算的对错与否）表明：

第 1（1）题，答对率为 100%，学生都能用规范的数学语言或自己的语言正确表述圆周长概念。第 1（2）题第一空答对“面积”的占 92.6%，第二空答对“周长”的占 96.8%。总的来说，通过教学较好地建立起了圆周长的概念，并能与圆面积概念做明确的区分。

第2（1）题，正确率达到97.9%，第2（2）题达到96.8%，说明学生很好地掌握了用绕线法和滚动法测量圆周长。

第3（1）题，能正确回答正方形周长是直径4倍的占93.6%，解释原因时能论及“正方形边长与圆的直径相等”的占88.4%；能正确回答正六边形周长是直径3倍的占89.5%，解释原因时能论及“正六边形边长等于圆的半径”的占75.8%。第3（2）题论及“圆的周长在直径的3倍到4倍之间”（包括通过测量计算和上题的画图）占66.3%，论及“正多边形逼近圆”的仅占26.5%。这说明学生探索性地理解圆周率是一个定值还是有可能的，但理解的深度还是有限的。

第4（1）题，能正确给出圆周率定义的占92.6%，给出圆周率是“无限不循环”小数的有64人，占67.4%，有26人给出圆周率是“无限”小数，主要集中在甲校，可能是老师在教学过程中没有强调清楚。最后一空答对祖冲之的占94.7%，部分学生答错的原因可能是因为介绍的历史人物比较多，少数学生出现了混淆，张冠李戴。第4（2）题正确率为100%。总的来说，学生很好地掌握了圆周率的定义，但也有少数学生不能把文字定义和用字母表示的定义式联系起来，说明还需加强学生符号感的培养。学生很好地掌握了圆周率定义式与圆周长公式的联系。至于“圆周率是一个无限不循环小数”记住与否，其实是无伤大雅的。

第5（1）题的正确率为100%；第5（2）题有一人漏做，其余学生的正确率为100%；第5（3）题有3人出错，求得的是直径。这说明，学生很好地掌握了直接利用公式或公式变形来解题，技能熟练，正确率高。

第6（1）题正确率为100%；第6（2）题有1人做错，把题中的直径当成了半径来算；第6（3）题有2人做错，错用了半径公式；第6（4）题有1人做错，把题中的半径当成了直径算；第6（5）题有19人做错，错误率为20%，其中认为绳子长就是圆的直径、用“47.1÷3.14”算的有15人，这可能跟学生题意理解、空间想象、几何直观的能力有关，关键是要想象出题中小明所在的位置就是圆心，小刚就是绕圆心旋转的动点，绳长就是半径。还有3人认为绳长就是小刚跑动的路程，就是47.1米。总的来说，学生很好地掌握了四类情境模型中的典型题，能顺利地进行模式识别和解答，但对于变式因子较多的题［如第6（5）题］的解答仍有一定困难，不能很好地分辨清楚各情境因子对应的数学对象。

第7（1）题正确率为94.7%，出错的5人中有2人误用了半径公式；第7（2）题正确率为91.6%，出错的8人主要没有弄清“布展时半径向外扩展了2米”的真实含义，缺乏画图直观的意识；第7（3）题正确解答的有56人，占58.9%，列式“3.14×12756”的有22人，列式“3.14×(12756+343)”的有14人。仔细分析，第7（3）题和第7（2）题其实是同构的，都是已知一个圆的直径和这个圆半径的延伸长度，求新圆的周长；不同在于，第7（3）题需要排除球体的干扰，想象出一个圆形的轨道平面，这才能与第7（2）题同构，就这一步想象，把$\frac{1}{3}$的学生挡在了“正确”的门外。总的来说，学生能较好地解决情境模型的复杂问题，但对于变式因子较多、需要更好的空间想象的问题仍有一定的困难。

第8（1）题正确率为81.1%，第8（2）题中第①题的正确率为95.8%，这两道题在练习课中都有类似的题出现过，但差异较大，这可能是因为第8（1）题的解答需要掌握方法，第8（2）题中第①题可以根据记住的结论来作答。但仅靠记住结论作答终究是有缺陷的，第8（2）题中第②题就只有28人做对，正确率只有29.5%，有66人选择了C。其实，可以根据结论作答的题都有它的前提，如第①题作答的前提条件是小圆直径和正好等于大圆直径——这可以利用字母公式来推导，而第②题显然不符合这一前提条件。该题的解答可以这样想：如果把第8（2）题中第①题大圆中三个小圆换成两个小圆，则这两个小圆的周长和等于大圆周长，由此可知第8（2）题中第②题蚂蚁乙要走的两个小圆与蚂蚁甲走的大圆周长相等，蚂蚁乙要多走两个小圆的周长，所以它爬行的路程比较长。也可以用字母代数来推理：设正方形边长为a，则蚂蚁甲爬行路程为$(4a+\pi a)$，蚂蚁乙爬行的路程为$(4a+\pi\times\frac{a}{2}\times4)=(4a+2\pi a)$，显然蚂蚁乙爬行的路程更远。

第8（3）题仅有9人做对，正确率为9.5%。显然，要得到正确的结论，首先必须要弄清这7根钢筋是如何用铁丝扎成一捆的。7根钢筋只能扎成如图4.2（旁边的图是笔者所加，为便于更清晰地反映学生的数学思考，下同）的样子，而不能扎成如图4.3、4.4、4.5的样子。如果要扎成图4.3

的样子，需要在外面套一个圆筒，而扎成图 4. 4、4. 5 的样子需要使用夹板。可见，正确地图示 7 根钢筋扎成一捆的样子，需要生活活动经验的支持，还需要很好的空间想象能力和几何直观能力。[注意：图 4. 2 中学生的列式有问题，正确的应该是（4 ×6 +4π） ×3 ×4 =438. 72cm，但他的理解没有错，请注意一下该图左下方的圆，他把它分成了 6 等份，这 1 等份弧长就是铁丝与每个圆相接触的长度] 本题用图 4. 3 所示的方法解答的有 14 人，占 14. 7%。有 22 人使用了“4 ×3. 14 ×7 ×3 ×4”的方法来解题，占 23. 2%，这显然是把 7 根钢筋扎成一捆机械地理解为把每根钢筋扎成一捆再求和，没有把问题与现实生活中的实际操作联系起来，这正是缺乏应用意识的表现。当然，还有更多的学生想象不出如何把 7 根钢筋扎成一捆，这就根本无从下手了。总的来说，学生在空间想象、几何直观、应用意识方面暴露出明显的弱点。当然，这些方面素质的培养绝非朝夕之功，需要我们不断为学生创造发展的条件。

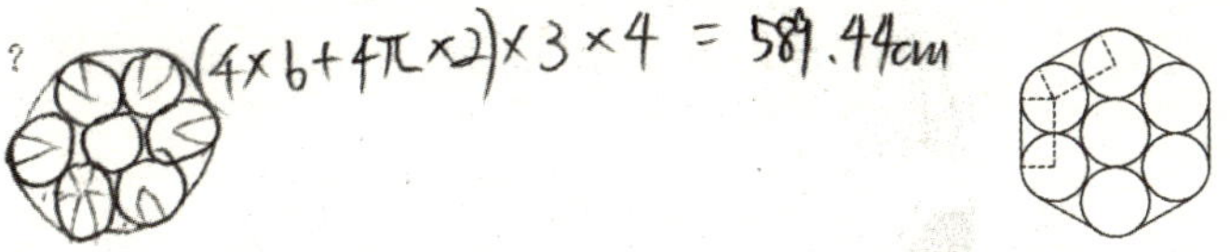

图 4. 2

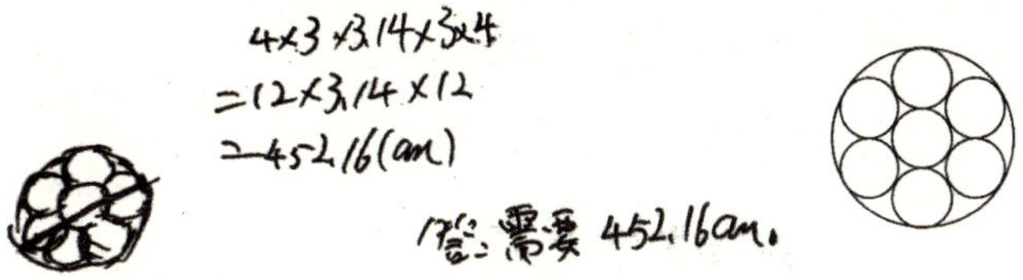

图 4. 3

图 4. 4

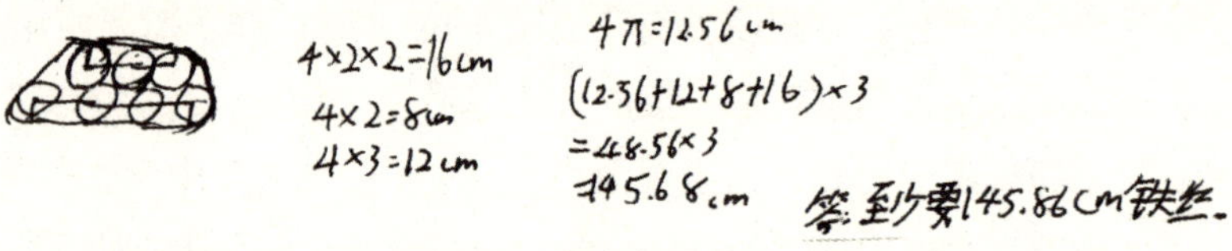

图 4.5

第 9（1）题，75.8% 的学生认为用实验方法探索圆周率比较有意思，因为大家要一起合作能把周长量得更准确。有 11.6% 的学生认为割圆术的介绍比较有意思，因为不仅正多边形能变成圆，居然还能算出非常精确的圆周率。第 9（2）题，66.3% 的学生认为割圆术很震撼，因为这样做居然能算出非常精确的圆周率；18.9% 的学生认为实验法探究圆周率很震撼，觉得这比较有意思，而且居然能算出定值；8.5% 的学生对大半圆里面有许多小半圆（如图 4.6 所示），而许多小半圆构成的路线②和大半圆的路线①居然一样长感到很震撼；36.8% 的学生还提到我国古代数学家很了不起；33.7% 的学生提到计算机太厉害了。看来，教学使学生获得了比较丰富的情感体验，培养了他们认真求实的科学态度，感受到了数学推理演算的力量。

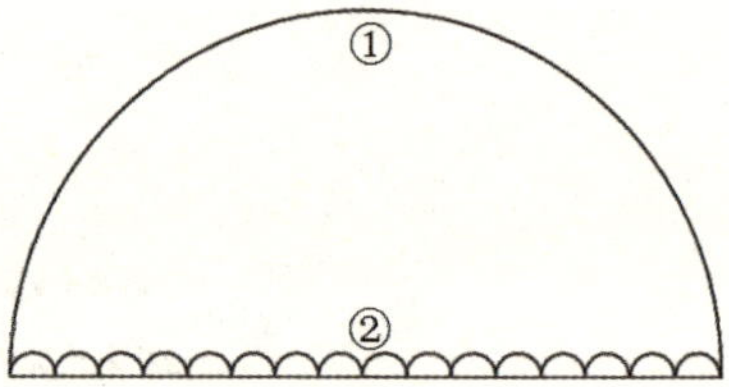

图 4.6

第 10（1）题，个别学生提出用割圆术怎么算圆周率还不是很明白（以小学生的知识背景，这实际已经是不可能的任务了）。第 10（2）题，93.4% 的学生提出要进一步研究圆面积，48.4% 的学生提出要进一步研究圆周长在生活当中有什么用。总的来说，学生具有一定的自我反思意识和进一步深化学习的意向，班级学习氛围整体上来说比较向上、正气。

综上所述，学生在知识技能、数学思考、解决问题、情感态度诸方面都较好地达成了预期的教学目标，目标是现实可行的，学生具有学习绝大多数学习内容的实际可能性。

思考

后测的结果对你有什么启示？由此，你觉得在教学中要注意什么问题？

4.3　学习的可能性研究对教学的启示

学习的可能性分析有利于我们更好地认识学生，深刻地理解并不断建构和重构我们自身的教学理念。从学习的潜在可能性来看，一方面，由于我们所处的是一个资讯日益发达的信息社会，学生通过课堂之外的渠道学习知识的可能性在不断提高，因此，学生对将学的新知识往往并不是白纸一张、一无所知，但同时他们的所知往往有限，我们很难清楚地把握他们每个人所知的深度与广度，这给我们的教学带来了巨大的挑战。另一方面，对于已学的相关旧知识，学生也往往并不见得已经深刻理解、牢固掌握，并永记不忘，还需要通过反复学习来唤起记忆、深化理解。从学生学习的实际可能性来看，技能的掌握相对比较容易，概念、原理等的理解相对较难。由于理解往往是有限的，教学中要注意为学生的发展创造机会，但不强求一律，注意适可而止，并通过后续的交叉反复学习提供进一步学习的机会，逐步深化理解，同时，要注意学生各方面能力的培养。下面就可能性分析中发现的主要问题提出一些教学的具体对策和建议，供大家教学时参考。

4.3.1　如何加强概念教学?

⊙ 如何进行圆周长概念的教学?

从前测来看，学生并不能根据圆概念和周长的概念自动获得圆周长的概念，这可能是缘于一般的周长概念因学习时间间隔较长而容易淡忘。因此，教学一方面可以通过适当的复习唤醒学生已有的知识经验，明确区分圆周和圆面；另一方面可以通过创设情境，让学生在现实生活情境中通过操作、想象经历绕圆一周的过程，活化圆周长的概念，明确区分圆周长和圆面积。

概念的获得与否一方面要通过概念的应用来检验，另一方面也需要通过概念的应用来进一步深化理解。从前测来看，知道“圆滚动一周所经过的路程就是这个圆的周长”的人很少，应该用绕线、滚动展开的办法向学生揭示这两者之间的联系，深化对圆周长概念的理解。从后测来看，同一类情境模型也有贴近学生生活现实与否的问题，贴近学生的生活经验，正确率就高，远离学生的生活经验，正确率就低，教学的要义在于用已知去探索未知。因此，教学要注意通过适当的背景介绍，引导学生去理解、探索离他们的生活经验相对较远的事物，应用所学的知识解决问题。

如何进行圆周率概念的教学?

从前测来看，知道圆周率概念的学生数为零，而问卷中其他的每个问题都有学生给出了正确的答案，看来，这真的是新知识啊！圆周率的概念教学一方面要让学生充分经历观察、测量、计算、猜想、验证、推理等活动的过程，在活动过程中反复思考“周长与直径之比”是否定值，定值是多少，从而为正式给出定义做好铺垫。另一方面要注意圆周率概念的多样化的表征，包括动作图像表征，如滚动法演示周长与直径关系，用外切正方形、内接正多边形等的分析演示来表征圆周率的取值范围等；文字表征，即给出“圆的周长与直径的比值，叫作圆周率”的文字定义，理解定义的意思；字母符号表征，即给出圆周率的定义式$\frac{C}{d}=\pi$。另外，让学生经历由圆周率的定义导出圆周长公式的过程也有利于深化学生对概念的理解。

4.3.2 如何展开圆周率的探究?

从后测的结果来看，学生觉得“最有意思”、“最感震撼”的集中在圆周率的探究上，包括实验探究和割圆术的探索性理解，可见这一部分的教学意义重大。

展开圆周率的探究教学，第一是要激发学生的探究意向。大体上有三种途径：一是可以从部分学生已经知道的圆周率的取值入手，提出问题“数学家是如何得到这一结果的?”，引导学生像数学家一样去探索研究问题；二是从史料介绍入手，介绍《周髀算经》中的“周三径一”，提出问题“这是什么意思?”、“人们是如何得到这一结果的”，然后展开探究；三是从活动经验入手，通过圆的周长与直径有关激发学生进一步探究“到底有什么关系”的意向。第二是要给出比较充分的时间和空间，让学生去经历观察、测量、计算、猜想、验证、推理等活动的过程，尤其是要给学生收集数据、处理和分析数据的机会。要特别注意割圆术介绍的度，一定要适可而止，因为从后测的情况来看，学生的理解是有限的，教学的要义在于为学生发展深刻理解提供机会，而不是强求所有的学生都要理解，要注意这是典型的“让不同的人在数学上获得不同发展”的教学机会。

4.3.3 如何进行圆周率研究史的教学？

从前测来看，知道祖冲之的人不少，但真正了解他工作的人不多，因为不了解，所以容易夸大他的地位和作用。我们通常的处理方法是在实验探索圆周率之后集中地介绍圆周率研究史，介绍时不妨把面扩大一些，不仅要介绍祖冲之，也介绍一点古今中外其他人的研究工作，如阿基米德、张衡、刘徽、鲁道夫以及计算机研究圆周率。另一种办法是紧密结合探究活动来介绍，如先介绍《周髀算经》中的“周三径一”，引出实验探索圆周率，然后提出结果不够精确的问题，在有些精密度较高的计算中显得误差太大，介绍阿基米德和刘徽的工作，让学生探索性理解“圆周长在直径的3倍到4倍之间”，在割圆的极限过程演示中，介绍祖冲之和其他数学家的工作，在介绍“圆周率是一个无限不循环小数”时介绍利用电子计算机研究圆周率的成就。

4.3.4 如何加强能力培养？

如何培养学生的空间观念？

圆的周长教学要培养学生的空间观念，但空间观念也不是仅靠圆的周长教学就能培养起来的。我们这里提一点相对具有一般意义的教学建议。

我们知道，图形的表象是形成空间观念的基础，表象来自于我们对实物、图形的观察、操作，在表象的形成过程中，要注意做与说并重，逐步引导学生用规范的数学语言描述图形，记忆图形的整体轮廓和特征，为今后根据语言提示提取头脑中的图形表象展开空间想象奠定基础。培养空间观念的中心工作就是要让学生进行空间想象。当学生已经有了一定的图形表象积累之后，就要给学生提供和创造充分利用图形表象进行空间想象的机会。通常在呈现问题后，我们应该让学生先想象，描述他想象出来的图形，再通过图示或制作模型把想象的成果外显，让后者作为前者的验证与精确化。教学中要切忌不经想象，就直接呈现想象的结果。如在讲评“一个圆形展台的直径是 15 米，布展时半径向外扩展了 2 米，现在展台的周长是多少米？”时，应该先让学生想象，然后呈现图示，再把相关条件标在图上，这就能有效提高解题的正确率。

思考

培养学生的空间观念，你还有哪些好方法？

如何发展学生的推理能力？

几何教学历来的关注点大体包括两个方面：一是建立空间与图形的几何模型，认识我们所处的空间；二是培养推理能力。本课教学，为学生比较全面地体会数学思想、学习数学推理提供了机会。用实验法探索圆周率，为学生提供了利用归纳思想发现规律的机会，用割圆术的介绍——利用圆外切正方形和内接正六边形探索圆周长在直径的 3 倍到 4 倍之间等，提供了利用演绎思想的机会，我们可以通过关键的提问把上面的归纳过程和演绎过程连接起来——“通过实验，我们发现圆周长总是直径的 3 倍多一些，这是为什么呢？是不是对于任意的圆都有这样的规律呢？”进而让学生懂得，在数学学习中要注意归纳与演绎的并重，归纳的价值在于发现，演绎的价值在于论证，归纳发现的结论要借助演绎来证明。

思考

为发展学生的推理能力，你还有哪些好方法、好建议？

如何培养学生的符号感？

在本课教学中特意提出符号感的培养，是因为圆的周长通常安排在小学六年级教学，出于接轨初中代数学习的考虑，有必要对此予以更多的重视。

培养学生的符号感首先要激发学生使用符号简化表述的意向，如提问“关于什么是圆周率，我们已经有了文字定义，能不能用字母来表示呢？”。其次是要给学生提供利用符号进行推理演算的机会。有两个问题要特别引起注意：一是可能还会有学生不能接受字母运算的结果作为解题的结果，他们顽固地认为只有算出来的一个具体数才能作为解题的结果，这就需要用数的运算做适当的过渡，然后把运算中的数换成字母，让学生领会到字母运算代表的就是所有可能取值的运算，在数不确定的情况下，我们就把字母运算的结果当成数运算的结果。二是要注意示范，如“一个圆形展台布展时半径向外扩展了 2 米，展台的周长增加了多少米?”。有些学生不能用字母来推理演算，是因为他们预见不到演算过程中用字母表示的直径（或半径）可以消去，必须通过教师或学生的示范，让学生感受到这其中的窍门，这样，学生以后就有可能大胆地利用字母推理演算，在演算的过程发现规律。

思考

培养学生的符号意识，你觉得还要注意哪些问题?

如何培养学生的应用意识?

从后测来看，尤其是第 8（3）题，学生的应用意识培养还要引起我们足够的重视。学生掌握了圆周长的公式并能计算各种公式变形的纯数学问题后，我们就可以问学生“想一想，生活中哪里会用到圆的周长计算公式?请你编一道这样的题，在小组里面交流”。然后可以引导学生评价：（1）编的这道题，生活中确有其事吗?（2）编的题中，数据合理吗?（3）求得的结果确实有应用的价值吗?学生能编出来的往往就是发生在他们身边的四类情境模型问题，充其量是四类情境模型的复杂问题。进一步的拓展需要教师提供具体的问题或问题情境（让学生自己就情境提问），这些问题情境往往是学生缺乏活动经验或难以理解的，在这样的情境中，学生通常更倾向于机械地应用数学解决问题，而不能根据问题解决的实际需要灵活地选择和组合数学知识来解决问题。这就要提示学生利用网络等手段了解情境的背景信息，通过制作模型、图示、实验等办法来理解情境，从而解决问题。

思考

在培养学生的应用意识方面，你还有哪些新的视角?

小贴士

最后，尊敬的读者，有个不情之请，能否辛苦你在方便的时候用本书提供的前后测问卷做一个测试，然后把你的结果发给我，我的 E-mail：renmlxy@ 163. com。当然，如果你也设计了前、后测问卷，我也很乐意去施测，并与你交换数据。

5

教学设计比较研究

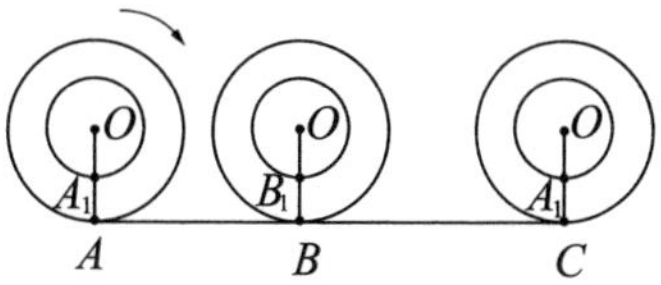

收集到1980年代至今的教学设计及相关教学实践文章140多篇，其中完整的教学设计90多篇，为便于研究的聚焦，在其中选取了具有某一方面特色的典型教学实践文章31篇，包括：1980年代2篇，1990年代9篇，2000年代和2010年代20篇。比较研究关注两个视角：一是教学关注的共同点，这实际上是反映了本课教学长期不变的价值取向；二是教学关注的不同点，这不仅包含着具体方式、方法的不同，还包含着教学理念、价值取向的变化。下面展开具体的说明。

5.1 教学理念与价值取向

5.1.1 哪些教学理念与价值取向长期保持不变?

教学长期关注的共同点主要有三个方面：一是重视通过动手测量、计算体会周长与直径之间的倍数关系，通过误差及其成因的分析培养学生科学研究的求真精神；二是重视圆周率研究历史的介绍，尤其是我国古代数学家的研究成就，激发学生的民族自豪感和自信心；三是重视圆周长计算公式的导出和应用，学以致用，培养学生的应用意识和实践能力。这些理念与价值取向的长期不变，一方面，是由于教学内容本身的难度和学生的年龄特点、知识经验储备的制约，决定了动手测量、计算是探索圆周率的首选之路，这事实上也与数学本身的发生发展规律相一致。另一方面，问题是数学的心脏，解决问题是数学发生发展的不竭动力，解决现实生活问题尤为如此，因而重视圆周长计算公式的应用是教学之必选。另外，数学作为一种人类文化，传承了人类创造性地解决问题的基本精神、态度和思维方式，值得后人去体察、感悟，突出介绍了我国古代尤其是祖冲之的研究成就，自然还有民族自豪感的考量。

5.1.2 哪些教学理念与价值取向发生了变化?

随着我国改革开放进程的不断加快，人们的思想不断解放，与外部世界的交流互动不断深化，建构主义等学习理论不断从国外被介绍到国内，并慢慢地从理论界被介绍给从事一线教学实践的广大教师们，而2001年启动的国家基础教育课程改革更是以前所未有的力度给教学实践界注入了新理论的指导，并以国家课程标准的形式给以具体的规定、解释和说明。这也具体体现在圆周长一课教学设计理念与价值取向的变化上，主要包括：

一是对学生学习过程的深入了解导致了“无边界学习”观念的产生。这主要表现在20世纪教学设计的起点设定主要是基于学生已有的通过课堂学习而获得的知识经验，而本世纪以来的教学设计逐步关注学生通过非课堂学习途径——如通过参加各种课外培训班、阅读各种书籍以及报纸杂志、通过电视和网络、家长和同学告知等获得的知识经验，认为学习已经超越了学校的边界，尤其是终身学习、学习型社会概念的确立，社会性学习与学校学习逐步得到了同等的重视，体现在教学观念中，就是所谓的“无边界学习”。与此同时，人们也逐步认识到借由无边界学习获得的知识，在理解的深刻性方面所可能具有的局限性，这就对最适合“一刀切”、“齐步走”的班级授课教学构成了严重挑战——教学起点参差不齐——既不能认为学生一无所知，也不能认为已万事大吉。朱志敏（2009）、顾志能（2011）等人提出了通过周长、直径测量活动研究圆周率中存在的假探究现象——教师提供给学生直径整厘米的各种圆形纸片，让学生测量圆周长，并计算两者之间的倍数，学生会量出 12.56、18.84 等“精确”得难以置信的测量结果，同时得出周长是直径的 3.14 倍如此“精确”结果。很显然，学生已经知道了圆周率，周长的数据不是实际的测量所得，而是计算所得，面对这样的假“探究”，如何进行教学处置，就是我们所面临的新挑战。

由此引发了第二个变化，就是学习方式的多样化。既然学习已经具有了无边界的特点，课堂教学必须回应这一挑战，学生的看书自学逐渐被从课中提到课前。由于学生通过测量、计算不可能求得准确的圆周率数值，需要教师直接讲解，与其教师讲不如让学生自己看，因此，原来的课中看书自学主要起到了取代教师直接讲解的作用，而现在明确要求课前自学，主要是基于对无边界学习的认识，既然已有相当比例的学生了解了相关信息，不如干脆让所有学生去了解这些信息，反而容易获得相对一致的教学起点，有助于引发全体学生的课堂对话，也是对无边界学习的主动回应。

第三个变化与此也不无关联，就是日益重视把圆周率的研究历史作为理解圆周率、营造课堂人文氛围的载体。原来的教学设计中介绍圆周率研究的历史，尤其是我国古代数学家研究的历史和取得的成就，主要是为了激发学生的民族自豪感。既然圆周率研究历史的介绍是教学不变的价值取向，有没有可能借此产生更大的教学价值呢？从圆周率的研究历史尤其是我国古代数学家的研究历史中我们知道，借助割圆术的计算总可以得到令人满意的精确度，这就从根本上解决了通过测量求圆周率的大误差问题，这也就有了本世纪以来尤其是近来不断深入的，把圆周率的研究历史通过展示数学家的研究思路和方法作为促进学生更深刻地理解圆周率、营造课堂人文氛围的载体。

5.2 新课引入

新课的引入方法大体有六种，即复习引入、解决现实生活问题的情境引入、了解学情的直接引入、借助数学发展史料的历史典故引入、直接安排课堂自学的引入以及动手操作引入。

5.2.1 复习引入

这是一种长盛不衰的新课引入方法，为每个时代的教师所青睐。

张兴华（1983）通过复习长、正方形周长概念，引出圆周长概念，让学生指出圆的周长。借助周长概念认识绕圆一周的长度就是圆的周长，通过把绕圆一周表示圆周长的红布条拉成直线说明化曲为直的道理，并进而说明车轮外圈周长就是圆滚动一周的距离（如图 5.1 所示）。章凤玲等（1997）也采用了类似的方法演示用细布条绕圆滚动来引导学生认识圆周长。这一引入的优点在于把圆周长概念的认识与“圆滚动一周所经过的距离就是这个圆的周长”的认识紧密联系了起来，在较短的时间中一举解决两个问题，效率较高；缺点是以教师平铺直叙的演示讲解为主，缺少问题驱动下的积极主动探索，如果能把这一活动嵌入到具有现实生活意义的问题情境中，借助问题解决来学习则会更好。比如，借用孩子们放风筝时用线轴收放线的经验，提出收线时绕线轴一周收线的长度与什么有关？放线时线轴旋转一周呢？进而迁移到车轮沿直线滚动一周所经过的路程的讨论。

图 5.1

洪金耀等（1994）通过复习圆的各部分名称，长、正方形周长概念并求周长，进而引导学生认识圆周长。

袁瑞禹（1994）通过概念辨析“沿圆形操场周围走一圈和把操场扫一遍，分别是这个圆的什么?”来帮助学生区分周长与面积概念，引入新课。为进一步澄清周长概念，还借助“用绳子一头固定，另一头拴住红粉笔，通过粉笔头的连续描点运动形成圆”来渗透“圆是到定点距离等于定长的点的轨迹”。在完整画圆后，让学生指出圆周长就是黑板上红粉笔所画出的曲线长。这一引入的优点在于通过在现实生活情境中建模活动，让学生在概念辨析中进一步澄清圆周长和面积的概念，有助于避免后续学习、解决问题中因周长、面积概念不清而导致的公式误用。

叶柱（2004）[114]通过复习圆的有关知识，进而提出问题“你还想知道哪些圆的知识?”来引入新课。这一引入的优点在于通过开放性的提问了解学生已有的知识经验，同时自然地引入新课。

冯凯（2008）[41]等人通过复习正方形的周长及其与边长的关系，引导学生认识正方形与其内切圆之间的关系——直径等于边长，进而通过书空描出圆周长来建立圆周长的概念，引入新课。这一引入借助圆外切正方形，比较巧妙地把圆周长的认识与正方形周长的概念、算法的复习相结合，通过后者的概念迁移认识前者，并为后续认识圆周长小于直径的 4 倍埋下伏笔。

5.2.2 情境引入

用这种方法引入新课在《全日制义务教育数学课程标准（实验稿）》颁布后比较普遍。

丁敬初（1995）[33]建议用提问导入新课：不锯倒树能知道树干的直径吗?显然，容易量出的是树干的周长，如能有一个周长与直径之间的关系式，就能借此计算出树干的直径，这就提出了要研究的问题。这个问题具有一定的挑战性，许多教材都把它作为一个实践活动安排在课后进行，而把它作为引入新课的问题，既有利于激发学生思考、解决问题的热情，也有利于课内学习与课外活动的相互衔接。

夏青峰（1998）[41]、宋桃英（2007）[7]等人创设了比较跑步中谁先回到起点的情境。如宋桃英这样设计：甲、乙两名六年级女生分别沿着边长 50 米的正方形和直径为 50 米的圆的路线进行跑步比赛，假如她们同时、同速从一点出发，你知道谁先返回到原出发点呢?在引导学生猜测的基础上，澄清这其实就是一个正方形周长与圆周长的比较问题，进而提出学习主题：如何计算圆周长。这也是一个具有挑战性的问题，学生可以凭肉眼估计来判断先后。事实上，如果我们给出跑步的速度，要求学生求出到达终点的时间差，则计算圆周长的必要性将更加凸显。如果我们在教学中把圆和正方形叠合在一起，使正方形成为圆的外切正方形，这就会比冯凯、吴正宪、张秋爽（2008）的设计在比较的必要性上更进一步。

袁爱均（2005）[49]创设了“神舟五号”绕地一周的情境：通过录像播放“神舟五号”载人宇宙飞船成功发射的过程，并出示其飞行轨道示意图。（画外音：2003 年 10 月 15 日上午 9 时，长征二号火箭承载着中华民族的伟大梦想，成功地将我国自行研制的载人飞船送入太空。16 日 6 时 23 分，“神舟五号”载人飞船返回舱顺利着陆，我国第一位宇航员杨利伟从太空安全返回。这一伟大壮举，向全世界发出中国人进入太空，探索未知领域的信号！）“神舟五号”飞船进入太空后，先沿着一条椭圆形轨道飞行，在运行几圈后，调整到距地球表面 350 千米的圆形轨道上，与地球中心的距离约为 6700 千米（如图 5.2 所示），飞船每秒钟大约飞行 7.8 千米。你能知道“神舟五号”飞船绕地球飞行一圈的时间吗？这一情境创设的时效性很好，既激发了学生的民族自豪感，又扩展了学生的知识面，而问题的挑战性又足以激发学生的探索求知欲望，适切的图示又有利于学生认识周长概念，提出求圆周长的问题。

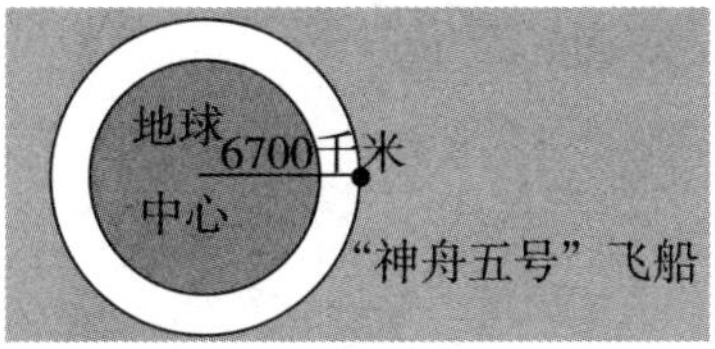

图 5.2

还有一些教学设计的情境创设直接来自课标实验教材，这里就不再赘述了。

5.2.3　直接引入

学习要基于学生已有的知识经验，做到既不认为学生对所学内容一无所知，也不认为已经万事大吉。直接引入往往是基于对学生学情的深入了解，由于清晰地意识到学生在学习本课之前对所学内容已经有了一定了解，教学就直奔主题，有了某种返璞归真的意蕴。如：

毕宏辉（2009）[53]在课一开始就直接提出问题：今天来研究圆周率，把你知道有关圆周率的知识向大家介绍一下。然后，分三步加以深化：①理解概念：你知道什么是圆周率吗？（出示教材第 63 页的相关内容请学生自学）②指一指：请学生在圆片上指一指圆的周长、直径、圆周率。（引导学生发现圆周率是一个比值，不能在圆上指出）③思考：（出示一个更大点的圆形纸片）这个圆的直径与周长都比刚才那个大，它的圆周率是不是也比刚才那个大？这就进入了进一步的深化学习。

5.2.4 历史典故引入

吴咏梅（2001）[26]用祖冲之研究圆周率的史料引入新课，直接提出如何进行圆周长计算的问题。

顾志能（2011）[50]也用典故引入新课：关于圆，古人对它的研究也很深。2400年前，有一个著名的思想家叫墨子，他写了一本书，书上有一句话——小圆之圆与大圆之圆同（课件呈现语句及大小两个圆）。进而提出问题：根据我们已学知识，你觉得小圆和大圆有哪些相同的地方？学生已经认识了圆，自然能说出大圆和小圆都有圆心、直径、半径，都是一条曲线等，当然还有不少学生已经知道了圆周率和圆周长，这就有了问题：什么是圆周长？什么是圆周率？这样便自然地引入了新课。这样的引入既充分尊重了学生通过各种途径获得的知识经验，又充分认识到这些知识经验中可能隐藏的缺陷。

两个引入，前者直截了当，以教师的直接告知为主；后者借助数学文化的拓展唤起学生的已有知识经验。更难能可贵的是，后者使用数学文化材料并不是课始的惊鸿一瞥，而是把它作为了推动全课教学进程的不竭动力，有利于学生更好地感悟数学发生发展过程中凝聚的人类原创智慧。

5.2.5 自学引入

赵劼等（2004）[43]让学生先以四人为一小组一起学习课文第88页第一部分的内容，看看知道了什么，能提出什么问题，并且把问题随手记录下来。教师把提出的问题汇总起来并板书：问题一，如何测量圆的周长？问题二，测量过程中容易有误差怎么办？问题三，圆的周长与谁有关呢？问题四，有没有求圆的周长的公式呢？先小组内讨论解决，小组不能解决的问题全班解决。

看书自学是人类获取知识的重要途径。所谓“学问”，一是“学”，二是“问”。因而，自学的要义有二：一是“学”，即理解，即利用自己已有的知识经验力求从不同的角度认识和理解书本呈现的内容，弄懂、弄通、弄透；二是“问”，即问题意识，既要知道自己哪里没看懂，还要在彻底弄懂的基础上提出需要进一步研究的问题。上面的引入“学”、“问”结合，深得“学问”之道。

5.2.6　动手操作引入

智慧源于指尖，动手操作引入也是风靡一个时代的新课引入方法，比如1980年代、1990年代的教材中大多采用这一方法揭示圆周长概念、引入新课，重视让学生在活动中体会圆周长与直径之间的关系，感悟基本的数学思想方法。

张小英等（2007）[54]在解读张玉平老师的课中有这样的引入：老师先提出问题“圆不是直线图形，是曲线图形，但直线图形有没有可能变成曲线图形呢?”（板书：直线图形　曲线图形）进而引导学生通过正方形纸多次对折剪圆体会“化直为曲”、“无限逼近”的思想，进而提出问题“圆的周长 C 与直径 d 有什么关系呢?”来引入新课。这一引入通过“化直为曲”、“无限逼近”有利于学生感悟“圆是正多边形的极限”，进而认识“圆周长是正多边形周长的极限”，但从操作到提出问题，缺少过渡，显得有点突兀、生硬。

宋海浩（2009）[43]通过三次画圆导入新课：第一次请学生用圆规在纸上任意画，引导学生认识圆一周的长度就是圆的周长。第二次请学生画一个周长不一样的圆，引导学生认识到圆规两脚之间的距离越大，画出来的圆周长就越大；圆规两脚之间的距离越小，画出来的圆周长就越小，使学生认识到圆的周长和半径有关。第三次请学生画一个周长是12.56cm的圆，这就自然引出如何根据周长求半径的问题，也就引出了周长与半径之间的数量关系的研究问题。三次画圆，提出的要求不同，目标也不同，从建立周长概念的第一次画圆到认识周长与半径（直径）之间的共变关系的第二次画圆，再到引出问题的第三次画圆要求的提出，层层递进，自然流畅，也是匠心独具之举。

思考

你如何评价这些引入方法各自的优缺点？你觉得哪些方法比较适合你的教学风格？你在使用的时候会做哪些改变或调整？

5.3 提出研究问题

要知道圆周长，可以设法直接测量圆周长，也可以先测量直径（或半径），再利用公式计算圆周长，尤其是当不方便直接测量圆周长时，公式计算尤为必要。有了公式，不仅可以根据直径（或半径）求圆周长，还可以根据圆周长求直径（或半径），以解决不方便直接测量直径的问题。本课的教学需要引导学生提出有关圆周率或圆周长计算公式的问题，从已有的教学设计来看，提出研究问题的方法大体有以下四种。

5.3.1 教师直接提出

用复习引入新课的教师，通常用这种方法提出问题。如袁瑞禹（1994）[30]用这样的问题来过渡到下一环节：圆周长是弯曲的，不容易量，直径是直的，容易量，能否通过量出直径来推算圆周长呢？

刘金梅（1996）[39]通过在黑板上把贴成圆的白胶布揭起，化曲为直，直接让学生猜：胶布长是直径的几倍？

显然，后者的提问略显突兀，前者的提问比较自然。

5.3.2 游戏激趣中提出

吴丽华（1994）[83]建议在圆的周长教学中，可以先让学生量出任意一个圆的直径和周长，学生报出一直径的长度，教师猜一周长大约是多少，诱导学生发现老师百猜百中的秘密，以激发学生的学习兴趣。

就我们的教学经验而言，这个游戏可能不太好做，老师的猜主要是基于已知公式的计算，与学生的测量可能会存在一定的误差，对于直径较小的周长而言，老师猜与学生量的结果在感觉上的不一致性可能会更明显些。另外，这种提出问题的方式突出了老师先知先觉的高明之处，没有把学生放在平等对话的平台上，因此，后来者就很少再采用这样的教学设计。

5.3.3 在体会必要性中提出

丁敬初（1995）[33]在教学中提出：不锯倒树能知道树的直径吗？学生研究发现，直接测量直径不方便，而测量树干的周长却相对方便，这就需要建立周长与直径之间的关系，根据方便测量的周长计算直径。显然，这样的引入富有生活气息，有利于学生体会探索计算公式的必要性，提出要研究的问题。

赵淑云等（1996）[75]在学生认识了圆周长，讨论获得了测量圆周长的滚动法、绕线法之后，用绳子绑住粉笔头甩动，提出粉笔头经过路线长如何测量的问题，进而提出“在无法用滚动、绕线的办法来测量的情况下，能否通过测量绳子的长度来计算周长？”的问题。

潘旭（2001）[102]建议在学生明确圆周长概念，掌握用滚动法、绕线法测量圆周长的基础上，引发无法直接测量的矛盾——如测量一个圆形水池的周长，进而提出研究问题。

叶柱（2004）[115]在教学中注意引导学生交流测量圆周长的方法，分析绕线法、滚动法的局限性，如难以测量较软的圆（如布剪成的）周长、旋转形成的圆（如电扇旋转）周长，等等。进而提出“……找到一个圆周长计算公式，就好了！”的问题。

袁爱均（2005）[50]创设的“神舟五号”绕地一周的教学情境，“一周长”显然难以直接测量，却给出了与半径有关的数据，这就激发了探索已知半径求圆周长的计算方法的需求。

综上所述，体会必要性的引入分成两种情况：一是不方便直接测量圆周长，能否通过方便直接测量的直径算出圆周长；二是不方便直接测量圆的直径，能否通过方便测量的圆周长算出直径长。上文呈现的体会必要性的引入中，后面的四个引入属于第二种情况，在这四个引入中，前三个问题情境引发的探索必要性可能要弱于第四个，这是因为第四个问题的解决隐含着学生有兴趣进一步解决的其他问题的条件，如已知飞船运行速度可以知道在轨运行一周所需的时间，如果已知飞船运行一周所需时间可求得运行速度等。而前三个只是提出了周长难以直接测量的问题，至于求出来的周长有什么进一步使用价值却不得而知，这三个设计如果能在这一方面再作一些探索和改进，学生的探索的动力可能会更强。

5.3.4　在学情了解中提出

顾志能（2011）[51]在创设情境、给出命题——“大圆之圆与小圆之圆同”并让学生回答“同在何处？”的过程中了解学情，在学生回答了大圆圆周率与小圆圆周率相同，给出圆周率概念，进而给出“圆周率是 3.1415…”的基础上，教师引用《周髀算经》中用“周三径一”表示圆周长与直径之间的倍数关系，提出“到底哪个说法对？”的问题，由此展开进一步的探索活动。使用这种教法，通常可以在课前安排学生自学，从某种意义上来说，学生都知道圆周率的定义和取值可能更有利于形成群体性的认知冲突，推进探究性的学习进程。

思考

这些提出问题的方法各有什么优缺点？你觉得哪些方法比较适合你所教学生的实际，也适合你的教学风格？

5.4 体会直径与周长之间的共变关系

周长与直径之间是正比例关系，如何让学生体会到两者之间的这种关系呢？各种教学设计涉及的方法主要有以下几种。

5.4.1 借助直觉，定性描述

这种方法诉诸直观，所得的结论往往止于定性描述，易于为学生感知把握。从收集到的教学设计来看，主要有以下三条途径。

一是通过直接提问唤起活动经验。如叶柱（2004）[114]直接提出了问题“猜想一下，圆周长与什么有关？”，学生指出与半径、直径有关。这是利用了学生在前面“圆的认识”课上画圆的活动经验——半径大画出的圆就大，半径小画出的圆就小。

二是通过观察比较引发直觉思维。如赵淑云等（1996）[75]提出了“圆的周长与什么有关”的问题，通过演示用长短不同的直径画两个同心圆，通过比较周长的长短，让学生体会直径长的周长长，直径短的周长短。

夏青峰等（1998）[42]通过多媒体演示：以三条不同长度的线段为直径，分别画出三个大小不同的圆，然后再把这三个圆同时沿一直线滚动一周，滚动所形成的三条线段长就分别是这三个圆的周长。进而说明在这三个圆中，直径长的周长长，直径短的周长短。

赵劼等（2004）[43]采用了用绳子甩小球，观察绳长（半径）变化引起小球运动路线长度（周长）变化，让学生认识半径与圆周长的共变关系。

三是通过画圆的实践操作进行直觉判断。如前文宋海浩（2009）[43]通过三次画圆导入新课。

从函数的观点看，通过直觉学生显然能感受到周长关于直径的函数是一个增函数，但仍然不能得出正比例函数的结论，从这样认识导向圆周率的研究，仍然需要教师指令让学生去求圆周长与直径的比，才能有进一步的发现。

5.4.2　设置参照，感受定量

圆周率是一个定值，如何让学生感受到这是一个定值呢？这就要通过某种途径建立圆周长与直径的数量关系，也就是以直径作为参照量，通过一直径长为单位的实际测量、推理论证发现圆周长是直径的某个固定倍数，认识到这个倍数是某个范围内的特定值。从已有的教学设计来看，主要有以下三种不同的处理。

一是直接用直径度量周长感受圆周率的不变性。如：

刘金梅（1996）[39]用胶布贴成一个圆，把胶布拉直后直接与直径比较，量得周长是直径的3倍多一些。袁瑞禹（1994）[30]、张兴华（1983）[30]等人也采用了用直径长为单位直接度量圆周长的办法。他们的不同之处在于，前者是用在实验探究圆周率之前，让学生感知到圆周率是一个固定的值，后者是安排在实验探究之后，作为对实验结果的一般化验证。

杨杰军等（2008）[27]采用了媒体演示的办法，屏幕上呈现大小不同的3个圆（如图5.3所示），滚动后出现3条线段（周长），用每个圆的直径分别去度量它的周长。得出：这3个圆的周长都是它们直径的3倍多一些。

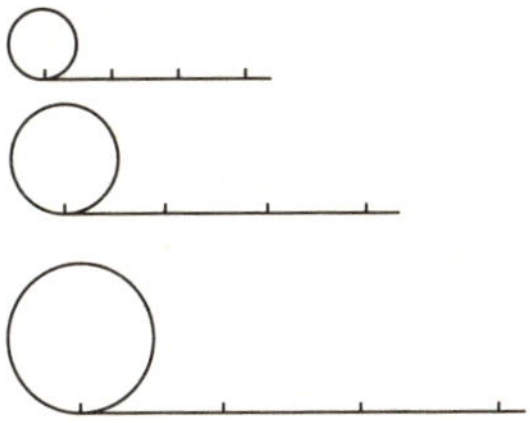

图 5.3

用直径度量圆周长，由于没有给出直径的具体长度，这就使得圆具有某种“任意”性，从而也使得结论具有某种全称命题的特点，即“对于任意圆的周长与直径，圆周长都是直径的3倍多一些”，刘金梅仅用一个例子，而杨杰军等用了三个例子，更有助于学生从中归纳出圆周长与直径之间所存在的普遍关系，更好地认识规律的普遍性。而袁瑞禹、张兴华等人把直径度量圆周长安排在实验探索圆周率之后，其证明“任意”圆的圆周率为定值的用意更加明显。

宋桃英（2007）[8] 也进一步利用了度量的概念，用小圆覆盖圆周和直径（如图 5.4 所示），让学生研究覆盖一周的小圆个数与覆盖直径的小圆个数之间的关系。但图中所示对圆周的覆盖可能有一点问题，这种覆盖方法与直径的覆盖方法不一致，不应该沿圆周排列，而应该盖住圆周。这种方法蕴含着用正多边形逼近圆的思想。

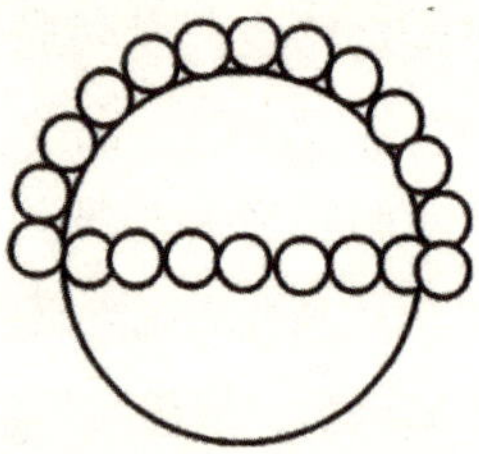

图 5.4

二是通过内接、外切正多边形等方法建立参照，用区间套、逼近等思想探讨正多边形周长与圆周长之间的关系，建立正多边形周长与直径之间的关系，这就把以正多边形周长为参照引向了以直径为参照，让学生感受圆周率的不变性。这些方法通常都涉及推理论证，有一定的思维难度，如：

张小英等（2007）[55]记录了张玉平老师的教学：先介绍《周髀算经》中的“周三径一”，让学生解释“周三径一”的含义。然后教师把三角板60°角的顶点置于圆心（如图 5.5 所示）形成正三角形（如图 5.6 所示），进而形成内接正六边形（如图 5.7 所示），引导学生发现正六边形的周长是直径的 3 倍，理解“周三径一”的近似性，知道圆周长大于直径的 3 倍，大约是 3 倍。

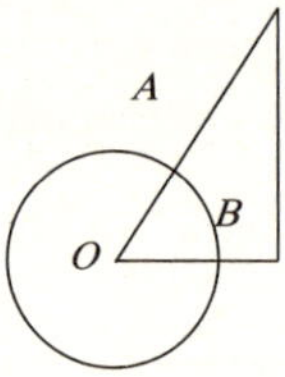

图 5.5

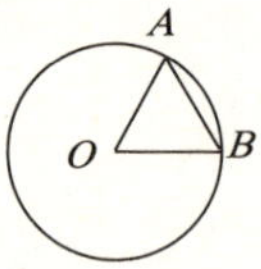

图 5.6

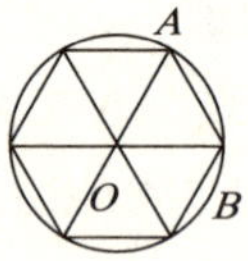

图 5.7

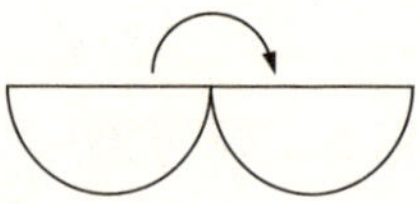

图 5.8

潘大琴（2008）[43]通过多媒体演示，把圆沿着它的直径分成两个半圆，如图 5.8 所示。经反复演示，引导学生在观察、分析、比较中发现半圆的圆弧长度大于直径的长度（两点之间线段最短），估计为直径的 1 ~ 2 倍，进而得出两个半圆的圆弧长度（即圆的周长）比直径的 2 倍要长，比直径的 4 倍要短。

冯凯等（2008）[115]借助图 5.9，引导学生发现圆周长小于直径的 4 倍，一定超过 2 倍——圆半周是直径的 1 倍多；然后用直径 4 等分圆周（如图

5.10、图 5.11 所示)，比较所成圆弧 > 斜边 > 半径，估计圆弧是半径的 1.5 倍多，周长是直径的 3 倍多。

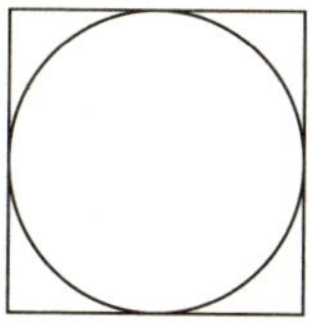

图 5.9

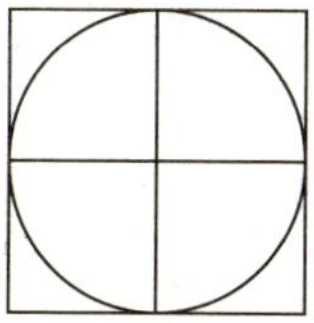

图 5.10

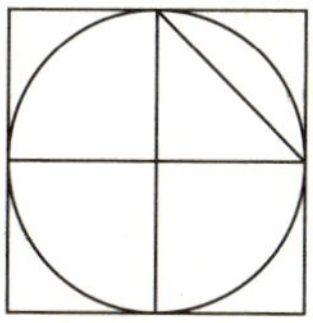

图 5.11

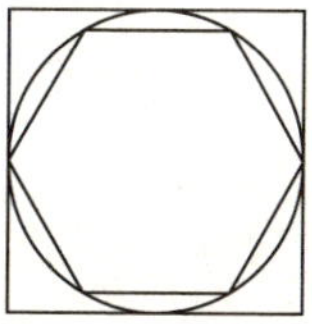

图 5.12

仲崇恒（2012)[17] 直接采用了圆的外切正方形和内接正六边形（如图 5.12 所示)，引导学生观察发现正六边形的周长 < 圆周长 < 正方形周长，进而推出圆周长介于直径的 3 倍到 4 倍之间。

这种建立参照的方法具有圆周率研究历史上“几何时期”的雏形，使用这种方法教学有助于培养学生的推理论证能力，同时也涉及直觉判断，其中仲崇恒的设计得到的精确度最高，但推理论证的难度也最高。当然还可以进一步引导学生的直觉思考，如圆周长介于直径的 3 倍到 4 倍之间，是更接近 3 倍还是 4 倍呢？学生通过观察就能得出更接近 3 倍的结论。

三是综合运用实践测量、推理论证等多种方法，用区间逼近的思想，感受圆周率的不变性。如：

黄毕年（2000)[91] 借用正方形进行类比提出问题——正方形周长与边长有关，圆周长与什么有关？然后演示用一直线上三条不等直径画三个内切圆（如图 5.13 所示)，通过比较圆的周长和直径，体会圆周长与直径有关。进而呈现圆和它的外切正方形（如图 5.14 所示)，引导学生思考圆的周长与正方形的周长相比，谁长谁短；正方形边长与圆的直径有什么关系（相等)；根据这一关系，想想圆的周长与它的直径大致有什么关系。然后演示把圆和它的外切正方形周长分别展开（如图 5.15 所示)，比较得到圆周长是直径的 4 倍少一些。再请学生用线绕出圆形实物的周长，然后将周长与它的直径相比，发现圆周长是直径的 3 倍多一些。这一教学设计，活动之间的衔接显得不太连贯，是否可以做进一步的改进，如利用图 5.13 把三个圆分别沿直线滚动，演示化曲为直的过程，然后分别用直径 *AB*、*AC*、*AD* 进行度量，测得周长都是直径的 3 倍多；然后在图 5.13 上分别作三个圆的外切正方形，论证得到三个的圆周长都小于直径的 4 倍，引导学生想象把一个圆放大缩小，正方形随之放大缩小，得到任意圆的周长都小于直径的4倍。如果学生的思维水平较高，还可以提出是否任意圆的周长都大于直径3倍的问题，从而进一步展开讨论，必要时教师可以直接呈现内接正六边形引导学生讨论或直接讲解。

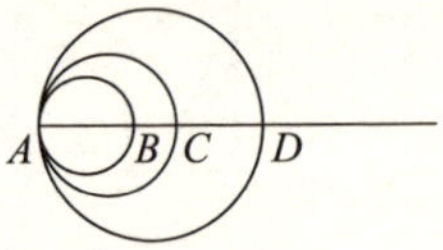

图 5.13

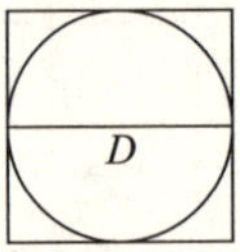

图 5.14

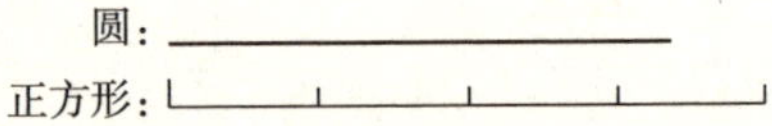

图 5.15

思考

你在教学中通常使用的是哪种方法？有什么优缺点？其他的方法对你的教学有什么借鉴意义？

5.5 展开实验探究

通过让学生测量圆周长和直径求比值来研究圆周率，是我国小学数学教学几十年形成的传统，教学中如何有效展开测量探究活动呢？让我们通过若干问题的讨论来说明研究的结果。

5.5.1 有哪些测量的方法？

从收集到的教学设计来看，除了用教材上通常都介绍的绕线法、滚动法测量圆周长之外，其他的方法还有：

孟兆山（2010）[21]用了对折量弧长的办法。在教学中遇到了学生“用绕线、滚动测量周长时尺子断了，不够长怎么办？”的问题，教师启发学生把圆片对折1次、2次、3次，分别量出弧的长度，再求周长，再进而计算圆周率。学生在课上还提出了“祖冲之是不是也用了这一方法”的问题。显然，如果我们折的次数越多，所得弧的弦长越逼近弧长，弦长总和就越逼近圆周长，因而，这种方法从某种意义上来说是与割圆术相联系的，学生问得有道理。学生的提问也给我们提了个醒，在圆的认识教学中，我们也可以安排这样的内容：把一张纸对折 1 次、2 次、3 次……剪一刀成等腰三角形，然后展开，发现对折的次数越多，展开的图形越接近圆，学生可以从中体会圆是正多边形的极限。显然，在圆的轴对称性认识之后安排这一活动是一个合适的选择，放在课的引入部分也是一个可行的选择。如果放在引入部分可以引导学生讨论一刀剪成什么图形，学生在展开后能得到近似的圆，有利于学生更好地体会“一中同长”，为后续学习做好铺垫。这一活动也可以放在圆的周长教学的某个环节，作为介绍割圆术引入，或作为以正多边形周长为参照的关于圆周率是定值的推理论证活动的引入。

赵劼等（2004）[44]用了剪拼的方法。在引导学生动手测量研究圆周率，介绍圆周率和祖冲之之后，通过把圆剪拼成近似长方形来研究长宽的倍数关系，让学生体会平分圆的份数越多、曲线就越接近直线，拼成的图形就越接近长方形的极限思想，然后量出拼成长方形的长和宽，进而算出圆周长和直径之间的倍数关系是 3 倍多一些。这种方法与后续圆面积公式推导的方法是类似的，提供了在一课时中通过一个活动同时解决周长计算公式和面积计算公式推导的可能性。当然，分成两节课会更加从容自如一些。

思考

你通常采用的测量方法是什么？其他方法你打算用吗？你还有其他的方法吗？

5.5.2　如何处理实际测量与演示的关系？

实际测量前的演示通常是为了更为清晰地展示研究过程，提示测量中需要注意的问题。实际测量后的演示通常是为了获得更为精确的实验结果，或者验证实验得到的结论。

张兴华（1983）[30]在教学中指出：古今中外的数学家在千百次的实验和计算中发现，圆的周长和它的直径有关，我们也来做个实验，看圆的周长和直径到底有什么关系。然后，让同桌学生做实验：把直径 1 分米、2 分米、3 分米的圆在直尺上滚动一周，在实验报告上记录周长与直径的数据，求比值，探寻周长与直径的关系。汇报实验结果后进一步提出：为什么周长总是直径的 3 倍多一些呢？然后用以下方法验证：用标示为（任意）圆周长的（如图 5.16 所示）红布条从直径的下端开始上下绕三次还多一些（如图 5.17 所示），证明圆的周长是直径的 3 倍多一些。这种教学设计先实验后演示，演示起到了验证规律的一般性的作用。

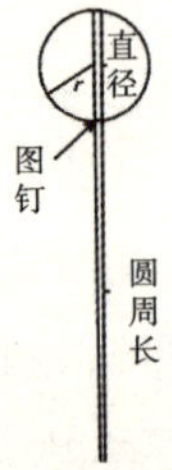

图 5.16

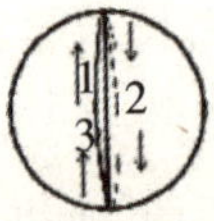

图 5.17

袁瑞禹（1994）[30]等人先演示用滚动的办法测量圆周长：教师在圆教具（直径为 1 分米）的圆周上点一个点，使这个点紧靠在直尺的零点上，让圆在直尺上做无滑动滚动。当圆上的点再次转到直尺上某点时，圆正好转了一周，直尺上两点之间的长度就和这个圆的周长相等，对测量结果做好记录，填入表内。然后教师组织学生仿照演示的方法测量并计算发现周长与直径之间的关系。再演示绕线法：用软线绕圆教具一周，记住与周长相等的长度，然后沿直径绕三次后，软线略剩一小段，由此引导学生直观认识周长与直径之间的倍数关系。这种教学设计安排了两次演示，第一次演示主要是为了交代用滚动法测量圆周长的方法，非常细致地明确了测量中要注意的具体事项，便于学生在实际测量中获得尽可能精确的结果，同时也解决了“圆滚动一周所经过的距离就是该圆的周长”问题。后一次演示的主要目的是借助“任意”圆验证圆周率的一般性。

洪金耀等（1994）[71]先演示了滚动法测量圆周长，让学生了解圆滚动一周所经过的距离就是这个圆的周长，得到圆周长是直径的 3 倍多一些；然后指导学生用绕线法动手操作测量圆周长，探索周长与直径之间的关系。这种教学设计把测量时操作难度较大的滚动法处理成教师的演示，通过演示同时突破“圆滚动一周所经过的距离就是该圆的周长”的难点，把相对来说容易操作的绕线法作为学生自主探究的手段，是一种值得我们在教学实践中借鉴的比较现实的处理方法。

章凤玲等（1997）[25]先用硬纸板剪了一个直径1分米的圆，在米尺上无滑动滚动一周，说明圆滚动一周所经过的距离就是这个圆的周长。再用细布条绕圆一周，逐渐滚开拉直，告诉学生，布条长就是圆周长，然后让学生记下周长和直径的数据。进而指导学生用滚动法测量圆周长，研究圆的周长和直径之间的关系。这种教学设计，先给出了圆周长的定义——圆滚动一周所经过的距离就是这个圆的周长——这可能也是学生所用教材给出的操作性描述定义，再用细布条绕圆一周，滚开拉直证明这一周长就是圆周长。这实际是把课本中的圆周长定义与周长的一般定义——封闭图形一周的长度联系了起来。在以课本为基本教学依据的前提下，应该说这已经是很好的教学处理了。从已有的周长的一般定义出发引出圆周长定义，进而利用细布条的滚动、拉直、展开来说明“圆滚动一周所经过的距离就是这个圆的周长”，可能也是一种顺理成章的处理。

思考

这些处理方法对你有启发吗？你通常采用的方法是什么？是否需要改进？

5.5.3 如何对数据进行合理的处理和使用？

所有的教学实践者都认识到了测量会产生误差，但处理的方法却不尽相同。

绝大多数教师在学生通过测量、计算求得五花八门的圆周率之后，一言以蔽之：我们发现，圆周长总是直径的3倍多一些。轻轻的一个“我们”就把所有学生的“发现”都归到了“3倍多一些”，至于“2倍多一些”、“4倍多一些”之类的发现，就再也无暇去理会了，即使理会，通常也只是用一句“你们测量的误差比较大”轻轻带过，学生的辛勤测算也随即付诸流水。

孙雪林（2007）[28]认识到测量的误差无法避免，在教学上做了如下安排：（1）每个小组只选一个测量对象。（2）对每个测量对象进行3次测量（可以利用平均值来尽可能减少系统误差）。（3）正确认识误差，由学生对测量数据进行客观分析。误差分析使学生认识到：①测量方法、测量工具、测量对象都会产生误差；②测得的直径数据比较接近，说明直线段更容易测量，但同样不可能绝对精确；③平均数的方法可以减小误差，但同样不能完全避免误差；④用测量的方法，无论是测量曲线还是直线，永远只能得到长度的近似值。在此基础上，教师通过课件比较详细地介绍了割圆术，让学生进一步认识测量方法的局限性，而割圆术所能达到的精确度是测量所无法达到的。这一教学设计中，关于误差的产生与消除的研讨和实践，既起到了着力培养学生严谨求实的研究态度，使学生掌握科学研究方法的作用，又自然地引入了割圆术的介绍，让学生体会测量方法的局限性和割圆术的相对优越性，可谓一举两得，别具匠心。

思考

你在教学中意识到数据误差问题了吗？你通常是如何处理的？你认为你的方法合适吗？是否需要改进？

5.5.4 如何介绍圆周率？

本课的教学，都必须向学生介绍圆周率。虞足之（1995）[30]指出，教学中应注意通过测量周长、直径求得的圆周率是有理数，而 π 在本质上是无理数、超越数。这实际上给我们的教学指出了一个两难问题：一方面实验所求得的圆周率是有理数；另一方面它在本质上不是有理数，而是无理数、超越数。那么，如何介绍圆周率呢？处理的方法通常有两种。

一种是在学生通过测量、计算求得五花八门的圆周率之后，一言以蔽之：我们发现，圆周长总是直径的3倍多一些。然后就打开话匣子介绍圆周率是一个固定的值，是无限不循环小数，如此等等，学生不必理解，只需记住。

另一种是借助割圆术的介绍，对 π 是一个无限不循环小数做进一步的说明。如顾志能（2011）[50]在教学中提出"圆周率是 3.1415…和'周三径一'，哪个说法对？"的问题，然后引导学生通过测量计算验证，学生认为前者应该是对的，可是测量计算得不到正好这样的值，教师由此引出了割圆术，解释了求得令人满意精确度的圆周率的方法，进而指出 π 是一个无限不循环小数。孙雪林（2007）[29]等人也利用误差的无法避免引出对割圆术的介绍，进而指出 π 是一个无限不循环小数。

另外，袁瑞禹（1994）[30]还在课堂上介绍了一个记圆周率的方法：山脚下有所学堂。一天，先生要去山巅（顶）上的寺庙里找和尚喝酒，先生担心走后，学生会乱打乱闹，于是心生一计，让学生背圆周率，不会背的要严加体罚。这下可苦了学生！先生走后，有位学生灵机一动，提出了一个记忆 π 的窍门，即 $\pi=3.14159265358979323846 26\cdots$

山巅一寺一壶酒，尔乐苦煞吾，把酒吃，酒杀尔，杀不死，乐尔乐……

借助口音与数字的谐音关系，很快背到了小数点后二十多位。这也有助于学生对 π 是一个无限不循环小数的理解。

显然，前一种方法采用直接讲授，有利于节约教学时间，腾出练习与变式学习的时间和空间。后一种方法有利于学生在理解的基础上记忆，拓展视野，发展思维。

思考

你通常采用什么方法来介绍圆周率？效果好吗？有没有效果可能更好的方法？

5.6 导出计算公式

圆周长公式的导出通常有以下两种方法。

一是直接根据“圆周长是直径的 π 倍（通常取 3.14）”导出文字公式和字母公式。这又分两种处理方法：一种是学生先通过计算解决求周长的问题，然后结合反馈给出公式，如顾志能（2011）[52]等人的处理。还有一种就是先给出计算公式，然后应用公式解决问题，如吴咏梅（2001）[26]等人的处理。

二是根据圆周率的意义，由圆周率的定义式导出周长的计算公式，即根据

$$\pi=\frac{C}{d}，得\ C=\pi d，\ C=2\pi r$$

覃小荔（1987）[77]、章凤玲等（1997）[25]和洪金耀等（1994）[71]都做了这样的处理。

5.7 例题、习题安排

许多教学设计只是陈述了圆周率的研究过程，没有涉及例题和习题的安排，因此，就难以推测其例题和习题安排的思路。下文的比较是从安排有例题或习题的教学实践文章中总结出的。

例题安排大体有两种安排方式：第一种是在导出圆周长公式后，先安排无现实生活情境的问题，直接代入公式求圆周长，然后给出有现实生活情境的问题，让学生在情境中建模解决问题，如张兴华（1983）[31]和夏青峰(1998)[44]等人的教学设计。这种安排有利于学生拾级而上。第二种是直接给出含有情境模型的问题，如邢春丰（1987）[33]给出了求拴在木桩上的羊吃草范围的问题，宋桃英（2007）[8]、冯凯等（2008）[44]和苏春红（2008）[60]等人给出了含有情境模型的课本例题。

还有部分文章安排了有层次的练习，没有特意区分例题和习题，实际上把例题和习题做了同等的处理，这也是符合实际的。如毕宏辉（2009）[55]等人的安排。

从习题安排来看，常规习题通常包括根据图示提供的直径、半径求周长，根据用文字、字母提供的半径、直径求周长，利用用字母提供的周长求直径、半径，或者填表（利用字母提供周长、直径、半径中的一个数据求其他的数据）。还包括简单的求周长、直径、半径和滚动经过距离的应用问题。除此之外，还有一些较有特色的习题。如：

邢春丰（1987）[33]设计了这样的思考题：

有一棵大树，怎样测量出树干的半径呢？（多种方法解答，比较哪种方法最准）

覃小荔（1987）[77]建议让学生记住 π 与 1、2、3、…、9 的乘积。

丁敬初（1995）[33]设计了选择题和判断辨析题：

1. 选择填空

①车轮滚动一周，求前进的距离是求轮的（　　）。

a. 半径　　b. 直径　　c. 周长

②车轮滚动一周能前进 1.5 米，若滚动 3 周能前进（　　）。

a. 1.5 米　　b. 4.5 米　　c. 6 米

③圆的周长是直径的（　　）。

a. 3.14 倍　　b. π 倍　　c. 3 倍

④大圆直径是小圆的 2 倍，那么大圆的周长（　　）小圆的周长。

a. 大于　　b. 小于　　c. 等于

⑤大圆的直径是小圆的 2 倍，那么大圆的周长是小圆周长的（　　）。

a. 2 倍　　b. 4 倍　　c. 8 倍

2. 判断辨析

①两个圆的周长相等，那么这两个圆的直径相等。

②圆规的两脚间的距离是 5 厘米，那么画出的周长是 3.14 厘米。

③圆的直径扩大 a 倍，那么圆的周长也扩大 a 倍。

④圆的直径增加 a 厘米，那么圆的周长也增加 a 厘米。

⑤圆的半径扩大 2 倍，那么圆的周长也扩大 2 倍。

⑥大圆直径比小圆直径长 2 厘米，那么大圆周长比小圆周长长 2 厘米。

章凤玲等（1997）[25]设计了这样的课外作业：

量一量、算一算，填好下表（要求每一实物只测出一个数据，另两个数据通过计算给出）：

半　径	直　径	周　长	
拖拉机大轮			
拖拉机小轮			
一棵大树			

夏青峰等（1998）[44]在计算中讨论了怎样计算方便的问题：2 ×3.14 ×5 可以先算 2 ×5。

潘旭（2001）[102]安排了思考性练习：

有甲、乙两只蚂蚁，以相同的速度同时从 A 点爬到 B 点，爬行路线如下图所示，谁先到达 B 点？

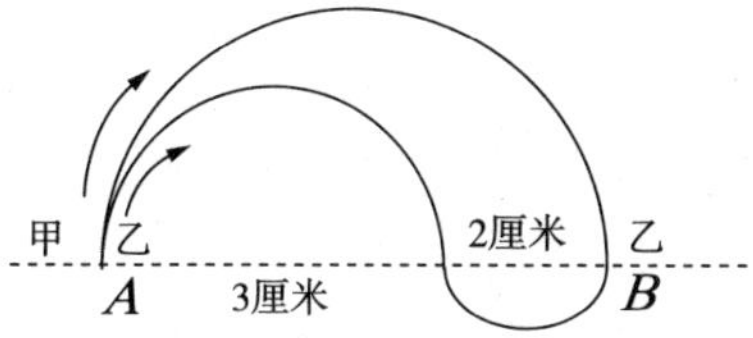

赵劼等（2004）[44]安排了这样的练习：

(1) 校园操场是由长方形的两条长边和两个半圆组成。长方形的长边为100米，半圆的直径为50米，求周长。

(2) 升旗台是半圆形的，直径为10米，求周长（注意加上直径）。

冯凯等（2008）[44]设计了以下练习：

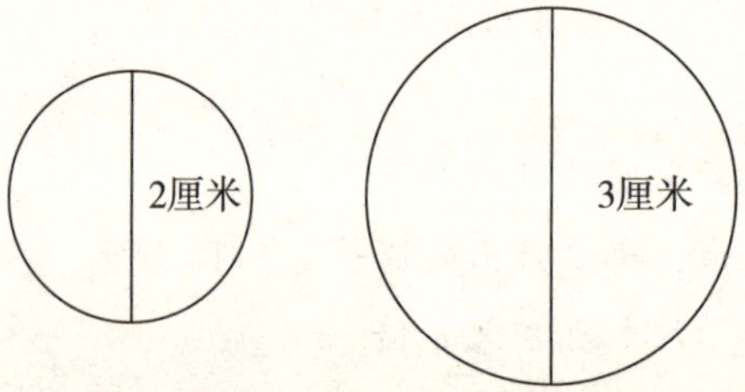

小圆的半径是大圆半径的$\frac{(\quad)}{(\quad)}$；

小圆的周长是大圆周长的$\frac{(\quad)}{(\quad)}$。

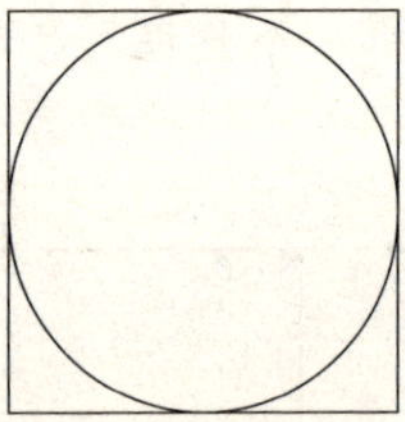

正方形的周长比圆的周长长多少？

朱志敏（2009）[46]设计了这样的问题：

分别沿篮球和地球表面的大圆箍上一根铁丝，再分别把两条铁丝加长1米，问哪个球体与铁丝间的空隙小？

顾志能（2011）[53]设计了拓展练习：

你觉得下列问题可以怎么计算？(课件呈现图片和文字)

(1) 一个近似于圆形的湖泊，湖中央的一条堤坝（直径）长约2000米，沿湖有一条环湖路。环湖路长约多少米？

(2) "神舟七号"飞船绕着一个圆形轨道飞行，这个圆形轨道的直径是13441.9千米。飞船飞行一圈是多少千米？

[第（1）题，圆周率取3也无妨；第（2）题，圆周率应尽量取得精确些]

思考

你觉得上述题目中哪些比较好？你有好题吗？你打算到哪里去找题目？你能自己编几道好题吗？

5.8 圆周率研究史料的利用

综观31篇教学实践文章，在圆周率研究历史材料的利用上都突出了民族自豪感的教育，不同主要在于数学思维价值的挖掘上，大体可以分成以下三种用法。

一是简单介绍精确研究结果。在实验探索圆周率获得3倍多一些的结果的基础上，介绍我国古代数学家和现代研究所获得的更精确的结果，指出圆周率是一个定值，进而指出圆周率是一个无限不循环小数。张兴华（1983）[30]、邢春丰（1987）[32]、赵劼等（2004）[44]、宋桃英（2007）[8]等大多数人都从这一角度使用了史料。略有不同的是有些人采用教师直接介绍史料，如张兴华等，有些人采用让学生自学课本中的史料，如叶柱（2004）[116]等人。

二是展示精确结果的获得过程，让学生体会数学思考的力量。如：

袁爱均（2005）[50]指出：同学们的研究只能精确到个位，这一方面是因为测量得不精确，另一方面也是由于这种方法本身的缺陷所造成的。然后向学生介绍祖冲之使用割圆术（课件演示）求得圆周率的方法，以及所取得的成就。在这一教例中，教师对学生测量数据的误差，不是简单否定，而是引导学生分析、反思实验误差形成的原因，不仅教育学生养成细致的习惯，更重视让学生体会科学、先进的数学思想方法的价值。

孙雪林（2007）[29]在学生实验探究圆周率得出3倍多一些的结果后指出：用实验的方法得到的数据，受误差的影响不够精确。那么，圆的周长与直径之间存在的这个3倍多一些的关系是变化的，还是确定不变的？我们该如何研究呢？在提出问题的基础上，用课件介绍圆周率的研究历史，进而比较详细地介绍了割圆术：（1）如图5.18所示，让学生看图体会正多边形逼近圆。(2) 介绍割圆术，如图 5.19 所示，让学生明白可以通过计算正多边形周长逼近圆周长，用计算方法代替操作测量，所能达到的精度是操作测量永远无法达到的，同时让学生感受圆周率是一个定值，指出圆周率是一个无限不循环小数。(3) 结合图 5.20，呈现并让学生理解刘徽在《九章算术》注中的一段话："割之弥细，所失弥少，割之又割，以至于不可割，则与圆合体，而无所失矣。"

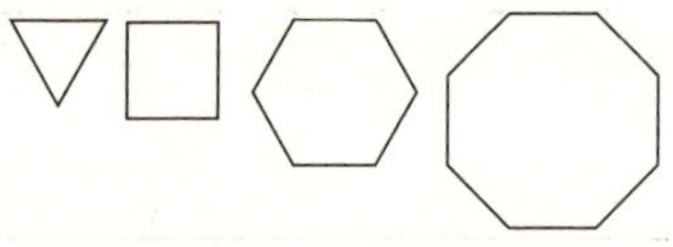

图 5.18

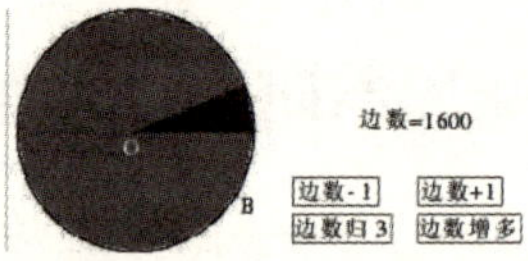

图 5.19

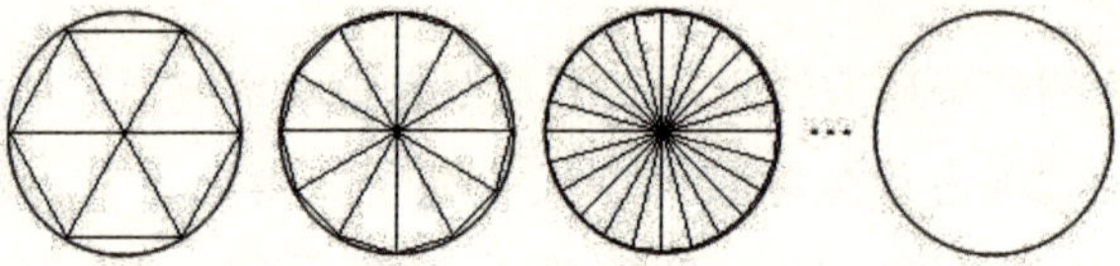

图 5.20

毕宏辉 (2009)[54]鉴于相当比例的学生课前已经知道了圆周率，对于 π、3.14、祖冲之都有所了解，在引入新课并让学生用测量的方法验证圆周率后，引导学生讨论：测量所得的圆周率的大小为什么不一样？进而引导学生思考：在我国古代《周髀算经》中记载有"周三径一"，你知道这句话的意思吗？然后介绍割圆术求圆周率，先体验阿基米德用外切正方形推知圆周率小于 4 的方法，再体验刘徽用割圆术借助内切正六边形推知圆周率大于 3 的方法。在此基础上引导学生体会化曲为直和无限逼近的思想：即把圆割成 12 等份、24 等份……用正多边形的周长逼近圆周长，认识到用这种方法可以求得任意所需精度的圆周率值，进而了解祖冲之的贡献和现代计算机研究圆周率的成果。

三是以数学史料贯穿全课，让学生在感受圆周率研究的不断精确化过程中体会蕴含其中的人类创新智慧。顾志能 (2011)[50]在课的起始阶段用《墨子》的话"大圆之圆与小圆之圆同"引入新课，通过引发学生的文本解读了解学生的学习起点，引入新课。进而用《周髀算经》中的"周三径一"

引发与学生已经了解的“圆周率是3.1415926…”之间的矛盾，引导学生通过测量圆周长和直径研究圆周率，得到3倍多一些的五花八门的结果，进而进一步辨析“周三径一”的含义。在学生进一步通过更精细的测量，发现也难以得到3.1415…结果的基础上，介绍2000多年前刘歆的研究结果，使学生意识到借助测量很难得到精确的结果，进而引出割圆术，然后比较详细地介绍刘徽的割圆术和祖冲之的研究成就，再概要介绍人类研究圆周率的历史和取得的成果。这一教学设计，基于学生通过无边界学习获得的已有知识经验，巧妙地将数学自身发生发展的历史与学生认知的发展历程结合了起来，让学生在不断生疑解疑的过程中引发与圆周率研究历史的对话，感悟蕴含在历史中的人类智慧。

思考

你比较欣赏哪种使用史料的方法？你打算借鉴这种方法吗？如何用？

6

理论指导下的教学实践与探索

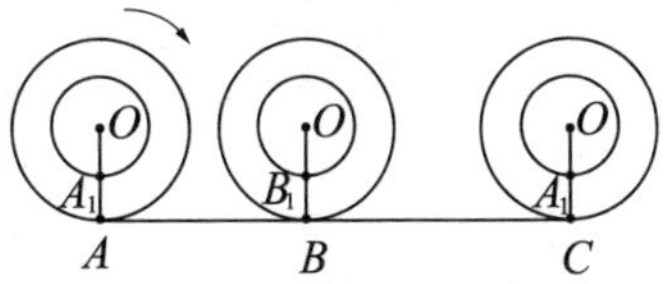

理论是基于不同的假设，为解决特定的问题而提出的关于客观事物的本质及其规律性的相对正确的认识，是经过逻辑论证和实践检验并由一系列概念、判断和推理表达出来的知识体系。因此，理论能使人思想深刻、高瞻远瞩，理论指导下的教学宛如有灯塔指引的航程，使我们清醒地认识到我们在做什么、为什么、从哪里出发、要去哪里，让我们的教学在具有明显的理论特色的同时清楚地认识到优势与不足。因此，一线教师很有必要学理论、用理论，并在不同理论的指导下展开教学实践与探索。接下来，我们将与大家一起展开理论指导下的教学实践与探索之旅，我们的领航员是：范希尔的几何思维水平理论，程序性知识学习理论和文化复演论。

6.1 范希尔几何思维水平理论的教学启示

在有关学生几何概念发展与学习的研究中，范希尔的几何思维水平理论是有着广泛影响的理论之一，如何以此指导圆的周长教学实践呢？我们先就范希尔理论做一简单介绍，再来探讨该理论指导下的课堂教学实践。

6.1.1 几何思维水平有哪些层次？

根据鲍建生等（2009）[4-5]的介绍，范希尔把几何思维水平分成以下五个层次。

层次 0：视觉（visuality）

儿童能通过整体轮廓辨认图形，并能操作其几何构图元素（如边、角）；能画图或仿画图形，能使用标准或不标准名称描述几何图形；能根据对形状的操作解决几何问题，但无法使用图形的特征或要素名称来分析图形，也无法对图形做概括的论述。例如，儿童可能会说某个图形是三角形，因为它看起来像一个三明治。

层次 1：分析（analysis）

儿童能分析图形的组成要素及特征，并依此建立图形的特性，利用这些特性解决几何问题，但无法解释特性间的关系，也无法了解图形的定义；能根据组成要素比较两个形体，利用某一性质做图形分类，但无法解释图形某些性质之间的关联，也无法导出公式和使用正式的定义。例如，儿童会知道三角形有三条边和三个角，但不能理解如果内角越大，那么对边越长的性质。

层次 2：非形式化的演绎（informal deduction）

儿童能建立图形及图形性质之间的关系，可以提出非形式化的推论，了解建构图形的要素，能进一步探求图形的内在属性和其包含关系，使用公式与定义及发现的性质做演绎推论。但不能了解证明与定理的重要性，不能由不熟悉的前提去证明结果的成立，也不能建立定理网络之间的内在关系。例如，学生了解了等腰三角形的性质后，会推出等腰直角三角形同时也是直角三角形的一种，因为等腰直角三角形较直角三角形多了一些性质的限制。因此，学生能做一些非正式的说明但还不能做系统性的说明。

层次 3：形式化的演绎（formal deduction）

学生可以理解证明的重要性和“不定义元素”、“公理”和“定理”的意义，确信几何定理是需要形式逻辑推演才能建立的，理解解决几何问题必须具备充分或必要条件；能猜测并尝试用演绎方式证实其猜测，能够以逻辑推理解释几何学中的公理、定义、定理等，也能推理出新的定理，建立定理间的关系网络，能比较一个定理的不同证明方式；能理解证明中的必要与充分条件，如至少有一条边对应相等或至少有一个角对应相等是证明两个三角形全等的必要条件，两角及夹边对应相等则是两个三角形全等的充分条件；能写出一定理的逆定理，如平行四边形的对角线互相平分，其逆定理是对角线互相平分的四边形是平行四边形。

层次 4：严密性（rigior）

在这个层次，学生能在不同的公理系统下严谨地建立定理，以分析比较不同的几何系统，如欧氏几何与非欧氏几何。

范希尔的几何思维水平有以下几个特性（鲍建生 等，2009）[7]：

次序性：学生几何水平的发展是循序渐进的，要在特定的水平上顺利发展，必须掌握前一个水平的各个概念和策略。也就是说，学生在没通过 $n-1$ 层次之前，无法达到第 n 层次。

进阶性：学生几何思维水平的提升是经由教学，而不是随年龄成长或心理成熟自然而然的。没有一种教学方法能让学生跳过某一水平而进入下一水平，即由上一水平进入下一水平并非一蹴而就。

内隐性及外显性：某一水平的内隐性成为下一个水平的外显性，如某一个水平上的个人化的模糊概念在下一水平上通过外显的表征工具（如符号）而得到澄清。

语言性：每一层次都有其专属阶段性语言符号。在某一层次使用的语言符号，可能到了另一层次就必须调整为另一种语言符号，因此每一层次都有其独特的语言符号。

不适配性：如果学生的思维处于一个水平，而教师的教学处于另一个水平，那么就不可能取得预期的教学效果。尤其是当教师的教材内容、教具选择以及词汇使用均属于较高层次时，学生将无法理解、思考其过程与结果。

思考

根据范希尔的几何思维水平理论，如何划分圆周长、圆周率的几何思维水平层次?

6.1.2 如何划分圆周长、圆周率的几何思维水平层次?

圆的周长一课教学涉及圆周长和圆周率概念。我们先试着给出圆周长认识的几何思维水平层次。

层次0：视觉

学生能根据圆的整体轮廓辨认圆，能从一些平面图形中挑出圆。能利用圆形物品描其轮廓线画圆。能模仿着利用圆规画圆。能形成球与圆的视觉表象，能用日常语言来描述圆形轮廓和球形轮廓的区别。能用日常语言描述圆与不封闭图形、直边图形的区别。通过重叠两个圆的轮廓线看能否完全重合来认识等圆和不等圆。通过一个圆能否完全覆盖另一个圆（不包括重合)，认识一个圆比另一个圆大，另一个圆比这个圆小。通过观察、操作，认识到不同圆的轮廓线会有长短之分。

层次1：分析

借助层次0的活动经验，学生能分析图形的组成要素与特征，能用标准的名称来描述平面图形和立体图形、封闭图形与不封闭图形、直边图形与曲边图形。能分析形成圆的要素并用标准的名称来描述圆心、直径、半径、圆周、圆面。能区分圆周与圆面，知道圆的轮廓线就是圆周，如利用圆形物品描其轮廓所留下的轨迹线、圆规画圆留下的轨迹线都是圆周。能认识圆周的特性——封闭曲线，以此区分曲线（圆）的一周和直边图形（长方形、正方形等）的一周。能认识到直径、半径决定圆（圆周、圆面）的大小。

由于层次1“无法导出公式和使用正式的定义”，而层次2需“使用公式与定义及发现的性质做演绎推论”，这之间缺少一个过渡——给出并使学生理解圆周长的正式定义——围成圆的曲线长叫作这个圆的周长。从实际的教学来看，需要在两个层次之间补上理解圆的周长概念这一环节，理解层次1中的轮廓线长和轨迹线长都是圆周长（相当于情境模型2和模型3)。并进而能建立圆（曲线）的一周和直边图形的一周之间的关系——封闭图形一周的长度就是这个图形的周长。能利用圆周长概念解释“化曲为直”——用细线绕圆一周拉直后的长度就是这个圆的周长，相当于情境模型 1。

层次 2：非形式化的演绎

能利用“化曲为直”解释“圆滚动一周所经过的距离就是这个圆的周长”——用细线绕圆一周，随圆的滚动在直线上展开所绕的线，圆滚动所经过的距离即细线长，细线长即圆周长，因此圆滚动一周所经过的距离即圆周长，相当于情境模型 4。能借助多媒体辅助手段认识圆是正多边形边数趋向无限时的周长极限。

层次 3：形式化的演绎

能借助极限概念，用演绎的方式认识圆周长是其内接或外切正多边形当边数趋于无限时的周长的极限，以此形式化地解释“化曲为直”的合理性。

层次 4：严密性

能在不同的数学系统下严谨地建立圆周长的概念，如利用解析方法（圆方程）建立的圆周长概念、借助正多边形周长极限建立的圆周长概念等。能分析比较不同的几何体系中直线和曲线的概念。

在第 1 章的分析中，我们基于当下的教学现状指出，从情境模型中识别圆周长的难易程度，依次为：模型 1→模型 2→模型 3→模型 4，其理由是：模型 1 最接近一般意义上的周长概念，便于在一般周长概念的基础上建立圆周长概念，模型 2 是对圆周长概念的直接应用，模型 3、模型 4 则需要借助某种转换。按范希尔理论的分析，识别圆周长的难易程度，依次为：模型 2、模型 3→模型 1→模型 4，其理由是：几何思维按层次发展，对圆周长的认识源于对圆周的静态观察和动态操作，分别与模型 2、模型 3 相对应，由此引出圆周长概念，模型 1、模型 4 则需要借助某种转换才能与圆周长概念相联系。而一般的周长概念是对圆周长、长方形周长等封闭图形周长进行概括的结果。

我们看到，这两种分析对于情境模型中识别圆周长的难易度认知有较大的不同，根源在于对圆周长概念和一般的周长概念的关系处理不同。前者从一般到特殊，是演绎性处理；后者从特殊到一般，是归纳性的处理。诚然，一般周长概念的给出，需要对各种图形周长的概括，我们对圆周长概念和一般周长概念之间关系的认知与范希尔理论并没有什么区别——我们当下的关于认识周长方面的教材编写、教师教学中通常也都涉及对长方形、正方形、三角形、圆等图形周长的概括，关键是，在该课的教学中我们给出了一般的周长定义，没有给出圆周长的定义，而对于圆周长的教学而言，我们不仅需要正式的（用语言符号叙述的）一般周长概念，还需要同样正式的圆周长概念帮助学生进行推理和模型识别。范希尔理论也特别重视学习中语言符号的作用，认为每一层次都有其专属的阶段性语言符号作为思维的工具和依托，这种语言的发展是从具体到抽象、从特殊到一般的。显然，演绎性、归纳性的不同处理就导致了对情境模型识别难易度认知的不同，这也印证了范希尔关于学生的思维发展更多地取决于学习背景的观点。

圆周率反映的是圆周长与直径这两个几何量之间的正比例关系，我们试着给出圆周率认识的几何思维水平。

层次 0：视觉

能操作大小不同的圆滚动并辨认它们所经过的路线，认识到大圆滚动所经过的路线更长。能利用圆形物品，描其轮廓线画大小不同的圆。能借助圆规画大小不同的圆，能用日常语言描述画法，认识到圆规两脚张得开些能画出更大的圆，张得开时圆规转动的一脚所经过的路线更长。能操作几何画板软件画圆并缩放圆，用日常语言描述变化。借助操作正多边形和圆，能辨认一个正多边形正好盖住圆（圆外切正多边形）或正好被圆盖住（圆内接正多边形）。

层次 1：分析

认识到圆周率概念的组成要素——直径、圆周长，即认识到圆的周长与直径、半径有关。认识到对大小不同的圆而言，其相应的外切正多边形、内接正多边形也大小不同。能借助周长概念，从情境中抽象出周长大小比较问题，如沿大小不同的圆走一圈，哪个路程长？大小车轮各转一圈，哪个前行的路程长？给大小两面圆形镜子做边框，哪个所需材料长？沿圆和它的外切正多边形和内接正多边形分别走一圈，哪个路程长？

层次 2：非形式化的演绎

能借助周长概念，进行非形式化的推论。包括：不同于层次 1 主要借助视觉经验比较圆周长，这一层次可以借助“化曲为直”的绕线法和滚动法直接比较两个圆的周长和直径长，来认识“圆周长与直径有关”。能借助实验的结果做统计推理，知道圆周长是直径的 3 倍多一些。认识到圆的周长小于外切正多边形的周长，大于内接正多边形的周长，圆外切正方形周长是直径的 4 倍，圆内接正六边形周长是直径的 3 倍，认识到圆周率介于直径的 3 倍到 4 倍之间，能由此做合情推理：圆周率是一个定值。能借助多媒体辅助手段认识圆周长是正多边形边数趋于无限时的周长极限，认识到圆周率是一个定值。能由圆周率的定义推导出圆周长的计算公式并解决问题。

层次 3：形式化的演绎

在层次 2 的基础上，能借助极限概念，用演绎的方式认识圆周长是其内接或外切正多边形当边数趋于无限时的周长的极限，以此形式化地证明圆周率是一个定值。

层次 4：严密性

能在不同的数学系统下建立圆周率概念，理解和比较用几何法和分析法求圆周率的优劣。能理解圆周率是无理数、超越数。

上文是根据范希尔理论给出的圆周长和圆周率概念学习的几何思维发展水平层次。显然，不是所有的层次都是小学数学教学所要求的，对于小学生而言，所能或所需达成的水平层次主要集中在层次 0、层次 1 和层次 2。根据尤西斯金（Usiskin）的研究，完成中学几何课程后，仍有 40% 学生的几何发展处于层次 3 以下（鲍建生 等，2009）[12-13]，因此，我们显然不能对小学生提太高的要求。

> **思考**
>
> 圆的周长的相关数学上位知识有哪些？你同意笔者的解读与划分吗？你认为哪些地方可以有所改进？请写出来。

6.1.3 对教学有什么启示？

范希尔的几何思维水平理论对几何教学的指导作用是多方面的，下文着重讨论课程教材的结构分析与处理、学生几何思维水平评估和课堂教学设计与实施三个方面。

如何进行教材结构分析与处理？

> **思考**
>
> 你能利用范希尔的几何思维水平理论进行圆的周长的相关教材分析吗？你打算如何展开分析？

范希尔的几何思维水平理论不仅为几何课程设计提供了指导，也为我们评估当下的课程教材结构设计，并做出进一步的优化处理提供了指导。下面以人教版教材为例进行具体说明。

显然，圆周长与圆周率的几何思维水平发展不是孤立的，不仅这两者之间的发展相互影响，同时也有赖于圆概念和周长概念的发展。由于周长是平面封闭图形的一周长，所以圆周长几何思维水平发展道路上的第一只拦路虎是平面图形与立体图形的区分问题，就圆周长而言，圆与球的区分是其典型。由于周长和面积是封闭图形的两个重要数量特征，因此周长和面积的区分问题就成了第二只拦路虎，具体到圆，就是圆周与圆面的区分问题。只有圆周长的几何思维水平达到分析层次，圆周率的几何思维水平才能进一步发展，通过圆周长概念发展如何促进圆周率概念发展是第三个需要讨论的重要问题。

➤ 圆与球——平面与立体概念如何发展？

> **思考**
>
> 学生如何学会区分圆和球？他们关于平面、立体概念的发展有哪些思维水平？

人教版教材中关于圆的认识始于一年级上册“认识物体与图形”。教材先安排学生认识立体图形——长方体、立方体、圆柱和球（见图6.1、6.2），进而借助这些立体图形上的面通过描画、拓印认识平面图形——长方形、正方形、三角形和圆（见图6.3、6.4），这是因为立体图形是对实物的抽象，平面图形总是依附于某个具体物，很难找到独立于具体物的平面图形，这就使通过立体图形进而认识平面图形成为当然。

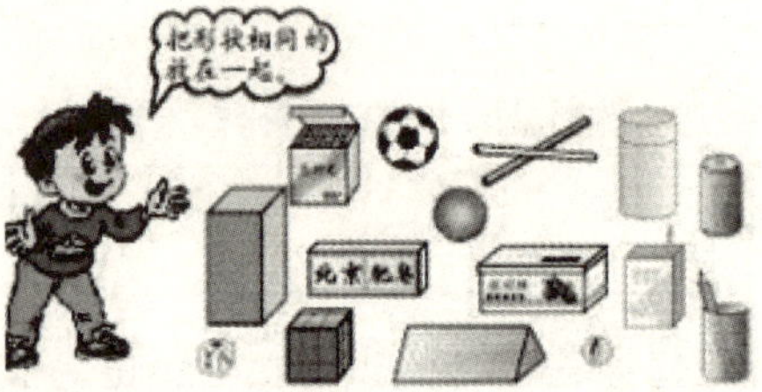

图 6.1

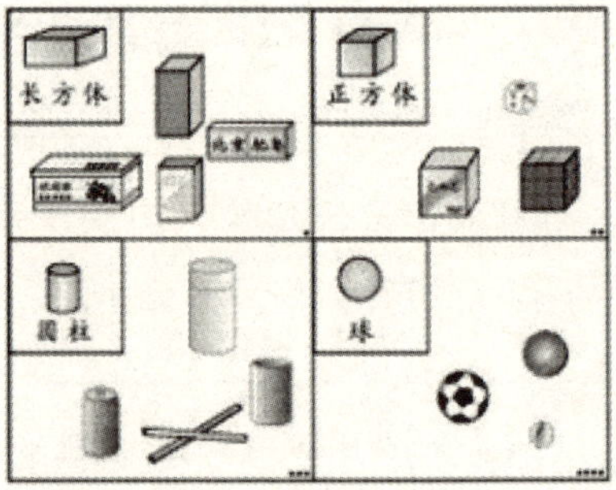

图 6.2

图 6.3

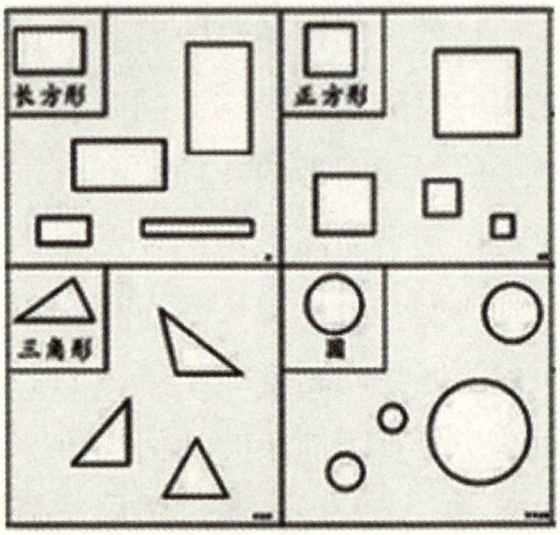

图 6.4

教学中，学生会把足球、皮球、玻璃球归为一类。在此基础上，教师给出由这一类物体抽象所得的图形及名称——球，通过描画、拓印得到一些平面图形后，学生也能把大小不等的圆归为一类，其中通过描画轮廓学生获得了关于圆周的活动经验，通过拓印获得了关于圆面的活动经验。教学没有区分圆周和圆面，但显然帮助学生建立了球和圆的视觉表象，为进一步的学习打下了基础。

有意思的是，不论我们在教学中是否问学生“足球、皮球、玻璃球（或球）是什么形状的”，学生通常都会说“……球是圆形的”，球的轮廓是球面，而圆的轮廓是一条曲线，所以，正确的说法应该是“……球是球形的”，学生为什么会说“……球是圆形的”呢？这可能首先来自于成人的告知。成人并非不知球和圆的区别，为什么也会这样说呢？试想，如果要画一个球，我们通常会先画一个圆，这其实就相当于球在平面上的正投影，也可以视作球在我们视网膜上的影像，这可能是“球是圆的”的视知觉原因，当然人眼还会通过双眼的视觉差产生球的立体感。另外，生活经验中的圆形经常跟滚动联系在一起（见图6.5），平面上物体滚动的条件就是物体在滚动方向上的同向切面是圆。所以，在日常语言中，我们不仅说“球是圆的”，也说“圆柱是圆的”，其实我们说的是这两种图形中存在圆的切面。

图6.5

实际上，学生也并非不知道球和圆的区别。从访谈中我们知道，学生关于球和圆的视觉表象是与他们的操作活动经验紧密联系在一起的。

师：圆的东西是怎么样的？

生：很光滑，没有角，没有凸起的地方，也没有凹进去的地方，就是摸上去像水一样，没有坑坑洼洼。

师：为什么你们认为球是圆的？

生：因为它想往哪里滚就可以往哪里滚。因为它摸上去滑溜溜的。它可以乱滚。

师：你们说球是圆的，那么球和圆一样吗？

生：不一样。圆是平平的，球是圆滚滚的、胖乎乎的。球是可以抱起来的，圆是可以贴在黑板上的。球是用两只手这样围起来的（用手比画一个空间的概念），而圆是这样一圈（用手指在空中描画了一圈）。

可见，学生对立体和平面还是有清晰的概念的，他们确实清晰地区分了球和圆，主要问题可能还是在于日常语言的模糊性与数学语言的精确性之间的矛盾，完成这一跨越可能就是教学的重要工作，这可能也是范希尔重视几何思维水平发展中语言符号的作用的重要原因。

再来看看图6.6中的练习，利用球能否画出圆呢？我们来看一下教学的实际情况。

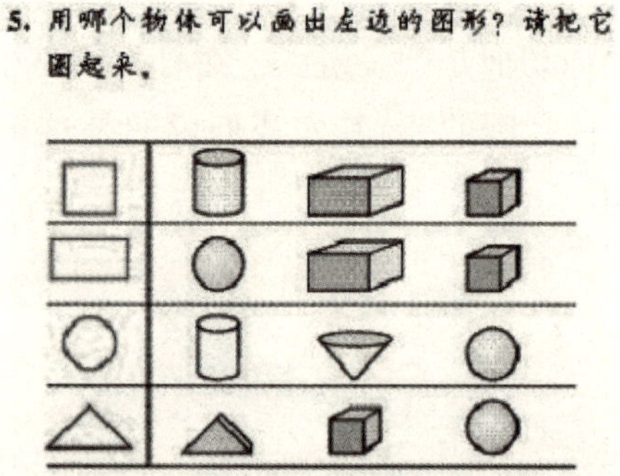

图6.6

师：利用球能画出圆吗？

生：能。(学生都点头表示同意) 只要拿个球用力压下去，再拿支笔把凹进去的那个地方描一圈就能画出圆。

师：课堂上我们说这样的图形才是球 (指着球形)，这样凹进去了还是球吗？(教师压一个皮球)

生：不是了，形状变掉了。

生：还是的呀，它本来就是球啊，压一下也还是球啊。

……

师：看来，压一下以后球的形状就产生了改变，不是我们一开始认定的标准形状了，我们就认为它不是球形了，所以这个圆不是用球画出来的，而是用另外一个图形画出来的。其实，大家想一想如果我们手上的球不是皮球，不能压呢，比如说铁球、乒乓球，还能用这个方法画吗？

生：不能。但可以把球切开来，就可以画了。(其他学生点头表示同意)

师生共同活动：用一块橡皮泥搓一个球，切开来，切面是一个圆，描画或拓印下来就可以；用铁丝在球上绕一圈，取下来就是一个圆；把一个装饰球用剪刀沿着中间的一圈结合缝剪开来，在两个空心半球上找到结合缝就是圆。……学生认为球里面有很多个大大小小的圆。圆是球的一部分，球表面一圈一圈的都是圆，可以在球的表面画出圆。在这里，学生并没有区分圆周和圆面的概念，他们觉得一圈一圈的圆和切出来的圆是一样的。

教学得到的结论是：借助纸笔直接用球在纸上画出圆是不可能的。

这实际上是可能的：球放在平面上，一支笔垂直于平面，紧靠球面，转一圈就在纸上留下一个圆。这种画法跟正投影有关，理论上可行，操作上难度不小。从我们观察到的课堂教学实际来看，还没有一年级学生能想到这样的画法，“观察物体”的学习可能对此有帮助。

分析上面的教材和教学过程，我们可以知道：通过拓印、描画学生认识了圆，知道大圆、小圆都是圆，但没有区分圆周和圆面，学生对圆周的认识能达到层次 0 并停留在这一层次。从学生“只要拿个球用力压下去，再拿支笔把凹进去的那个地方描一圈就能画出圆”，说明学生头脑里的球形还没有成为不依赖于具体物的独立的几何对象，学生在思考解决几何问题时用具体物的物性不变取代了几何图形的属性不变，其思维水平并没有真正达到层次 0。只有认识到通过挤压操作形变后的图形不符合球的轮廓特征，所以不是球，才脱离了具体物物性的限制，真正从图形的整体轮廓来认识图形，学生的几何思维水平才真正达到层次 0。在此基础上，认识到球里面有很多大大小小的圆，对球的认识才真正进入了层次 1。此时，学生才真正区分了圆是平面图形而球是立体图形，也即把平面图形和立体图形真正区分了开来，为本册继续学习分类（见图 6.7）和后续进一步深入学习平面图形的周长和圆周长奠定了基础，到了六年级如能引导学生认识到圆周以直径为轴旋转可形成球面、圆面以直径为轴旋转可形成球体，进而认识“点动成线、线动成面、面动成体”（见图 6.8）并由此做空间推理，则其几何思维水平即由层次 1 的分析水平进入层次 2 的非形式化的演绎水平。

图 6.7

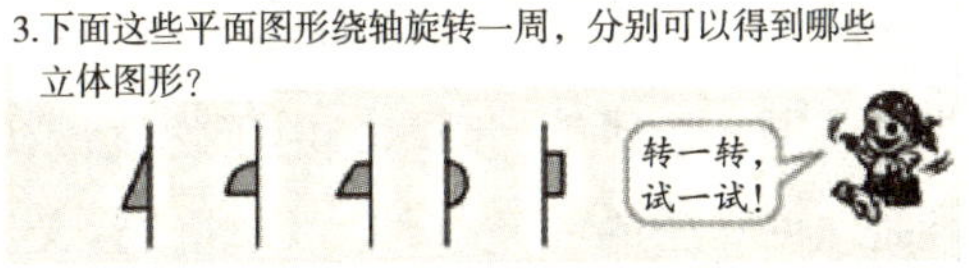

图 6.8

➤ 圆周与圆面——周长与面积概念如何发展？

思考

学生如何学会区分圆周和圆面？他们关于周长、面积概念的发展有哪些思维水平？

人教版关于周长与面积认识的学习分别放在三年级上册和三年级下册，定义周长为“封闭图形一周的长度”，定义面积为“物体表面或封闭图形的大小”。封闭图形其实包括平面和曲面两种情况，其中平面封闭图形是大家所熟悉的，大体上可以分成直边和曲边两大类，直边图形如长方形、正方形等，曲边图形如圆等。曲面封闭图形我们关注不多，小学数学教学中也基本不涉及，如图 6.9 中足球上的白色皮子，我们可以求其中一块的周长和面积。

图 6.9

曾经有学生这样问：面积和周长怎么可以分开呢？如果没有外面的周长把这个图形圈起来，那么这个图形不就没有边界了吗？那我们怎么知道它的大小呢？涂色的时候如果没有勾线，我们怎么知道这块颜色要涂到哪里呢？可见，在学生的经验世界里，一个图形的周长和面积是不可分割的整体——必须有一个封闭的外框，然后才有被外框包围起来的面积。因此，在球和圆的教学中，学生对圆周和圆面不加区分是正常的（甚至到了六年级还存在这样的问题）。一般需要我们明确地让学生指一指的时候，他们才会认真地去思考周长和面积分别是图形的哪个部分。因此，我们在周长和面积的教学引入阶段，要让学生对封闭图形与不封闭图形、封闭图形的边“线”和它围成的“面”有所区分。甚至可以考虑在周长和面积的学习之前专门开设一节课来让学生研讨上述问题。

在小学数学中，周长的认识仅限于平面封闭图形，是平面封闭图形的轮廓线长。由于周长的一般概念是对不同封闭图形如长方形、正方形、圆等的一周长的抽象，同时，由于学生最初的学习中还无法了解周长的定义，但能理解图形的“轮廓线”一词的含义，能用“封闭”或“不封闭”（或意思相同的生活用语）来描述图形，因此，作为层次 0 的视觉思维水平，其具体内容就是识别不同图形的轮廓线，能描出它们的轮廓线，通过直觉判断来比较不同轮廓线的长短。教材提供了适于这一水平学习的素材（见图 6. 10）来呈现封闭图形的一周长，但从范希尔关于这一水平的描述来看，要让学生通过整体轮廓辨认图形的轮廓线，必须要呈现封闭和不封闭图形。从具体的教学来说，可以同时呈现封闭和不封闭图形让学生辨别。也可以像教材一样先呈现封闭图形让学生感知周长，再呈现不封闭图形进行辨别。利用范希尔理论改进教学能有效避免教材中给出周长概念时出现“封闭图形”一词的突兀感。另外，教材的学习素材提供恐怕不足以促使学生主动关注轮廓线长，如果能创设问题情境，如两个小动物用同样的速度绕大小两个圆爬一周，哪个先回到起点？根据两幅长方形的画制作画框，哪个需要的木条长？则能取得更好的教学效果。

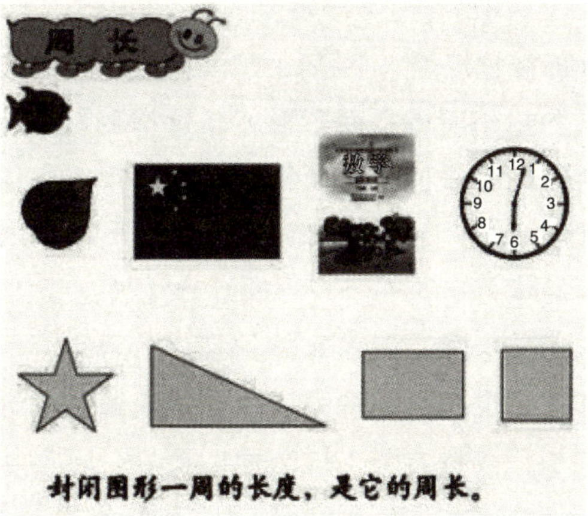

图 6. 10

就层次 1 的分析思维水平而言，学生能区分封闭图形和不封闭图形，明白封闭图形的特性就是从边线的任一点出发可以不重复地经过边线回到起点，不封闭图形无法做到这一点。能区分曲边图形一周和直边图形一周，认识到直边图形的一周由各边围成。作为过渡，教学要给出周长的定义，借助定义学生能认识到直边图形的周长与边的长短有关，而曲边图形（这里特指圆）的一周还缺乏相关概念，难以展开相关分析，只能停留在层次 0，需要后续教学才能达到层次 1。

图 6. 11 所示的活动涉及的是层次 2 的思维水平，与后续长方形、正方形周长公式的学习处于同一水平。

图 6.11

面积的层次 0 即视觉思维水平是什么呢？显然是需要辨别面和线。让一年级学生区别描画和拓印所得平面图形就是这样的好题材，到了三年级可以告诉学生描画所得的是线，拓印所得的是面，观察立体图形发现有很多面围成。还可以让学生进一步辨别，如团扇扇面周边一圈的是线（圆周），中间蒙的纱是面；足球上一块皮子一周的缝合线处是线，蒙着的皮子是面，没有面就会漏气。让学生建立覆盖物体的是面、封闭图形的边线所围成的平面或曲面部分的大小也是面的视觉表象，进而通过直觉判断或面的相互覆盖认识到面有大小。教材省略了线与面的辨别，直接从面的大小开始教学（见图 6.12），而教材所用的例子仅限于封闭图形面的大小，定义中“物体的表面”出现得很是突兀。从教学的角度看，教材所创设的情境也显得驱动性不足——我们到底为了解决什么问题而比较？不免让学生觉得有点莫名其妙。如果创设这样的情境：粉刷两堵墙壁，均匀涂上同一种涂料，哪一堵所需的涂料多？制作大小两个足球，哪个所需的皮子大？或者给一个铁丝焊成的长方体框架覆上纸板，哪个面覆的纸板比较大？等，教学效果可能会好一些。

图 6.12

就层次 1 的分析思维水平而言，学生能区分物体表面和封闭图形的面，认识到物体表面由平面或曲面围成。作为过渡，教学要给出面积的定义，借助定义学生能认识周长和面积是封闭图形的两种属性，能区分周长和面积。认识到长方形、正方形的面积与边的长短有关，而曲边图形（这里特指圆）的面积还缺乏相关概念，难以展开相关分析，只能停留在层次 0，需要后续教学才能达到层次 1。

后续长方形、正方形面积公式的学习处于层次 2 的思维水平。

➢ 长度与比值—— 如何从对象发展到关系？

思考

从周长和直径的具体长度到两者的比值，从两个与长度有关的对象演变成两者之间的关系，其思维水平又是如何发展的呢？

通过前面的分析，我们知道经过一年级和三年级的教学，学生关于圆和圆周长的认识都已经达到了思维层次0，我们来看看在六年级上册这两个概念如何继续发展。

显然，圆的认识是从层次0开始的（见图6.13），然后借助活动分析圆的要素及特征（见图6.14），以此建立图形的特性（见图6.15），如同圆或等圆的半径相等、直径相等、直径是半径的2倍、半径是直径的$\frac{1}{2}$，圆是轴对称图形，对称轴是直径所在的直线。进而利用特性解决问题，如画圆（见图6.16）。从全课来看，在圆的认识上学生的几何思维水平大体达到了层次1，由于没有给圆下定义，也没有对圆周和圆面做区分，就不能利用圆的定义解释为什么同圆或等圆的半径相等、直径相等、面积相等、周长相等、直径是半径的2倍或半径是直径的$\frac{1}{2}$，为什么圆是轴对称图形，为什么对称轴是直径所在的直线，因而几何思维水平也就难以达到层次2。范希尔把特定的思维层次水平与特定的语言符号对应起来。显然，几何思维的发展会促进语言符号的意义习得；反过来，几何语言符号系统的发展也会促进或制约思维的发展，毕竟语言是思维的外壳，也是思维的重要工具和对象，这是很有道理的。

图6.13

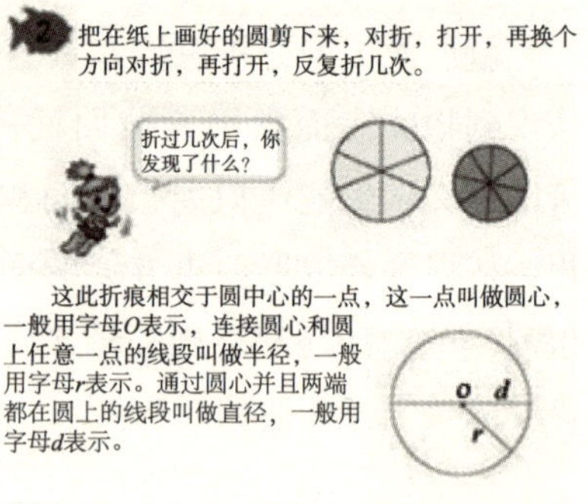

图6.14

图 6.15

图 6.16

圆周率研究的是圆周长和直径两个对象之间的关系，教材如何安排从圆周长的认识到圆周率学习的思维层次呢？

在三年级上册“周长的认识”中已经涉及圆周长，由于缺乏相关概念，学生的思维水平为层次 0，在这一课之后安排了这样的习题（见图 6.17），有助于学生视觉表象的形成，在四年级下册“数学广角”（见图 6.18），实际上也已经涉及了圆周长的概念。

图 6.17

图 6.18

再来看六年级上册的教材安排。如图 6.19、图 6.20 所示，圆周长思维发展水平从层次 0 到层次 2 的过程呈现得非常完整，而圆周率的学习却缺少层次 0 和层次 1，直接在层次 2 水平上展开教学。虽说学生在圆的认识学习和日常生活中可能已经获得了与圆的周长和直径（半径）有关的知识经验，事实上已经具备了层次 0 和层次 1 的思维水平，但这毕竟不是正式的教学，没有正式提出来让学生关注和思考这一问题，在实验操作中学生容易陷入盲目的教师指令下的机械操作。

图 6.19

图 6.20

综观圆周长和圆周率的教学，教材都没有在与割圆术有关的圆（或圆周长）是正多边形（或正多边形周长）的极限上着力。

如何进行学生几何思维水平评估?

前测是要判定学生已经达到的几何思维水平，确定教学起点。下面我们来研讨如何通过前测来判定学生在本课教学前关于圆周长概念、圆周率概念方面可能达到的几何思维水平。

如何进行圆周长概念的学前评估?

思考

如何进行圆周长概念的学前几何思维发展水平评估? 用怎样的测试题? 如何施测?

学生圆周长概念的学前几何思维发展水平决定了本课教学的起点，课堂教学的起点不可能无限制降低，因此需要评估学生整体的思维发展水平，通过对部分学生的课前补偿教学使全班学生达到某个相对统一的共同起点，便于班级授课的有序展开。为此，可以用下列测试题进行评估。

1. 下面哪个图形是圆？你是怎么看出来的？

图 6.21

层次 0：能找出圆，能借助肢体语言和日常生活语言描述圆和其他图形的区别。如用手势表示圆是平平的，球和圆柱是鼓鼓的、凸起的，等等。

层次 1：能找出圆，能用立体图形、平面图形等标准名称描述圆和其他图形的区别。

实际上，还存在一个比层次 0 更低的水平，即不能正确地找出圆，学生往往把“圆”和“圆的”混为一谈。教师需要举出更多的实例，告诉学生这是“圆”，这是“球”，这是“圆柱”，让学生从不断的判断和教师（或成人）反馈中逐步形成“圆”的表象，并与“圆”这一语词联系起来，也就能把“圆”和“圆的”区分开来了。

2. 下面哪个图形是圆？你是怎么看出来的？

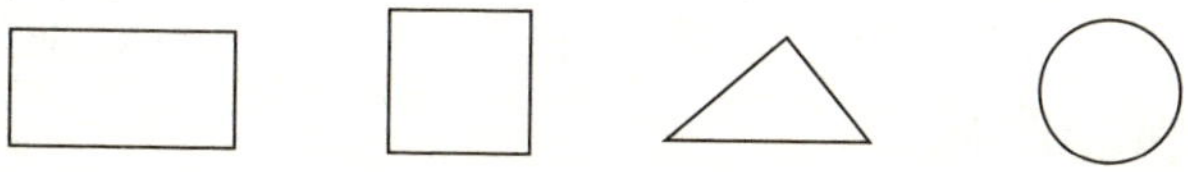

图 6.22

层次 0：能找出圆，能借助肢体语言和日常生活语言描述圆和其他图形的区别。如用圆是没有棱角的、光滑的，而正方形、长方形、三角形是有棱角的、一下子转过来的，圆是慢慢、不停地转过来的，等等。

层次 1：能找出圆，能用线段围成的图形、曲线围成的图形等标准名称描述圆和其他图形的区别。

理论上存在比层次 0 更低的水平，但实际测试中出现的可能性不大。

3. 下面哪个图形是圆？你是怎么看出来的？

图 6.23

层次0：能找出圆，能借助肢体语言和日常生活语言描述圆和其他图形的区别。如学生认为第二个图形没有封口，所以不是圆，等等。

层次1：能找出圆，能用封闭图形、不封闭图形等标准名称描述圆和其他图形的区别。

在实际测试中，往往有学生会认为两个图形都是圆，区别在于第二个图形画到中途停下了，还没有封口。在教学中，教师要告知学生并强调，只有像第一个图这样的才叫圆，除了大小，如果与它有任何不同的都不叫圆。

4. 下面哪个图形是圆？你是怎么看出来的？

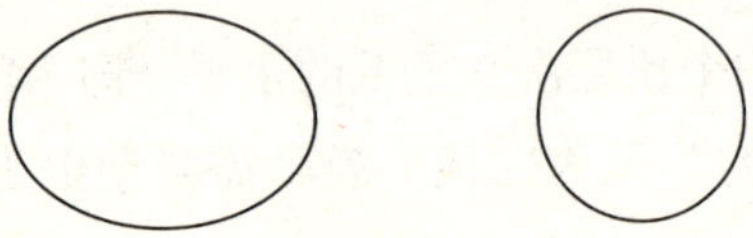

图 6.24

层次0：能找出圆，能借助肢体语言和日常生活语言描述圆和其他图形的区别。如学生认为第一个图形是把圆压扁了（有人知道叫椭圆），所以不是圆，等等。

层次1：能找出圆，能用圆的半径相等、有无数条对称轴等特性来说明圆与第一个图形的区别。

在实际测试中，存在比层次0更低的水平：学生会认为第一个图形也是圆，也是没有棱角的、光滑的，只不过是压扁了的，第二个图形是上下左右一样长的正圆；第一个滚起来有起伏，第二个没有。在教学中，教师要告知学生并强调，只有像第二个图这样的才叫圆，要符合它的一些特性，如半径相等、有无数条对称轴等，不符合这些特性的都不叫圆。

5. （1）说一说，图中的小朋友们在干什么？

（2）找一个圆柱体，分别用图中所示的方法印一印、描一描，得到图形有什么相同与不同的地方？

图 6.25

层次0：能说出两个图形都是圆，能用日常生活语言描述两者的区别。如第一个图形印下了整个圆的面，第二个图形描下了圆的轮廓线（或一圈），等等。

层次1：能用标准名称区分圆周和圆面。

6. 小甲虫从下面图形的轮廓线上一点出发，不重复地经过这个图形轮廓线上的每一处回到出发点，哪些图形能做到？

图 6.26

层次0：能借助描画轮廓线等操作活动找出符合要求的图形。

层次1：能说出符合要求的图形都是封闭图形，封闭图形的一周长叫作这个图形的周长。

7. 图中用黑色和灰色表示出的分别是这个图形的什么？

图 6.27

层次0：能用日常语言说明图中黑色和灰色所表示的对象。如黑色表示的是这个图形的轮廓线，灰色表示的是轮廓线所围成的部分；黑色表示图形周边的一圈，灰色表示一圈围成的面；黑色就是做了一个框，灰色就是在框里蒙上布；等等。

层次1：能用标准名称区分图形的周长和面积。

8. 用下面的方法测量得到的是这个圆的什么？

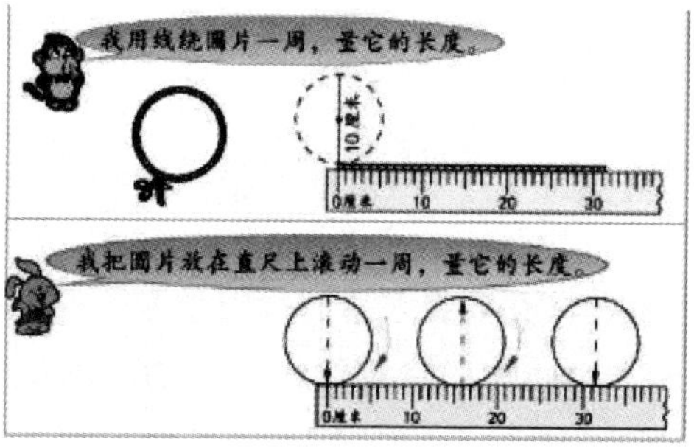

图 6.28

层次0：对于绕线法，学生能说明这是圆一圈的长，但不能解释滚动后测量得到的是什么。

层次1：能用标准名称说出绕线法测得的就是这个圆的周长，学生可能会觉得滚动法得到的也应是这个圆的周长，但不能做出令人信服的解释。

层次2：能对滚动法测得的是这个圆的周长做出令人信服的解释。

9. 下面的问题都与圆有关，它们分别求的是这个圆的什么？为什么？

(1) 为一面圆形镜子做一个镜框，镜框的长度是多少？

(2) 小明绕一个圆形花坛走一圈，小明走了多少米？

(3) 自行车的车轮转一圈，自行车行进了多少米？

层次0：能借助肢体语言、日常生活语言或画图演示描述所求问题，但不能用标准的名称来描述问题。

层次1：能说明前两个问题就是求圆周长，但不能说明第三个问题也是求圆周长，或者不能做出令人信服的解释。

层次2：能说明第三个问题也是求圆周长，并做出令人信服的解释。

10. 如下图所示，把同样大小的圆不断对折，沿虚线剪开，展开后可以不断得到新的图形，说说新图形轮廓线与原来圆轮廓线之间的关系。

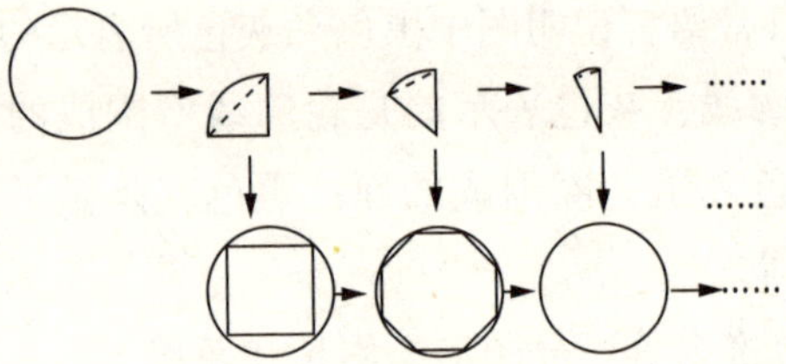

图 6.29

层次0：能借助动手操作体验，用日常生活语言说明折的次数越多，剪出的新图形越接近原来的圆。

层次1：能用标准的名称说明折的次数越多，剪出的正多边形周长越接近原来的圆周长。

层次2：能进行非形式化演绎：折的次数越多，剪出的正多边形边长越接近圆弧的长，因此正多边形周长越接近原来的圆周长，圆周长是正多边形周长的极限。

显然，作为本课教学的前提条件，学生的几何思维应达到测试题 1 ~ 7

的层次 1 的水平，如果有学生没有达到，教师应参考题后的教学建议，通过适当的活动让学生达到这一水平。另外，在实际的测试中，我们可以把 10 道题中的几道题并成一道题进行施测，这里分开来是为了便于清楚地给出相应的几何思维水平的具体描述。

➢ 如何进行圆周率概念的学前评估？

思考

如何进行圆周率概念的学前几何思维发展水平评估？测试题如何编制？如何施测？

在学习本课之前，学生可能已经知道了圆周率，知道了圆周长的计算方法，但他们是否真正理解，其几何思维究竟发展到何种水平却往往难以判定。为此，可以用下列测试题进行评估。

1. 用圆规画大小不同的圆，比较画哪个圆时圆规转动一脚所经过的路线最长？你有什么发现？

层次 0：能根据活动经验用日常语言说明圆规两脚张得越开，圆规转动一脚所经过的路线越长。

层次 1：能用标准的名称说明圆的大小与直径（半径）有关，圆的周长与直径（半径）有关。

层次 2：能进行非形式化的演绎，如圆的周长与直径有关，直径越大，周长越大；反之亦然，由此猜想$\frac{C_1}{C_2}=\frac{d_1}{d_2}$，经测量计算得到大体验证后进而猜想$\frac{C_1}{d_1}=\frac{C_2}{d_2}$。

本题相当于情境模型 3 的问题，紧承“圆的认识”教学，充分利用学生用圆规画圆的活动经验。也可以用同类的题来施测，如小甲虫沿大小不同的圆（如图 6.30 所示）爬行一圈，哪个圆爬行的路线比较长？

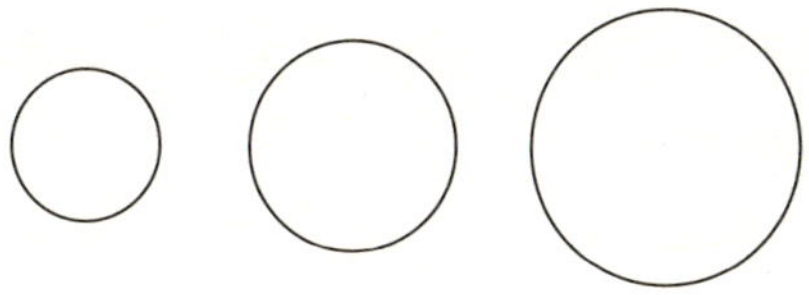

图 6.30

正常情况下，学生在本课教学前就能达到层次 0、1，层次 2 的评估可用于教学过程。

2. 如图 6.31 所示，给大小不同的圆镜镶边框，哪个圆镜所需的边框材料长（镜框的厚度忽略不计）？

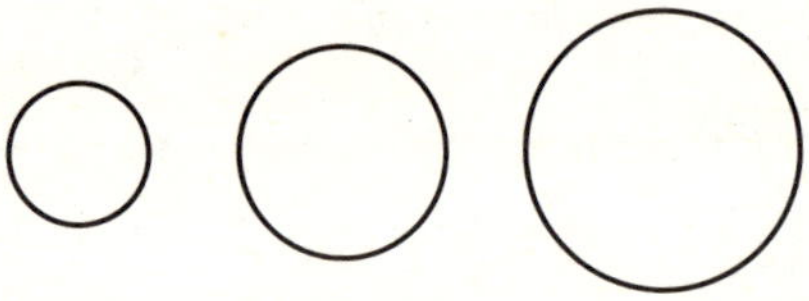

图 6.31

层次 0：能根据直觉用日常语言说明越大的圆所需的边框材料越长。

层次 1：同第 1 题。

层次 2：同第 1 题。

本题是情境模型 1 的问题。

3. 如图 6.32 所示，三种不同规格的自行车轮，各滚动一圈，哪种车轮行的路程比较长？

图 6.32

层次 0：能根据生活经验用日常语言说明规格越大的自行车轮滚动一圈所行的路程越长。

层次 1：同第 1 题。

层次 2：能合理解释“圆滚动一周所经过的距离就是这个圆的周长”。其他同第 1 题。

本题是情境模型 4 的问题。

4. 遥控赛车分别沿图 6.33 中的圆、正方形、正六边形的边行驶，请你按行驶路程从短到长排列。

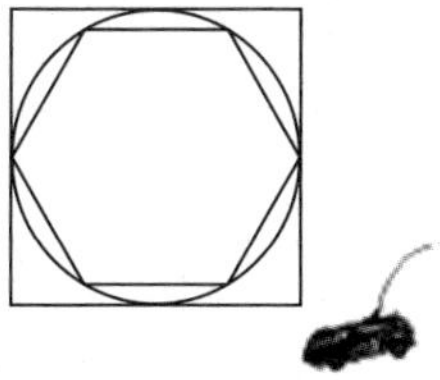

图 6.33

层次 0：能凭直觉给出行驶路程从短到长的排列为：正六边形、圆、正方形。

层次 1：能用标准名称说明本题是正六边形、圆、正方形的周长比较，正六边形、正方形的周长与它们的边长有关，圆的周长与直径有关。

学生达到层次 1 后，教师进一步提问：想一想正方形、正六边形的周长与圆的直径有什么关系？你有什么发现？

层次 2：学生能进行非形式化的演绎，得到圆的周长介于直径的 3 倍与 4 倍之间，更接近 3 倍一些，通过图形缩放，认为这一倍数的取值范围对于所有的圆都适用，具有一般性。

显然，本题的评估也非常适合于在教学过程中进行。

➢ 如何进行学后评估？

思考

本课教学后如何进行圆周长、圆周率概念的几何思维发展水平评估？测试题如何编制？如何施测？

本课教学后，圆周长、圆周率的概念在教学中得以进一步落实，几何思维水平评估可以合并进行。可以把前测中圆周长测试的第 8、9、10 题，圆周率测试各题的原题或适当改编后的题以及另编的同类题用于后测。如：

1. 圆周长测试原题 8 。

2. 解答下面的问题，说说你是怎么想的。

（1）为一面直径为 50cm 的圆形镜子做一个镜框，所需镜框的材料长度是多少？（镜框材料的厚度忽略不计）

（2）一个圆形花坛的半径是 40m，这个花坛的周长是多少米？

(3) 如图 6.34 所示，英国著名的摩天轮“伦敦之眼”直径 135m，每分钟转 10m，小明旅游时登上这个摩天轮转了一圈花了多少时间？

图 6.34

(4) 大小两辆自行车轮胎的外直径分别是 60cm 和 70cm，车轮各转一圈，大自行车比小自行车多行进了多少米？

层次 0：能用画图等方法解释题目意思，知道题目与圆有关。

层次 1：知道所需解决的问题与圆的周长有关，因此涉及直径、半径等数量。

层次 2：能利用周长计算公式求解，做非形式化推理。

与本大题同类的题目有很多，包括涉及周长计算公式的各种变式练习、综合练习，通常均不超过几何思维层次 2 的水平。范希尔理论确实给几何课程的整体设计提供了良好的指导，但对于变式练习、综合练习中的能力评价就显得不太合适，至少是不够细致的，需要其他理论的补充。

3. 圆周长测试中的原题 10。

4. 圆周率测试中的原题 4。

5. 两枚同样的 1 元硬币，让其中一枚沿着另一枚的边缘无滑动地滚动，这样绕着不动的硬币转动一周后，它自己转了几圈？

层次 0：通过操作实验来获得结果（可以用两枚同样的齿轮来代替硬币）。

层次 1：知道所需解决的问题与两枚硬币的直径（半径）、周长都有关系，认识到自转中还包含公转，自转时动圆的圆心运动不同于圆上其他点的运动，可能是解题的一个突破口。

层次 2：进行非形式化推理，如动圆需沿不动圆的圆周滚一个圆周长，需自转一圈，同时又绕不动圆滚一周，还要自转一圈，共两圈。利用动圆圆心的运动计算圆周长，得到自转 2 圈。

层次 3：把圆看作正多边形的极限，利用正多边形外角和为 360°，求得自转 2 圈。

在实际测试中，因知识水平所限，学生达到层次 3 的可能性微乎其微，但通过教师的解释可能有部分学生能理解。

如何进行课堂教学设计与实施？

对应于几何思维水平的五个层次，范希尔夫妇提出了 5 个教学阶段（鲍建生 等，2009）[6]，并给出了详细的说明。这一教学序列既适合教师的直接教学，也适用于学生不依赖教师的独立学习。

阶段 1：学前咨询（information）。教师和学生就学习对象进行双向交谈，教师了解学生如何理解指导语，并且帮助学生理解要学习的课题。学生提出问题，观察课题研究对象，记录运用的词汇，确定下一步的学习。在这一阶段，使用词汇与术语是相当重要的，这个层次中独特的词汇、用语和题目的标题通过对话而被引入。

阶段 2：引导定向（guided orientation）。教师为学生仔细安排活动顺序，使学生认识到学习的方向，逐渐熟悉这一学习对象的结构特性。在这个阶段中，许多活动都是引起一个特定反应的一步（简单）作业。

阶段 3：阐明（explication）。通过前面的经验和教师最低程度的提示，学生明确了词汇的意义，表达自己对内在结构的看法。在这个阶段，经验的获得取决于正确的语言符号和学生在课堂上对所观察到的结构的讨论，教师只需注意这些讨论所使用的习惯措辞。在这个阶段部分形成关联系统。

阶段 4：自由定向（free orientation）。在这个阶段，学生碰到多步作业或能以不同方式完成的作业。在寻找方法和解决问题的过程中，学生获得了经验。通过自己确定学习领域的方向，他们对学习对象之间的关系越来越明确。这个阶段是自由探索的，探索的范围是大多数学生知道的，但学生仍需迅速地找到他的探索方向。

阶段 5：整合（integration）。学生回顾自己所用的方法并形成一种观点，对象和关系被统一并内化进一个新的思维领域。教师对学生理解的东西进行全面的评述，帮助学生完成这一过程。在此，教师要小心，不要提出新的或不一致的观点。

范希尔认为在第五个阶段结束时，新的思维水平就获得了。那么，如何把这五个教学阶段化为具体的圆的周长的教学设计呢？下面试做探索。

思考

如何利用范希尔的教学五阶段来设计、实施圆的周长教学？

【教学目标】

(1) 经历用动手实验、推理演算探索圆周率的过程，培养学生的实践能力、推理能力和科学态度，感受数学思考的力量，发展几何思维。使所有学生能在非形式化水平上理解圆周长、圆周率概念，使20%左右的学生能在形式化水平上触及圆周长、圆周率概念。

(2) 体会古代数学家的首创精神和实践智慧，了解我国古代数学家的研究成就，培养民族自豪感。

(3) 理解圆周率的意义，掌握周长计算公式，能利用公式解决简单的实际问题。

【教学过程】

阶段1：学前咨询

(1) 呈现课题，讨论、理解课题。

教师呈现本课要学习的课题：圆的周长。

教师提问：今天我们要学习圆的周长，那么，什么是圆的周长呢？

学生回答：圆一周的长度。

教师呈现学习材料（如图6.35所示）：

图6.35

教师提问：你能指出图中圆的周长吗？

学生沿圆的轮廓线描一圈，表示这一圈长就是圆周长。

教师提问：另两个图形呢？

学生沿长方形、正方形轮廓线描一圈。

师生小结：封闭图形一周的长度叫作这个图形的周长，圆也是封闭图形，它的一周长就是它的周长。

(2) 了解学情，促进交流共享。

教师提问：关于圆的周长，你还知道些什么？

学生可能的回答包括：知道了圆周长的计算公式，知道了圆周率，知道了我国古代有个数学家祖冲之研究圆周率很有名。

（3）提出问题，确立学习目标。

教师提问：通过本课学习，你想知道什么？

学生可能的回答包括：圆的周长怎么测量？圆的周长与什么有关？圆的周长怎么算？圆周长的公式是怎么得来的？知道了圆周长有什么用？等等。

阶段2：引导定向

（1）初步定向，感受增函数关系。

教师提问：想一想，圆的周长与什么有关？你是怎么想的？

学生认为圆的周长与直径有关：直径越长，周长越长；直径越短，周长越短。师生共同画同心圆来说明周长与直径有关（如图6.36所示）。

（2）猜想定向，感受正比例关系。

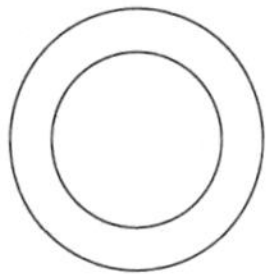

图6.36

教师提问：那么周长和直径之间到底是一种怎样的关系呢？是直径增加1厘米，周长也增加1厘米？还是直径加倍，周长也加倍？还是其他的关系呢？

学生猜想，寻求验证：先在硬纸板上画几个圆，有直径增加整厘米的，也有直径成整数倍关系的，剪下来。可以用线绕一圈，拉直，量出周长来算一算；也可以先用这根线绕大圆，再去绕小圆，看看多出来的部分是与直径增加量相同的，还是还可以绕小圆整圈的……然后看看到底是哪种关系。

通过实验，学生发现：两个圆的直径是几倍关系，周长也是几倍关系。即$\frac{C_1}{C_2}=\frac{d_1}{d_2}$。

（3）关系变式，引出圆周率研究。

教师引导：由$\frac{C_1}{C_2}=\frac{d_1}{d_2}$，我们可以得到$\frac{C_1}{d_1}=\frac{C_2}{d_2}$，所以，现在的关键问题是，是不是所有的圆周长与直径的比值都相等，如果都相等，这个比值是多少？

在这一阶段中，教师在学生指出“圆的周长与直径有关”后，没有直接提出研究“周长与直径之比”的问题，而是做了迂回：先探索直径变化，看周长如何随之变化，待发现$\frac{C_1}{C_2}=\frac{d_1}{d_2}$后再引出“周长与直径之比”

的研究。这一方面是出于尊重学生思维实际的考虑——当学生指出“圆的周长与直径有关”，他们头脑里并没有意识到“周长与直径之比不变”的问题，而是直观地感受到直径变化、周长也随之变化；另一方面直接研究“周长与直径之比”，这个3倍多一些的结果，远不如直径是整数倍、周长也成相同的整数倍关系来得直观和易于检验。因此，这样的迂回，实际上有助于学生形成对“周长与直径之间存在固定的倍数关系”的确信，顺利完成研究的定向。

阶段3：阐明

（1）实验阐明圆周率的取值。

学生测量圆周长，求周长与直径的比值，得到的结果可能并不完全一致，在3倍多一些或3倍左右，引导学生分析不一致的可能原因——测量误差。

教师提问：为什么我们得到的结果是3倍多一些或3倍左右，而不是更大或更小的倍数呢？

（2）推理阐明圆周率的取值。

教师说明：古代数学家研究了这一问题，我们来看看他们是怎么研究的。先向大家介绍古希腊数学家阿基米德的方法。

请你像阿基米德一样思考问题：如图6.37所示，圆周长与其外面的正好盖住它的正方形周长、里面正好被它盖住的正六边形周长之间有什么关系？正方形周长、正六边形周长与圆的直径之间有什么关系？

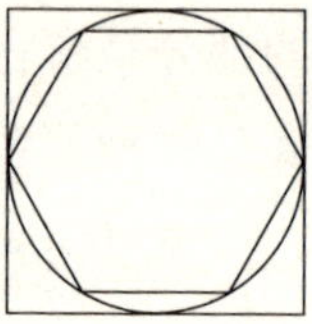

图6.37

学生思考、画图，教师给予必要的指导和帮助，得出：正六边形周长 < 圆周长 < 正方形周长，正六边形周长 = 直径的3倍，正方形周长 = 直径的4倍，由此得到 $3<\frac{C}{d}<4$。教师引导学生想象缩放圆，并辅以多媒体课件演示，可以发现正方形和正六边形也同步缩放，可见周长与直径的比值的取值范围保持不变，且由图6.37中可以发现取值更靠近3倍，应是3倍多一些。

教师引导学生进一步思考并辅以多媒体课件演示：如果我们在圆外面用正八边形盖、在圆里面用正十二边形填（如图6.38所示），就能得到更精确的取值范围。如果用边数更多的正多边形去逼近，就能进一步缩小取值范围，随着边数的不断增加，里外的正多边形都越来越接近圆，越来越趋于与圆重合。这就意味着借助这种方法，我们能够借助数学过程而不是通过测量，把这一值精确到任意精度。由此，我们认为周长与直径的比值是一个固定的数，我们把这个比值称为圆周率。

教师给出圆周率的定义：圆的周长与直径的比值叫作圆周率，圆周率用字母 π 表示，得到圆周率的定义式$\frac{C}{d}=\pi$。

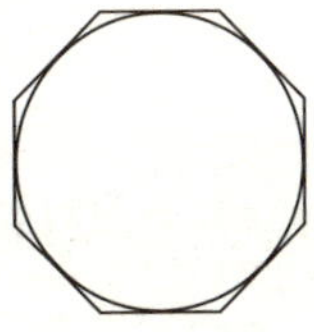
图 6.38

教师继续介绍：我国古代数学家在圆周率的研究上取得了巨大的成就，魏晋时期我国数学家刘徽提出了割圆术，仅用内接正多边形就求出了精确到两位小数的圆周率 π 值 3.14，南北朝时南朝数学家祖冲之在此基础上求得圆周率为 3.1415926 ~ 3.1415927，领先世界近 1000 年。

教师继续介绍用计算机研究圆周率的成果。介绍圆周率是一个无限不循环小数，常用取值 3.14。约定在本单元的学习中，如果没有特别的说明，圆周率的取值就用 3.14。

（3）导出圆周长的计算公式。

根据圆周率的定义式$\frac{C}{d}=\pi$，导出圆周长的计算公式：$C=\pi d$。

阶段 4：自由定向

（1）探索公式的各种变形，明确概念间的关系。

直接通过图形、表格呈现圆的直径、半径、周长数据，让学生已知直径、半径求周长，已知周长求直径、半径，探索公式的各种变形，明确对象之间的关系。

（2）在现实生活情境中探索公式和概念的应用。

给出四类情境模型的问题，让学生经历从情境中建立数学模型解答的过程。对于其中“车轮滚动一周所经过的路程就是车轮的周长”的问题，应该通过用细线绕圆一周，然后随着圆的滚动展开细线，来让学生明了“圆滚动一周所经过的路程就是这个圆的周长”。

阶段 5：整合

师生共同回顾讨论：数学可以实验，也可以推理演算，通常后者得到的结果更好，但在我们没有掌握推理演算的方法时，实验也是解决问题的办法。通过本课学习，我们不仅知道了由线段围成的多边形周长的计算方法，还知道了像圆这样由曲线围成的图形的周长计算方法，而且还知道了可以把圆看作是正多边形，当它的边数不断增加，以至无穷时就得到了圆。

6.2 程序性知识学习理论的教学启示

现代认知学派的代表人物安德森等人把知识分为陈述性知识和程序性知识。陈述性知识主要说明事物是什么、为什么、怎么样，是个人可以有意识地回忆出来的关于事物及其关系的知识，主要以命题和命题网络、表象系统和图式形式来表征。程序性知识是关于怎么做的知识，其本质是由概念和规则构成的条件操作系统，主要以产生式（识别程序采用的特定条件，并执行该条件下相应的程序操作）和产生式系统来表征。很显然，“圆的周长测量（计算）”是一类关于测量（利用公式计算）的程序性知识。

思考

小学数学中还有哪些知识属于程序性知识范畴？我们通常是怎么教的？遇到过哪些问题？我们解决了吗？是如何设法解决的？

6.2.1 学生对程序性知识的理解特点

巩子坤（2009）[262]对有理数运算这类程序性知识做了研究，研究发现：学生对运算算理的理解是有层次的，从低到高有四个水平，即程序理解、直观理解、抽象理解和形式理解。其中所谓的程序理解，是指按照固定的程序，比如运算法则来解决问题，给出正确的答案。这实际上是说，程序理解仅仅是记住了在给定条件下的操作程序，如运算，仅仅记住怎么算，而没有形成任何形式的算理理解。直观理解是指用直观图像或现实情境来说明运算结果的合理性。抽象理解是指用语言、算式等来说明结果的合理性。形式理解是指用一个已知的规则、规律，基于逻辑推理，来证实运算结果的合理性。

不仅如此，研究还表明（巩子坤，2009）[265-266]：学生对程序性知识的理解是有限的，这一方面是指就教学的当下而言，绝大部分学生都知道怎样算——容易达到程序理解，而对怎样算背后的道理知之较少——达到直观理解、抽象理解、形式理解的学生比例呈逐次递降；另一方面是指就理解的未来发展而言，学生对程序性知识的理解程度不升反降，即理解并没有呈现出随着学习的深入而深入的趋势，这可能与程序性知识的本质有关——理解往往在建立程序的过程中起作用，程序一旦建立，理解往往就被放到一边不再提起，除非在建立新程序时再次用到，剩下的就是按程序操作解题，原来理解的东西很快就被淡忘。

任敏龙（2008，2011，2013）等人的后续研究还表明，程序性知识理解的层次性、有限性不仅存在于有理数运算，也同样存在于代数式运算、解方程、测量（包括周长、面积、体积计算）、作图等其他方面。

思考

学生对程序性知识理解的特点对你有什么启发?

6.2.2 如何进行程序性知识的教学?

在中小学的程序性知识教学中通常采用例规教学。所谓的例规教学，即通过对例子的研究来探索运算的一般规则，这种基于归纳思维的教学模式是契合中小学生从具体到抽象、从特殊到一般的认识特点的。下面是我们经过研究给出的程序性知识教学的例规教学模式。

理论基础

模式建构借鉴了J. 安德森等人关于程序性知识的认知三阶段理论，认为程序性知识的获得一般要经历三个阶段：认知阶段，学生用一般的原理和方法（产生式）对算法做出陈述性的解释，即认知支持程序构建的概念、原理、方法和理论体系；联系阶段，将操作步骤前后联系起来，形成程序；自动化阶段，将程序进一步地完善和协调，达到自动化。

教学策略

我们梳理出以下教学策略。

➢ 原型启发策略

原型是数学模型所源于其中的原始数学事实和现实生活材料，是概念和方法的概括化表象的载体。原型启发策略是通过适切的原型，让学生亲身经历程序的构建过程，来帮助学生理解程序所适用的问题类型以及背后的概念、原理、方法或数学理论体系。为获得适切的原型，任敏龙（2008b，2008c）提出了原型追索、选择、加工的基本策略，着力基于学生生活经验直观和数学活动经验直观（尤其是几何直观）的原型开发。

➢ 有指导的探究策略

学生基于原型启发的探究、发现，是教师启发、引导下的再发现。探究活动中教师的指导必不可少，其作用至少包括以下几方面：一是提供结构性的学习材料；二是引导学生为探究活动定向；三是为学有困难的学生提供及时的指导和帮助。

➢ 多元表征转化策略

通过自主探究、合作交流等活动，为学生提供多种方式表征知识的机会，强调基于直观的程序性知识理解，并通过不同表征方式之间的互动和相互转化发展深层理解。

➢ 启发性的讲解策略

随着学习的深入，有些程序性知识的相关概念、原理、方法和理论体系很难通过学生的自主探究被发现和证明，需要通过教师启发性的讲解来让学生有意义地接受。

➢ 类比迁移策略

程序性知识的形成过程具有相似性，因此类比迁移是学与教的基本策略。

➢ 适度理解策略

教师一方面要促进学生对程序性知识的理解，同时要清醒地认识到理解是有层次的，是有限的。既然“饭可以一次煮熟，而认识不能一次完成”，我们可以在学生对程序性知识的相关概念、原理、方法和理论体系有适度理解或了解的前提下（对程序进行意义和算理等的解释的首要目的，是要让学生对所施行的程序怀有信心和信任感，这种信心和信任感不一定要建立在理解的基础上，可以建立在了解的基础上），先操练，在操练的过程中，再慢慢来理解。

➢ 适度操练策略

适度操练是促成技能自动化的必要环节，精心设计的相关练习有助于促进学生对相关知识的慢慢理解。

⦿ 教学过程

基于运算理解水平的程序性知识的例规教学过程，大体包括三阶段六步骤（任敏龙，2013b）[40-41]，如图 6.39 所示。需要特别说明的是，在具体操作中因为学习内容的难易程度不同，六步骤之间有一定的交叉重叠，尤其是四、五两步，在许多情况下是融为一体的。

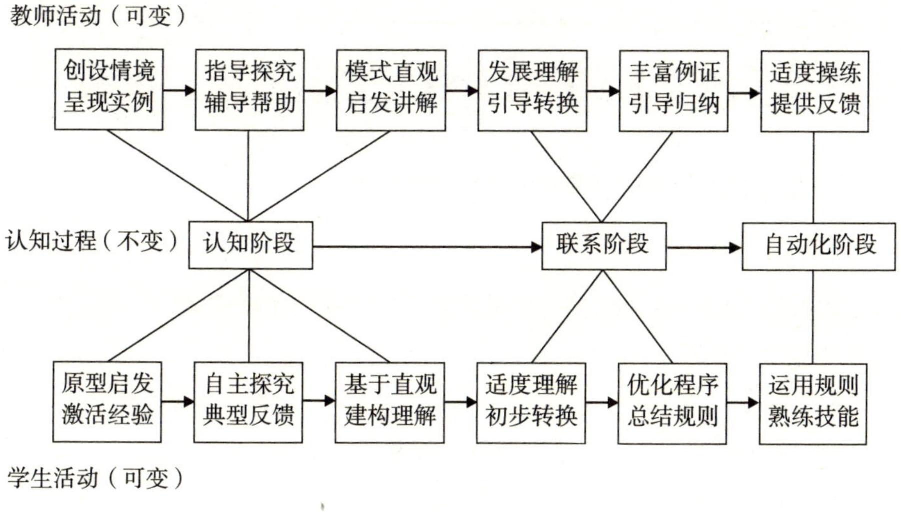

图 6.39

步骤一：教师创设情境，呈现需利用程序解决问题的实例。学生受到原型的启发，激活已有的知识经验。

步骤二：教师指导学生开展自主探究，学生利用已有的一般原理和方法，探索解决问题的方法，做出陈述性解释，通过合作交流选取典型进行反馈。

步骤三：通过学生的典型反馈和教师必要的启发性讲解，借助原型的模式直观帮助学生尽可能达到直观理解水平。

步骤四：以直观理解为基础，适度引导学生沟通不同方法、不同理解之间的联系，尤其是教师的启发讲解要为学生提供发展高水平理解的机会（注意是提供机会，而不是强求理解），进而逐步引导学生将陈述性表征转变为程序性表征。

步骤五：教师提供进一步的例证，引导学生通过比较以优化程序并进而总结产生式的规则，建立起程序与子程序的联系。

步骤六：安排有层次的适度操练，帮助学生掌握规则，运用规则解决问题，促进产生式系统的形成。

思考

程序性知识学习理论与范希尔的几何思维水平理论有什么不同？你能根据给出的理论基础、教学策略、教学过程来进行教学设计和开展教学吗？

6.2.3 对教学有什么启示？

如何检测学生的程序性知识的理解水平？

思考

如何界定圆的周长的程序性知识理解水平层次？如何编制试题测试学生的理解水平？

我们来对圆的周长的程序性知识理解水平进行如下界定。

水平 1：程序理解水平

能用绕线法和滚动法测量圆周长，会利用圆的周长公式及其变形根据条件求值。

水平 2：直观理解水平

能利用周长概念和化曲为直的思想方法解释绕线法和滚动法测量圆周长的合理性，能利用实验的方法解释圆周率的取值。

水平 3：抽象理解水平

能利用圆外切正方形、内接正六边形解释圆周率的取值范围，感受圆周率是一个固定的值，能利用运算关系解释圆周长公式与圆周率定义及其各种公式变形之间的关系。

水平4：形式理解水平

利用圆周长是正多边形周长的极限的概念解释绕线法和滚动法测量圆周长的合理性，能用这一概念或其他方法推导出圆周率的值。

检测的题目配置和实施比较简单，这里就不再赘述了。显然，形式理解水平已经超越了小学数学的范围。

如何评估学生头脑中产生式系统的完备性？

> **思考**
>
> 如何评估学生头脑中产生式系统的完备性？

当理论与纷繁复杂的教学实践对接的时候，理论总在显示它某些方面优势的同时暴露出某些难以避免的缺陷。范希尔理论指导下的教学，重在几何思维水平层次的提升，这就需要关注学生的数学理解和相应语言系统的掌握运用。范希尔理论当中不同思维水平层次的区别是非常明显的，这实际上也就容易导致不同思维水平层次之间的跨度较大，缺乏连续的过渡；同时，同一水平内部缺乏细致的层级划分，大量实际上反映学生不同能力水平的题目被置于同一思维水平，难以利用理论所给的框架做进一步的细致分析，以便更好地服务于教学和学生的发展。程序性知识主要是以产生式和产生式系统表征，人们一般将产生式描述为“条件—动作”对，如“如果是红灯，那么就停下来等”。程序性知识学习理论指导下的教学，在强调适度理解的同时，重在识别程序采用的特定条件，并执行该条件下相应的程序操作。这就是说，程序性知识学习理论更强调知识怎么用，在什么条件下可以用。因此，正确识别程序执行的条件非常重要。为此，我们把圆的周长这一程序性知识的应用情境分成两大类，即数学情境和现实生活情境，在此基础上分别讨论圆的周长这一程序性知识的应用条件及其评估。

➢ 数学情境

在数学情境中，用绕线法、滚动法测量圆周长的用处不大，这里只讨论周长计算公式的应用。

(1) 正向的产生式应用。

根据圆周率的定义，我们得到了圆周长的计算公式 $C=\pi d$，直接利用这一公式形成的产生式是：如果已知 d，求 C，那么就直接代入 $C=\pi d$ 来求解。因为 $d=2r$，得到新的产生式：如果已知 r，求 C，那么就直接代入 $C=2\pi r$ 来求解。用这两个产生式可以解决已知直径、半径求周长的问题。

(2) 逆向的产生式应用。

根据圆的周长公式，可以得到两个新的产生式：如果已知 C，求 d，那么就直接代入 $d=\frac{C}{\pi}$来求解，如果已知 C，求 r，那么就直接代入 $r=\frac{C}{2\pi}$来求解。用这两个产生式可以解决已知周长求直径、半径的问题。

在检测中，如果学生能熟练地解决上述两类问题，则标志着圆的周长计算公式的产生式系统的形成。

(3) 综合的产生式应用。

如图 6.40 所示，图中①、②、③、④为四个半圆周，已知半圆周①、②、③的长度分别为 9.42cm、6.28cm、3.14cm，如果图中①、②、③为从 A 到 B 的一条路线，④为另一条路线，那么哪条路线比较近？

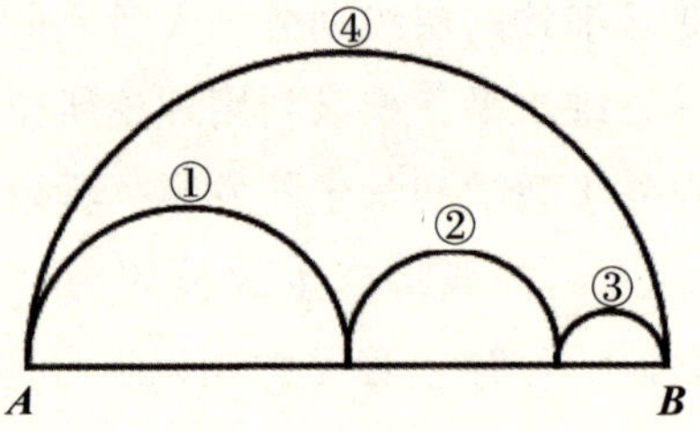

图 6.40

能解决这一问题，就意味着学生能够综合地、灵活地运用产生式，但仍然表现出水平的不同：

在具体水平上综合应用产生式：先求出半圆周①、②、③的直径，分别为 $9.42\times2\div3.14=6$ (cm)、$6.28\times2\div3.14=4$ (cm)、$3.14\times2\div3.14=2$ (cm)，求得④的直径为 $6+4+2=12$ (cm)，半圆周长为 $3.14\times12\div2=18.84$ (cm)，①+②+③=④，所以两条路线一样远近。

在抽象水平上综合应用产生式：设半圆周①、②、③、④的直径分别

为 d_1、d_2、d_3、d_4，线路①、②、③的长是 $\frac{1}{2}\pi d_1+\frac{1}{2}\pi d_2+\frac{1}{2}\pi d_3=\frac{1}{2}\pi\cdot(d_1+d_2+d_3)$，线路④的长是 $\frac{1}{2}\pi d_4$，由 $d_1+d_2+d_3=d_4$，得到①+②+③=④，所以两条路线一样远近。

这道题教材中通常是这样出现的：图中①、②、③、④为四个半圆周，如果图中①、②、③为从 A 到 B 的一条路线，④为另一条路线，那么哪条路线比较近？

解这道题时，学生并非不知道半圆周长 $\frac{C}{2}=\frac{1}{2}\pi d$，也并非不知道可以用字母来进行运算，只是预见不到算的过程中可以使用乘法分配律把四条直径联系起来。所以，我们在教学中，一方面要通过讲解让学生获得用代数方法思考的解题经验，另一方面要提醒学生：当你有一点思路的时候，你就要沿着这一点思路做下去。因为，如果你做下去，就有可能做出来，如果你不做，就什么可能也没有，所以，对于学数学来说，做很重要，它不仅是一种态度，也是一种方法。

➢ 现实生活情境

在现实生活情境中，实际测量和利用公式计算往往是联系在一起的。为便于讨论，我们把这两者略做区分。

测量可以分成直接测量和间接测量，直径和周长的直接测量前面已经介绍过了，这里进一步讨论间接测量，我们将它具体分成以下两个层次。

（1）直接利用产生式，如：

①小明去内蒙古大草原游玩，看到了美丽的蒙古包（如图 6.41 所示），他很想知道蒙古包周围一圈有多长，用了多少材料，要花多少钱。你能想个办法，帮助他方便地测量出蒙古包周围一圈有多长吗？

方法：先测出蒙古包的直径，再利用公式计算周长。

②张叔叔在公园里看到一棵大树（如图 6.42 所示），他很想知道它到底有多粗，也就是直径是多少，可又不能把它锯倒了来量，你能不能帮张叔叔设计一个测量方案，测出这棵大树的直径？用你的方案，实地找棵树测一测。

方案：先用卷尺测出树的周长，然后利用公式求直径。

图 6.41

图 6.42

如果学生能顺利地完成上述两个方案的设计，则标志着学生头脑里关于圆周长测量的产生式系统已经形成。

（2）综合应用产生式，如：

③小明要测量一个圆形水池的直径，但他现在手头只有一把米尺和一辆自行车，他如何才能尽快地测出这个水池的直径？请你为他设计一个方案，并用字母表示出计算方法。

方案：先用米尺测出自行车车轮的直径，然后骑（或推）着自行车绕水池一周，记录车轮转的圈数。设水池直径为 D，自行车直径为 d，转的圈数为 n，计算方法为：

$$D=\frac{\pi d\times n}{\pi}=nd$$

如果学生能顺利地完成上述方案设计，则意味着学生能够综合地、灵活地运用圆周长测量的产生式系统。

下面来讨论利用公式计算的问题，横向上可以分成基于告知和基于建模两种情况，纵向上可以分成直接应用和综合应用，分述如下：

（1）基于告知的直接应用情境。

这通常是指情境模型 2 的问题，包括已知直径、半径求周长和已知周长求半径、直径，如：

①一块圆形花圃的周长是 125.6 米，这块花圃的直径是多少？

（2）基于建模的直接应用情境。

这主要包括情境模型中的第 1、3、4 类，学生在情境中建立圆周长模型后直接利用公式计算，包括已知直径、半径求周长和已知周长求直径、半径。如：

②给一块直径 80 米的圆形草地围上篱笆进行牧草生长周期实验，需要多长的篱笆？

③小刚和小强要在操场上用石灰画场地，他们拉紧一根10米长的绳子，小刚在原地不动，小强绕小刚跑一圈，跑动时把石灰撒在地上，问画出来的场地一周长是多少？

④一个车轮竖起来放在地上，最高处离地1米，在正常行进中，这个车轮转一周车子前行多少米？

在测试中，如果学生能独立顺利地完成上述两类问题，则意味着学生能够综合地、灵活地运用圆周长测量的产生式系统。他们在现实生活情境中直接应用周长计算公式的产生式系统已经形成。

（3）基于告知的综合应用情境。

⑤围绕直径15米的圆形水池，有一条宽为3米的环形小路，问环形小路外圆周长比内圆周长多多少米？

在具体水平上综合应用产生式：$3.14\times(15+3\times2)-3.14\times15=18.84$（米）。

在抽象水平上综合应用产生式：周长差与水池直径无关，是$3.14\times3\times2=18.84$米，因为令水池直径为d，有$\pi(3\times2+d)-\pi d=6\pi$。

（4）基于建模的综合应用情境。

⑥赤道是地球的“腰带”，它的长近似等于4万千米，如果想象这条腰带长出10米，那么这条想象的腰带离开地球表面有多高？一只小狗能不能穿过？

在具体水平上综合应用产生式：赤道长也就是绕赤道所在圆平面的一周长，“腰带”离开地球表面的高度也就是大小两个圆的半径差。$(40000000+10)\div3.14\div2-40000000\div3.14\div2\approx1.59$（米），一只小狗完全可以穿过。

在抽象水平上综合应用产生式：半径差与周长差有关，与周长无关。令赤道长为C，则$\frac{C+10}{2\pi}-\frac{C}{2\pi}=\frac{10}{2\pi}$。

腰带离开地球表面的高度为$10\div3.14\div2\approx1.59$（米），一只小狗完全可以穿过。

在测试中，如果学生能进一步独立顺利地完成上述两类问题，则意味着学生能够综合地、灵活地运用圆周长计算公式的产生式系统。当然，适合用于测试的题目有很多，这里选用了可以测量不同水平的试题。如：

⑦图6.43所示是赛跑跑道的一部分，它由两条直道和中间半圆形弯道

组成，若内、外两条跑道的终点在一直线上，则外跑道的起点必须前移，才能使两跑道有相同的长度。如果跑道宽为 1.22 米，则外跑道的起点应前移（π 取 3.14）多少米？

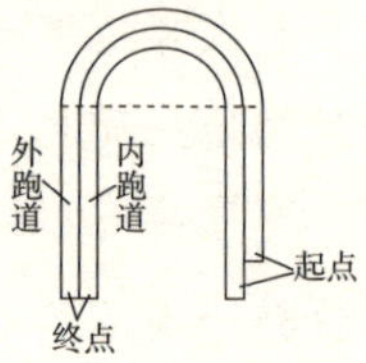

图 6.43

如何指导课堂教学的设计与实施？

程序性知识学习理论指导下的课堂教学从目标到过程都与范希尔理论指导下的课堂教学有所不同，下面做探讨。

【教学目标】

（1）经历用动手实验的方法探索圆周率的过程，培养学生的实践能力和认真求实的科学研究态度。

（2）了解用推理演算的方法探索圆周率的过程，感受数学思考的力量，体会古代数学家的首创精神和实践智慧，了解我国古代数学家的研究成就，培养民族自豪感。

（3）理解圆周率的意义，掌握数学情境中、现实生活情境中运用周长计算公式的产生式系统，培养学生综合、灵活运用产生式系统的初步能力。

【教学过程】

➢ 创设情境，激活经验

（1）创设情境，提出问题。

呈现材料：如图 6.44 所示，两面镜子的直径分别是 10 厘米和 5 厘米。你能提出什么问题？

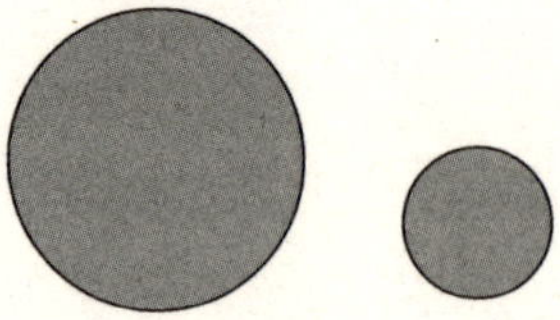

图 6.44

学生自由提问后教师呈现需共同研究的问题：给镜子做一个外框，哪面镜子需要的边框材料长（镜框的厚度忽略不计）？长多少？

（2）激活经验，澄清问题。

教师提问：镜子边框材料的长度是这面镜子的什么？

学生指出就是镜子的周长，也就是圆的周长，给出圆周长定义：圆一周的长度叫作这个圆的周长。

教师提问：哪面镜子需要的边框材料长？长多少？

学生指出直径 10cm 的镜子所需边框材料比直径 5cm 的要长。讨论澄清：圆的周长与直径有关，直径长的圆，其周长也比较长。先量出或算出镜子的周长，就可以算出长多少了。

(3) 讨论方法，了解学情。

教师提问：怎么量？怎么算？

学生可能会提出用绕线法、滚动法测量圆周长，前一种提出的可能性更大些。也可能会提出用周长的计算公式直接计算，因为学生课前已经通过其他的途径知道了圆周长的计算公式。

➢ 指导探究，典型反馈

(1) 动手实验，解决问题。

师：请大家利用事先准备的细线用绕线法测量直径 10cm、5cm 两个圆（由硬纸板剪成）的周长，然后以 4 人为一小组进行交流，看看测得的结果是否差不多，如果相差较大，看看问题出在哪里。

学生独立测量，小组交流，全班汇报，师生共同选择与多数小组测得结果较为接近的数据作为两个圆的周长。

(2) 观察数据，形成猜想。

教师提问：刚才大家说圆的周长与直径有关，根据刚才测得的数据，你们认为有什么关系呢？

学生会指出：$\frac{C_1}{C_2}=\frac{d_1}{d_2}$，都差不多是 2 倍关系；$\frac{C_1}{d_1}=\frac{C_2}{d_2}$都是 3 倍多一点。

(3) 再次试验，丰富体验。

教师要求学生以 4 人为一小组再用绕线法测量 4 个已知直径的圆的周长，计算周长与直径的比值，看看是不是还是 3 倍多一点。

➢ 注重直观，建构理解

(1) 理解原理，滚动演示。

教师讲解，辅以操作演示：我们还可以用滚动法来测量圆周长。我们用细线绕圆一周，然后从接头处开始，一边滚动圆，一边把细线展开在桌面上，我们发现圆滚动一周所行的路程就是这个圆的周长。

教师让学生也用同样的方法滚动以加深理解。

（2）计算比值，提高精度。

教师用课件演示：在直尺上面放一个直径 10cm 的圆，圆从直尺的 0 刻度开始滚动（圆上滚动的起始位置相应标上红点），滚动到 31cm 多一点的位置停止。

要求学生记录演示的周长读数，计算周长与直径的比值，得到 3.1 多一点。

教师继续用课件演示直径 5cm 圆的滚动。学生记录周长的读数，计算周长与直径的比值，仍得 3.1 多一点。

➤ *发展理解，初步转换*

教师讲解：圆的周长与直径的比值是一个固定的数，我们把它叫作圆周率。人们怎么知道它是一个固定的数的呢？认识这一问题仅靠测量是不够的，古代的人们想出了不借助测量的推理演算的方法，使得我们能得到任意所需精度的圆周率值。你们想知道吗？

教师提问：我们用图 6.45 所示的办法把这面直径 10cm 的镜子固定在一个正方形的架子上，大家想一想，这个正方形架子的周长与这个圆的周长有什么关系。

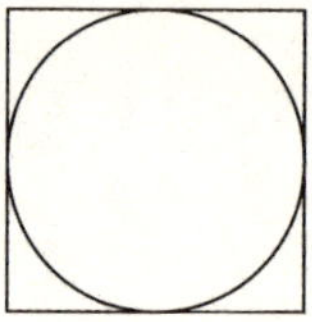

图 6.45

学生得出：正方形周长大于圆周长，正方形周长是直径的 4 倍，这也就是说圆周长小于直径的 4 倍。

教师讲解：直径的 4 倍是圆周长的上限，会不会同样存在一个下限呢？我们在圆里面放一个正六边形看看（如图 6.46 所示），然后把它分割成 6 个正三角形，发现这个正三角形的边长就是圆的半径，因此，它的周长就是半径的 6 倍，也就是直径的 3 倍。这就是说，圆的周长大于正六边形的周长，也就是大于直径的 3 倍。

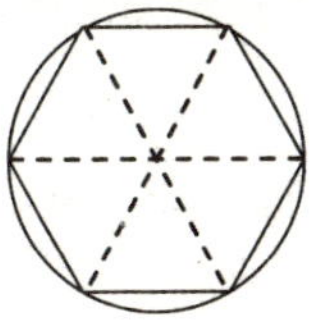

图 6.46

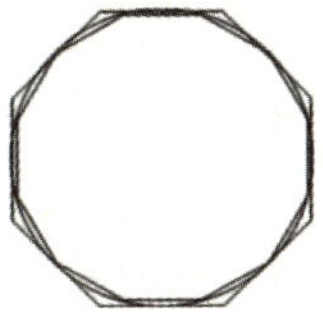

图 6.47

教师讲解：用圆的外面放正方形、里面放正六边形的办法，我们求得圆周长在直径的 3 倍到 4 倍之间，也就是确定了这个倍数的整数部分是 3。想一想，如果在圆的外面用正八边形，里面用正十二边形（如图 6.47 所示），那么，我们求得的取值范围会怎样呢？（更小）如果里外用边数更多的多边形呢？（取值范围越来越小，确定的小数位数越来越多）用这个办法，古希腊的数学家阿基米德求出了圆周率精确到小数点后两位的值 3.14。我国古代数学家在圆周率的研究上取得了巨大的成就，魏晋时期我国数学家刘徽提出了割圆术，仅用内接正多边形就求出了精确到两位小数的圆周率 π 值 3.14，南北朝时南朝数学家祖冲之更在此基础上求得圆周率为 3.1415926～3.1415927，领先世界近 1000 年。

教师继续介绍用计算机研究圆周率的成果。介绍圆周率是一个无限不循环小数，常用取值 3.14。约定在本单元的学习中，如果没有特别的说明，圆周率的取值就用 3.14，计算时使用等号。

教师给出圆周率定义式，导出圆周长公式：$C = \pi d$。

➢ 丰富例证，总结规则

（1）公式变形，形成数学情境中的产生式系统。

直接通过图形、表格呈现圆的直径、半径、周长数据，让学生已知直径、半径求周长，已知周长求直径、半径，探索公式的各种变形，形成产生式系统。

（2）基于建模，形成现实生活情境中的产生式系统。

给出直接应用产生式的四类情境模型问题，让学生经历从情境中建立数学模型来解答问题的过程，形成产生式系统。

➢ 适度操练，适度提高

（1）适度综合，熟练技能。

教师可以提供增加复杂度的练习，在适度操练的同时有所提高，如：

一位杂技演员在悬空的钢丝上骑独轮车。独轮车车轮的直径是45厘米，从钢丝的一端到另一端，车轮正好滚动40圈。这根悬空的钢丝长多少米？

（2）适度提高，发展思维。

可以把本课伊始提出的问题做进一步变式，以提高学生在抽象水平上综合应用产生式的能力。

先解决原问题：$3.14\times10-3.14\times5=15.7$。

想一想：如果只告诉你大镜子的直径比小镜子大5cm，你能求出大镜子边框所需材料比小镜子多多少吗？

解：设大镜子直径为 d_1，小镜子直径为 d_2，$d_1-d_2=5$。得到：$\pi d_1-\pi d_2=\pi(d_1-d_2)=5\pi=15.7$（cm）。

6.3 文化复演论的教学启示

数学文化是当下数学教学中研究的热点之一，尤其是像圆的周长这样的教学内容，其丰富的文化内涵，更成了人们竞相研究的对象。我们即将讨论的文化复演论也与此有关，“文化”是教学的内容，“复演”是教学的方法。我们讨论的文化是一个宽泛的概念，是指人类在发展进化过程中逐步掌握的能改善人类生活的知识、能力、习惯的总称。

6.3.1 文化复演论的基本观点有哪些？

说起既是数学家又是数学教育家的大师级人物，我们就不得不提到F.克莱因和H.弗赖登塔尔，有人甚至认为“对于数学教育，在上半世纪（指20世纪）是克莱因做出了不朽的功绩，在下半世纪是弗赖登塔尔做出了卓越的成就”。

克莱因（2007）[Ⅳ]反复强调的一个原则是按照学生的认知规律（包括年龄和成熟程度）进行教学。在他看来，实现这一原则的一个重要途径是借鉴数学历史，因为他认为，在某种意义上，学生对数学的认识是与人类对数学认知的历史过程相对应的。当然，这绝不是说，学生的认知要重复历史上人类的认知。

弗赖登塔尔（1999）[3] 反复强调，学习数学的唯一正确方法是实行再创造，也就是由学生本人自己去发现或创造要学的东西；教师的任务是引导和帮助学生进行这种再创造的工作，而不是把现成的知识灌输给学生。他认为这是一种最自然、最有效的学习方法。说它最自然，是因为生物学上“个体发展过程就是群体发展过程的重现”这条原理在数学学习上也是成立的，即数学发展的历程也应在个人身上重现，这才符合人的认识规律。而数学在其发展中走过漫长而曲折的道路，它不断修正自己的进程，避开弯路，绕过死胡同，重新明确前进的方向。像这样的历程是不必让它在学生身上重现的。所谓的“再创造”，是指应该使学生体验到：如果当时的人有幸具备了我们现在拥有的知识，他们是怎样把那些知识创造出来的。说它有效，是因为只有通过自己的再创造而获得的知识才能真正被掌握和灵活应用，而更为重要的是，正如必须在游泳中学会游泳一样，必须在做数学中学习数学，也就是在创造数学中学习数学。

两位大师都指出了人类对数学的认知过程是与数学的发生发展过程相对应的，弗赖登塔尔更由此提出了数学学习的再创造方法。问题是，我们到底能从再创造中学什么，除了数学还有其他抑或更重要的东西吗？张志勇（2007）[23]给出了一个回答，提出了智慧复演论——“人类教育教学的过程，也就是人类原始创新活动的智慧复演过程”，认为一部人类社会发展史，就是人类智慧的发展史。进入学校课程的文明成果，都是人类文明的经典，都体现着人类高度的思维水平和智慧水平。中小学生学习这些知识的目的，一方面是继承人类社会优秀的文明成果；另一方面更重要的是为了借助这些优秀的文明成果，通过创设文明成果产生发展的类似情境，演绎创造者的思维过程，学习创造者的思维方法，感受人类智慧创造的伟大与神奇，为中小学生从学习与接受的主体走向创新与发展的主体打下良好的基础。

我们理解的文化复演论尚不止于此。我们认为，数学教育大体上要回答两大问题：一是数学是什么，二是数学怎么学。数学怎么学实际上决定了数学怎么教，所以，关键是前者。而数学怎么学又受制于数学是什么，学要根据数学自身发生发展的规律来学，要根据学生自身身心发展的规律来学，由于数学发展的历程也应在个人身上重现，这才符合人的认识规律，因此，人类的数学认知过程在某种程度上就是数学发生发展的历史复演。那么，到底要复演些什么呢？我们认为，数学是一种人类文化，是人类文明的创新成果，大体蕴含三个方面的成果：一是数学知识与思想方法，二是创新智慧，三是普世价值观。

既然数学是人类文明的创新成果，我们就要考察创新的一般过程、方法和成果形式。其过程大体包括创造发现→交流共享→整合优化三部曲。以我们熟知的“1+1=2”为例，不同的古代文明都清楚这一事实，却创造了不同的符号系统来表达他们的发现成果：算式中的阿拉伯数字来自印度人的发明，加号来自德国人的发明，等号是法国人的发明，我们所见的只有短短五个字符的算式就相当于一个国际圆桌会议。这一算式来之不易，显然需要不同文明成果的交流共享和整合优化，以此为代表的数学符号系统的建立，不是因为某些人或国家、民族的权威，而是因为它确实方便使用，并极大地推动了数学的发展，使得我们能自豪地说：唯有数学语言才是真正全人类通用的语言。在教学中“复演”的过程，不仅意味着知识方法、创新智慧的习得，还意味着某些普世价值观的逐步深入人心。如发现过程中对事实的尊重，创造过程中对自由的追求，交流共享过程中在处理各方关系时所形成并秉持的平等互利原则、对不同观点的开放包容、对成果的评价所诉诸的数学理性而不是主观臆断、对达成的共识所诉诸的民主而不是个别人的权威，以及由此带来的和谐共荣的氛围，整合优化过程中所着眼于的结构与方法的优美、应用的便利以及成果的潜在发展性，等等。显然，教学过程中涉及了对自由、平等、民主、和谐等普世价值命题的基本判断，以及由此而引发的对世界观、人生观的思考。所以，文化复演论不仅包括数学知识、方法和人类创新智慧的复演，还有蕴含其中的人类某些基本价值观形成过程的复演。

数学是一种人类文化，这不仅是人类文明不断创新的成果，也是人类文明不断代代传承的结果，传承与创新是使得人类文明绵延不绝、不断发展的基本活动。这两种活动投射到数学学习上，就是接受性学习和探究性学习，正如人类文明离不开传承与创新，学生学习也离不开接受性学习和探究性学习，至于在具体的教学中采用哪种方式，取决于学生的现实需要和教学的时效要求。探究性学习通常比较耗时，但有利于学生在做数学的过程体会数学思想方法，感悟创新智慧和对基本价值观的身体力行。接受性学习有利于知识经验的高效传承，进行数学思想方法、创新智慧和基本价值观的提炼和说教。文化复演论下的接受性学习，有助于一定程度上解决基本价值观的说教问题。由于文化本质上是创新的成果，因此，教师讲解的关键在于，要利用数学发生发展过程中的原发性问题，经过适当的现代化处理形成可用于教学的类似情境（探究性学习同样需要原发性问题的类似情境做驱动），把当时人们发现问题、提出问题、分析解决问题的各种活动嵌入到讲解中，让学生从中间接地体会数学思想方法和人类创新智慧，受到基本价值观的教育。所以，数学怎么学的关键问题并不完全在于探究或是接受，而在于是否清晰地呈现了原始的创新过程。

6.3.2　对教学有什么启示?

理论指导不同，自然还会带来教学目标与教学过程的不同。

【教学目标】

（1）经历用动手实验的方法探索“周三径一”的过程，培养学生的实践能力和认真求实的科学研究态度。

（2）了解用割圆术探索圆周率的过程，感受数学思考的力量，体会古代数学家的首创精神和实践智慧，了解我国古代数学家的研究成就，培养民族自豪感。

（3）评介圆周率研究历史中的典型人物和方法，感悟蕴含其中的人类智慧和基本价值取向，激发学生的创新热情。

（4）理解圆周率的意义，能用周长计算公式解决简单的实际问题。

【教学过程】

➢ 创设情境，探索“周三径一”

（1）创设情境，提出问题。

呈现教材：如图6.48所示，我国古代用木头制作车轮。下面两根木料分别长2.4米和4.8米（按古代的计量单位为8尺和1丈6尺）。

学生自由提问，形成两个核心问题：

①哪根木料制作的车轮直径比较大？大多少？

②两个轮子分别滚动一周，哪个行驶的路程远？远多少？

图 6.48

（2）化曲为直，验证答案。

教师提问：你能回答哪些问题？

学生可能的回答：长木料制作的车轮直径比较大。大多少不知道。直径大的轮子滚动一周经过的路程比较远。远 2.4 米。

师生讨论得到：车轮是圆形的，因此木料的长度就是这个圆的周长，周长越大，圆的直径越大；反之亦然，圆的周长与直径有关。圆滚动一周所经过的路程就是这个圆的周长，相当于把弯曲成轮子的木料重新拉直。

师生共同用绕线法和滚动法验证"圆滚动一周所经过的路程就是这个圆的周长"：先用细线绕圆形硬纸板一周，细线长即圆周长，然后从结合处开始滚动展开细线，发现圆滚动一周所经过的路程就是这个圆的周长。

（3）澄清问题，探究定向。

师生澄清问题：我们已经知道圆的直径与周长有关；反之亦然，那么，我们如何才能知道这两个车轮的直径呢？

学生可能的回答：做两个模型，直接去量（这在课堂上其实不现实）；找出周长与直径之间的关系，然后进行计算。

教师介绍：我国古代木工有"周三径一"的说法，这在公元前 2 世纪我国的《周髀算经》里就有记载，谁来解释一下这是什么意思？按这个说法，这两个车轮的直径是多少？

学生回答：圆的周长是直径的 3 倍（教师插入解释："周三径一"说的是圆的周长与直径之间的倍数关系，按这个说法，这两个车轮的直径分别是 0.8 米和 1.6 米。

教师提问：这个答案是否正确呢？怎么来检验？

师生讨论：只要"周三径一"的结论正确，求得的车轮直径就正确。古代木工肯定是在实践中测量圆的周长和直径，发现了两者成 3 倍关系，因此，我们也可以量出一些圆的周长与直径，看看它们之间是不是 3 倍关系。

（4）操作实验，检验关系。

四人小组活动：每组测量 2 ~ 3 个圆的周长（多人多次施测），计算周长与直径的比值。学生发现圆的周长大约是直径的 3 倍，并不正好是 3 倍，比 3 倍通常略多一些。

教师用多媒体课件演示：一个圆沿直线滚动一周（留下红色的轨迹线），然后用圆的直径度量周长，发现是 3 倍多一些。“周三径一”并不精确。

师生讨论：“周三径一”在什么条件下适用？讨论认为：在精度要求不太高的情况下可以用，如果精度要求较高就不行，如天文测量，如果测得一个圆的直径为 100 千米，如果小数点后第一位不准确就会有整十千米的误差，第二位不准确也会有整千米的误差。

师生讨论：通过测量的方法，有没有可能得到我们想要多精确就有多精确的圆周率呢？讨论认为困难很大，因为测量就难以避免误差。并提出问题：有没有其他的办法呢？

➢ 逐次逼近，复演智慧“割圆”

教师介绍割圆术，介绍的具体方法参见 6.1.3 中“如何进行课堂教学设计与实施？”，直至给出圆周率的定义和定义式。

教师继续结合多媒体课件演示介绍：我国古代数学家在圆周率研究上取得了巨大的成就，魏晋时期我国数学家刘徽提出了割圆术，仅用内接正多边形就求出了精确到两位小数的圆周率 π 值 3.14，刘徽在《九章算术》中形容他的割圆术说：“割之弥细，所失弥少，割之又割，以至于不可割，则与圆合体，而无所失矣。”教师为学生解说这段话的意思。

南北朝时南朝数学家祖冲之更在刘徽割圆术的基础上有了进一步发展，求得圆周率为 3.1415926 ~ 3.1415927，领先世界近 1000 年。他还得到 π 的两个近似分数：约率为$\frac{22}{7}$；密率为$\frac{335}{113}$，在具体的计算中使用十分方便。

➢ 价值评判，感悟创新智慧

教师继续结合多媒体课件介绍：

17 世纪初，德国人鲁道夫用了几乎一生的时间钻研圆周率的计算问题，他从正方形开始，一直推导出约 4610000000000000000 边形，算出小数 35

位。为了纪念他的这一非凡成果，在德国，圆周率 π 被称为“鲁道夫数”。你们如何评价鲁道夫的工作?

美国天文学家西蒙·纽克姆说：“十位小数就足以使地球周界准确到一英寸（2.54 厘米）以内，三十位小数便能使整个可见宇宙的四周准确到连最强大的显微镜都不能分辨的一个量。”你们现在如何评价鲁道夫的工作?

1650 年后，割圆术之外的方法开始不断涌现。如 1706 年，马青利用公式

$$\arctan x = x - \frac{x^3}{3} + \frac{x^5}{5} - \frac{x^7}{7} \cdots (-1 < x \leqslant 1)$$

将 π 算到 100 位小数，突破百位大关。

1761 年，德国数学家不借助计算，证明圆周率是一个无限不循环小数。阿基米德、刘徽不借助测量计算圆周率，你怎么评价不借助计算证明圆周率是一个无限不循环小数。

1777 年，蒲丰提出了用实验方法计算 π，求得圆周率的近似值为 2212/704 = 3.142。教师介绍蒲丰投针实验，引导学生评价。

还有人用单摆实验来研究圆周率。

1949 年，美国科学家首次使用计算机计算 π，得到 2037 位小数。2011 年，IBM 蓝色基因/P 超级计算机算得 60000000000000 位小数。到现在为止，π 没有出现循环。

➢ 导出公式，解决简单问题

师生共同根据圆周率定义式，导出圆周长公式：$C = \pi d$。介绍 π 的常用取值 3.14。约定在本单元学习中，如果没有特别的说明，圆周率的取值就用 3.14。

进行简单的公式应用练习。

参考文献

鲍建生，周超. 2009. 数学学习的心理基础与过程 [M]. 上海：上海教育出版社.

毕宏辉. 2009. 过程与结果：不经历风雨怎么见彩虹：人教版六年级上册《圆的周长》教学设计 [J]. 福建教育 (11)：53 - 55.

陈仁政. 2005. 说不尽的 π [M]. 北京：科学出版社.

陈述. 2008. 改革开放重大事件和决策述实 [M]. 北京：人民出版社.

丁敬初. 1995. 圆的周长教学过程 [J]. 湖南教育 (2)：33.

冯凯，吴正宪，张秋爽. 2008. “圆的周长” 教学实录与评析 [J]. 小学教学参考 (7/8)：41 - 44.

弗赖登塔尔. 1999. 作为教育任务的数学 [M]. 陈昌平，等，译. 上海：上海教育出版社.

高奇. 2009. 中国教育史研究 · 现代分卷 [M]. 上海：华东师范大学出版社.

巩子坤. 2009. 程序性知识教与学的研究 [M]. 南宁：广西教育出版社.

顾志能. 2011. 突破圆周的束缚：“圆的周长” 教学实录与思考 [J]. 小学数学教师 (3)：47 - 53.

洪金耀，郑春寿. 1994. 圆的周长教学设计与评析 [J]. 中国小学数学教育 (1/2)：70 - 71.

黄毕年. 2000. 有序逼近展示过程 [J]. 辽宁教育 (3/4)：91 - 92.

克莱因. 2007. 高观点下的初等数学 [M]. 舒湘琴，等，译. 上海：复旦大学出版社.

课程教材研究所. 2001. 20 世纪中国中小学课程标准 · 教学大纲汇编：数学卷 [M]. 北京：人民教育出版社.

刘金梅. 1996. 揭、猜、比、验、想：“圆的周长” 教学五步曲 [J]. 河北教育 (4)：39 - 40.

孟兆山. 2006. 美丽的文化之旅：圆的周长教学片断赏析 [J]. 小学教学设计：数学版 (7/8)：76 - 77.

孟兆山. 2010. 课堂生成"三部曲":《圆的周长》教学实践与反思 [J]. 小学教学设计: 数学版 (35): 21.

潘大琴. 2008. 精心设计问题　激发探究欲望: 圆的周长教学有感 [J]. 教学月刊: 小学版 (5): 43.

潘旭. 2001.《圆的周长》教学建议 [J]. 山东教育 (Z1): 102.

任敏龙. 2008a. "代数模式建构与图形等式推算"实验研究报告, 新思维小学数学教学研究 [M]. 杭州: 浙江教育出版社.

任敏龙. 2008b. 数学原型的含义与教学价值 [J]. 小学教学设计: 数学版 (2): 4－5.

任敏龙. 2008c. 数学原型的选择与加工 [J]. 小学教学设计: 数学版 (6): 4－5.

任敏龙. 2012. 基于原型的程序性知识学习 [J]. 浙江教学研究 (1): 32－34.

任敏龙. 2013a. "分数与除法"的教学与反思 [J]. 小学教学: 数学版 (3): 42－46.

任敏龙. 2013b. 追寻数学教学的自然之路 [J]. 小学教学: 数学版 (3): 39－41.

史宁中, 柳海民. 2007. 素质教育的根本目的与实施路径 [J]. 教育研究 (8): 10－14.

宋海浩. 2009. 观草拔节听花开: "圆的周长"教学实践与反思 [J]. 教学月刊: 小学版 (3): 42－44.

宋桃英. 2007. "圆的周长"自主探究模式的实践与思考 [J]. 上海中学数学 (9): 7－8.

苏春红. 2008. "圆的周长"教学设计及设计意图 [J]. 辽宁教育 (10): 58－60.

孙雪林. 2007. 圆的周长教学设计 [J]. 小学教学: 数学版 (7): 28－30.

覃小荔. 1987. "圆的周长"教学建议 [J]. 湖南教育 (1): 71－72.

吴丽华. 1994. "圆的周长和面积"教学建议 [J]. 云南教育 (1/2): 83－85.

吴咏梅. 2001. 圆的周长计算 [J]. 四川教育 (9): 26.

夏青峰，匡金龙. 1998. “圆的周长”教学实录与评析［J］. 江苏教育（12）：41－44.
邢春丰. 1987. 圆的认识和周长［J］. 天津教育（3）：31－33.
杨杰军，克珠. 2008. “圆的周长”教学设计［J］. 中国电化教育（8）：26－28.
叶柱. 2004. 课堂：知识生成与人文熏陶的融合体［J］. 辽宁教育（Z2）：114－116.
虞足之. 1995. π≠测量得的圆周长÷直径：谈“圆的周长”教学中应注意的问题［J］. 广西教育（10）：30.
袁爱均. 2005. 还“探究”以自主：对《圆的周长》的教学思考［J］. 教学月刊：小学版（9）：49－51.
袁瑞禹. 1994. “导演”说“戏”［J］. 河北教育（4）：29－30.
张小英，沈静. 2007. 在朴实中彰显数学文化［J］. 教育科研论坛（7）：54－55.
张兴华. 1983. 圆的周长［J］. 云南教育（8）：29－31.
张志勇. 2007. 创新教育：中国教育范式的转型［M］. 济南：山东教育出版社.
章凤玲，白宝有. 1997. 《圆的周长》实习教案［J］. 师范教育（4）：24－25.
赵劼，李秋焕. 2004. 圆的周长教学设计与评析［J］. 山东教育（31）：43－44.
赵淑云，袁晓梅. 1996. 圆的周长教学设计与评析［J］. 中国小学数学教育（1/2）：75－76.
中华人民共和国教育部. 2001. 全日制义务教育数学课程标准：实验稿［M］. 北京：北京师范大学出版社.
中华人民共和国教育部. 2012. 义务教育数学课程标准：2011年版［M］. 北京：北京师范大学出版社.
仲崇宏. 2012. 对“圆的周长”测量活动的追问和改进［J］. 小学教学：数学版（5）：16－17.
朱志敏. 2009. 对“圆的周长”核心价值目标定位的思考［J］. 小学教学研究（4）：45－46.

附　录

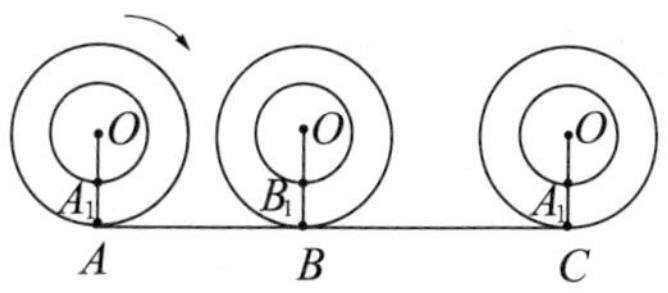

为方便读者查阅，特将前文进行比较研究的根据2001 年课标编写的教材的完整图片和“圆的周长”两个典型教学设计作为附录呈现，具体包括：

1. 根据 2001 年课标编写的“圆的周长”教材图片；
2. 两个典型教学设计。

1 根据2001年课标编写的“圆的周长”教材图片

（按出版社名称音序排列）

北京师范大学出版社　六年级上册　2006年

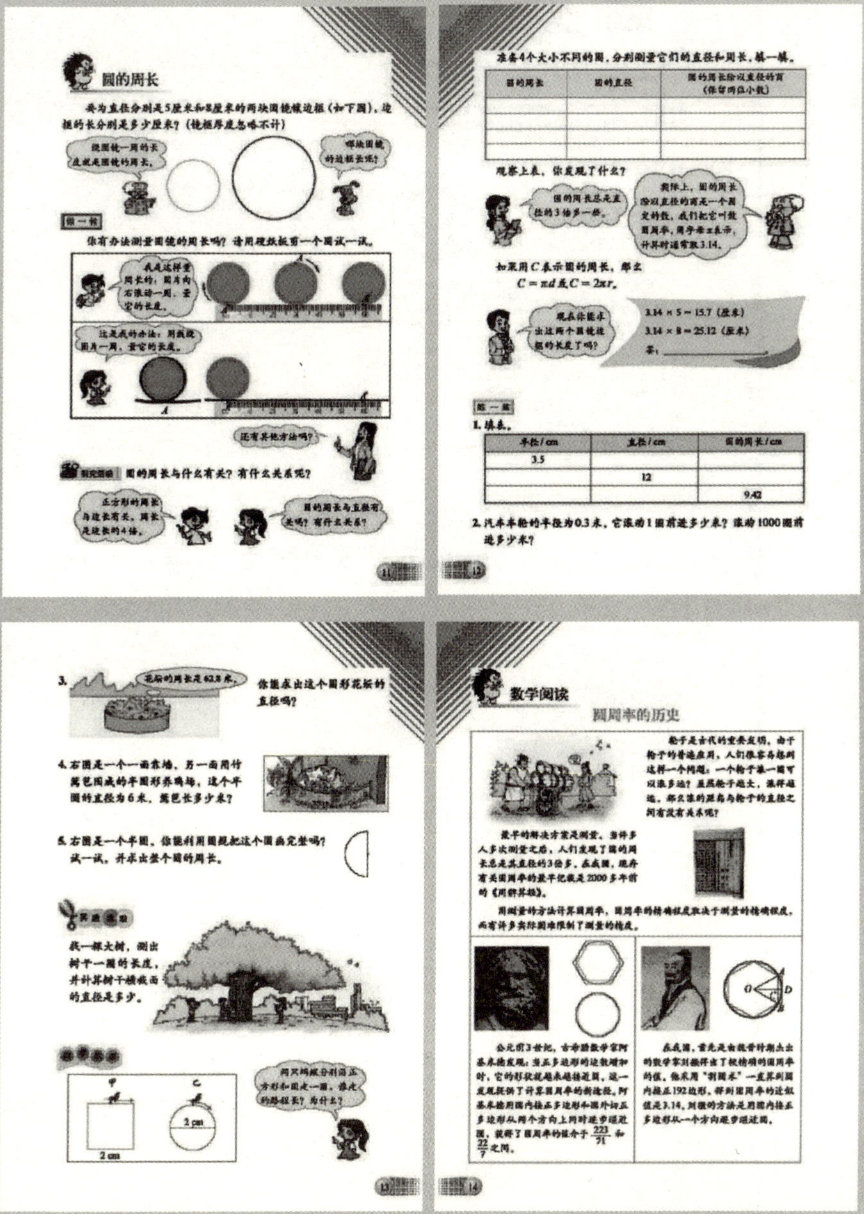

圆的周长

要为直径分别是5厘米和8厘米的两块圆镜镶边框（如下图），边框的长分别是多少厘米？（镜框厚度忽略不计）

做一做

你有办法测量圆镜的周长吗？请用硬纸板剪一个圆试一试。

研究圆的周长与什么有关？有什么关系呢？

准备4个大小不同的圆，分别测量它们的直径和周长，填一填。

圆的周长	圆的直径	圆的周长除以直径的商（保留两位小数）

观察上表，你发现了什么？

如果用 C 表示圆的周长，那么

$C=\pi d$ 或 $C=2\pi r$。

练一练

1. 填表。

半径/cm	直径/cm	圆的周长/cm
3.5		
	12	
		9.42

2. 汽车车轮的半径为0.3米，它滚动1圈前进多少米？滚动1000圈前进多少米？

3. 你能求出这个圆形花坛的直径吗？

4. 右图是一个一面靠墙，另一面用竹篱笆围成的半圆形养鸡场，这个半圆的直径为6米，篱笆长多少米？

5. 右图是一个半圆。你能利用圆规把这个圆画完整吗？试一试，并求出整个圆的周长。

实践活动

找一棵大树，测出树干一周的长度，并计算树干横截面的直径是多少。

数学游戏

数学阅读

圆周率的历史

轮子是古代的重要发明。由于轮子的普遍应用，人们很容易想到这样一个问题：一个轮子滚一圈可以滚多远？显然轮子越大，滚得越远。那么滚的距离与轮子的直径之间有没有关系呢？

最早的解决方案是测量。当许多人多次测量之后，人们发现了圆的周长总是其直径的3倍多。在我国，现存有关圆周率的最早记载是2000多年前的《周髀算经》。

用测量的方法计算圆周率，圆周率的精确程度取决于测量的精确程度，而有许多实际困难限制了测量的精度。

公元前3世纪，古希腊数学家阿基米德发现：当正多边形的边数增加时，它的形状就越来越接近圆。这一发现提供了计算圆周率的新途径。阿基米德用圆内接正多边形和圆外切正多边形从两个方向上同时逐步逼近圆，获得了圆周率的值介于 $\frac{223}{71}$ 和 $\frac{22}{7}$ 之间。

在我国，首先是由魏晋时期杰出的数学家刘徽得出了较精确的圆周率的值。他采用“割圆术”一直算到圆内接正192边形，得到圆周率的近似值是3.14。刘徽的方法是用圆内接正多边形从一个方向逐步逼近圆。

恐怕大家更加熟悉的是祖冲之所做的贡献吧！1500多年前，我国南北朝时期著名的数学家祖冲之算出π的值在3.1415926和3.1415927之间，并且得到了π的两个分数形式的近似值：约率为$\frac{22}{7}$，密率为$\frac{355}{113}$。

这一成就在世界上领先了约1000年。祖冲之取得的这一非凡成果，是否基于对刘徽割圆术的继承与发展，他自己是否还使用了其他的巧妙办法了呢？这已经不得而知。祖冲之的这一研究成果享有世界声誉。巴黎"发现宫"科学博物馆的墙壁上介绍了祖冲之求得的圆周率，莫斯科大学礼堂的走廊上镶嵌有祖冲之的大理石塑像，月球上有以祖冲之命名的环形山……

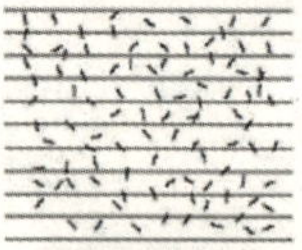

利用"投针试验"求圆周率

用正多边形逼近圆，计算量很大，再向前推进，必须在方法上有新突破。

随着数学的不断发展，人类开始摆脱求正多边形周长的繁难计算，求圆周率的方法也日新月异。近代以来，很多数学家都进行了深入研究，并取得了不同程度的成果。

电子计算机的出现带来了计算方面的革命，π的小数点后面的精确数字越来越多。2000年，某研究小组使用最先进的超级计算机，将圆周率计算到了小数点后12411亿位。

现在计算π的值已经被人们用来测试或检验超级计算机的各项性能，特别是用来测试运算速度与计算过程的稳定性。

(1) 与同学交流阅读后的感受，不懂的地方可以请教老师。

(2) 收集其他有关圆周率的历史资料，在班上进行展示。

15

江苏教育出版社 五年级（下册） 2005年

例4 下面是三种不同规格的自行车车轮，各滚动一圈，哪一种车轮行的路程比较长？

车轮一周的长度是车轮的周长。比较三个车轮的直径和周长，你有什么发现？

例5 几人一组，在硬纸板上画4个大小不同的圆，剪下来，想办法量出它们的周长，再计算出每个圆的周长除以直径的商，并把表格填写完整。

你准备怎样来量圆的周长？

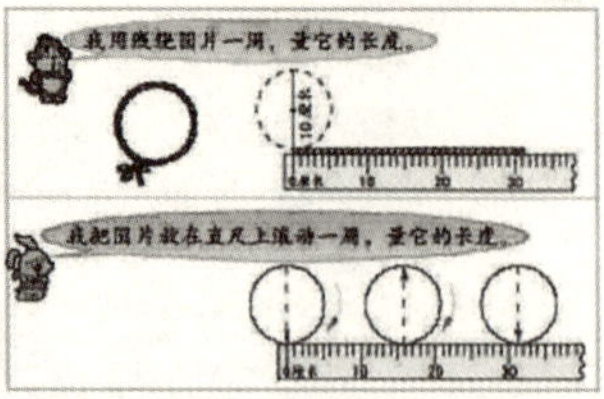

* 英寸是英制长度单位。在生活中，人们习惯用英寸作单位来表示自行车车轮的规格。22英寸≈56厘米，24英寸≈61厘米，26英寸≈66厘米。

98

测量和计算的结果：

周长/cm	直径/cm	周长除以直径的商（得数保留两位小数）

通过测量和计算，你发现圆的周长和直径之间有什么关系？

一个圆的周长总是直径的3倍多一些。

实际上，任何一个圆的周长除以它直径的商都是一个固定的数，我们把它叫做圆周率，用字母π（读pài）表示。π是一个无限不循环小数。

$$\pi=3.141592653$$

我们在计算时，一般保留两位小数，取它的近似值3.14。

如果用C表示圆的周长，那么$C=\pi d$或$C=2\pi r$。

试一试

计算例4中三个自行车车轮的周长大约各是多少厘米。

练一练

有一种汽车车轮的半径是0.3米。它在路面上前进一周，前进了多少米？

99

6 一个圆形花坛的周长是251.2米。

根据 $C=\pi d$，可以列方程解答。

解：设花坛的直径是 x 米。

$3.14x=251.2$*

$x=$

$x=$

答：花坛的直径是______米。

试一试

一个圆的周长是50.24厘米，这个圆的半径是多少厘米？

练一练

1. 先估计，再求出下面各圆的直径。

$C=12.56$米　　$C=15.7$厘米　　$C=62.8$厘米

2. 一张圆形光盘，周长是37.68厘米。它的半径是多少厘米？

* 今后遇到数据较大的计算，一般可以使用计算器。

练习十八

1. 求下面各圆的周长。

2. 求下面各圆的周长。

$d=5$厘米　　$d=3.5$分米　　$r=4$厘米　　$r=1.2$厘米

3. 一个圆形喷水池的直径是12米，它的周长是多少米？

4. 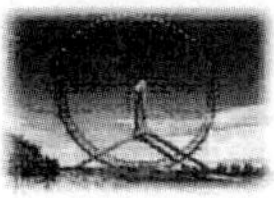

摩天轮的半径是10米，坐着它转动一周，大约在空中转过多少米？

5. 填写下表。

半径（r）	直径（d）	圆周长（C）
6米		
	1分米	
		9.42厘米

6. 

长12.56米的绳子正好可以绕这棵树的树干10圈。这棵树树干横截面的直径大约是多少厘米？

7. 圆形拱门的高度要达到2.4米才符合标准。一个圆形拱门门框的周长约是7.85米。它的高度符合标准吗？

8. 一个圆形花圃的直径是21米。沿着它的边线大约每隔3米种一棵杜鹃花，一共要种植多少棵？

9. 

我国古代数学家很早就对圆进行了非常深入的研究。

大约2000多年前，在我国古代的数学著作《周髀算经》中就有"周三径一"的记载，意思是说圆的周长大约是直径的3倍。

大约1700年前，我国的数学家刘徽用"割圆术"来求圆周长的近似值。他从圆的内接正六边形算起，逐渐把边数加倍，正十二边形、正二十四边形　　计算得出圆周率是3.14。并指出，内接正多边形的边数越多，周长越接近圆的周长。直到1200年后，西方人才找到了类似的方法。

大约1500年前，我国的数学家祖冲之，计算出圆周率大约在3.1415926和3.1415927之间，成为世界上第一个把圆周率的值精确到6位小数的人。他还用 $\frac{22}{7}$ 和 $\frac{355}{113}$ 两个分数表示圆周率，$\frac{22}{7}$（约等于3.14）称为约率，$\frac{355}{113}$（约等于3.1415929）称为密率。他求得密率的时间，至少要比国外数学家得出这样精确的数值早1000年。

青岛出版社　六年级上册　2007年

2 天坛主要由圜丘和祈谷（祈年殿）两坛组成。

圜丘坛俗称祭天台，共有三层。上层直径30米，中层50米，下层70米。

祈年殿殿顶周长是100米。

你能提出什么问题？

合作探索

祭天台上层的周长是多少呢？

求它的周长就是求圆的周长。

圆的周长与什么有关系呢？

我猜周长与半径有关系。

可能与直径有关系。

测量几个圆的直径和周长，看它们有什么关系。

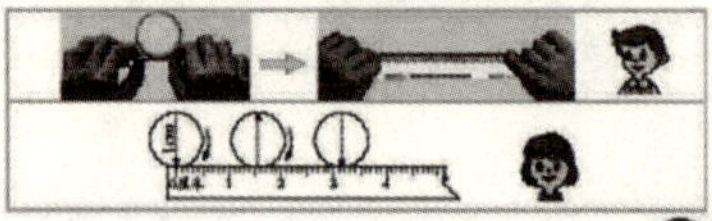

7

周 长					…
直 径					…

圆的周长与直径有什么关系呢？

圆的周长大约是直径的……

我发现……

早在约两千年前，我国古代的数学著作《周髀算经》中就有"周三径一"的说法，意思是说圆的周长是它的直径的3倍。经过长时间的研究，人们发现，任意一个圆的周长和它的直径的比值是一个固定的数，这个比值就叫圆周率，用字母π（读pài）表示。

圆周率是一个无限不循环小数：π=3.1415926535……。在实际的应用中，一般取它的近似值，即π≈3.14。

如果用C表示圆的周长，你能写出圆周长的计算公式吗？

$C=\pi d$ 或 $C=2\pi r$

我会计算祭天台上层的周长了。
3.14×30=94.2（米）

祈年殿殿顶的直径是多少米？

根据C=πd，我列方程解答。

解：设祈年殿殿顶的直径是x米。

$x\times3.14=100$

$x\times3.14\div3.14=100\div3.14$

$x\approx31.85$*

答：祈年殿殿顶的直径约是31.85米。

问题口袋

8

*本册教材较多或数据较大的计算可以使用计算器，除不尽时，得数一般保留两位小数。

你知道吗？

祖冲之

南北朝时期的祖冲之是我国伟大的数学家和天文学家。祖冲之博学多才，尤其是在数学方面很有天赋。他的重大成就之一是早在约1500年前就计算出圆周率在3.1415926和3.1415927之间，成为世界上第一个把圆周率的值精确到7位小数的人。他的辉煌成就比欧洲至少要早1000年。现在，人们已经能用计算机把圆周率计算到小数点后面上千亿位。

自主练习

1. 求下面各圆的周长。

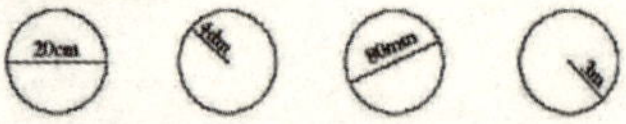

2. 请将表格补充完整。（单位：米）

圆的半径（r）	圆的直径（d）	圆的周长（C）
2		
	9	
		18.84

3. 右图是古代人们用来磨面的石碾。如果石碾的半径是1.2米，那么绕石碾走一圈至少是多少米？

9

4.

时针长12厘米，如果走一圈，它的尖端走过的路程是多少？分针长18厘米，如果走1小时，它的尖端走过的路程是多少？

5. 火眼金睛辨对错。

（1）圆规两脚间的距离是4厘米，画出的圆的周长是12.56厘米。（　）

（2）圆的周长与它直径的比的比值是π。（　）

（3）两圆半径的比是2∶1，则其周长的比是4∶1。（　）

（4）半圆的周长就是圆周长的一半。（　）

6.

以车轮直径的大小而论，目前世界上能骑行的双轮自行车车轮直径最大的为3.05米，最小的为1.9厘米；最小的独轮自行车的车轮直径为1.8厘米。

（1）最大的双轮自行车车轮转一周前进多少米？

（2）车轮转动一周，最小的双轮自行车比独轮自行车多行多少厘米？

（3）你还能提出什么问题？

7. 如图，依墙而建的鸡舍围成半圆形，其直径为5米。

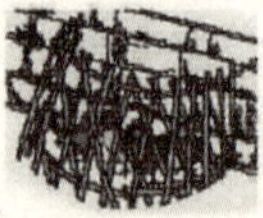

（1）需要多长的篱笆才能把鸡舍全围起来？

（2）如果将鸡舍的直径增加2米，需要增加多长的篱笆？

10

8.

一元硬币的周长是7.85厘米。这个储钱罐能否放进一元的硬币？

9.

（1）用20米的钢筋制作像右图这样的铁环，最多能制作多少个？

（2）如果铁环的直径是35厘米，要制作20个铁环，至少需要多少米的钢筋？

10. 圆形水池四周种了40棵树，每两棵树之间的距离是1.57米。这个水池的半径是多少米？

11. 右面是一个国际标准田径跑道的示意图。跑道的一周是多少米？

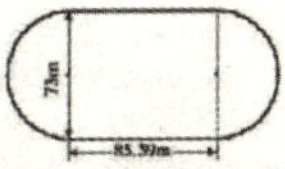

*12. 装卸工人把4根圆柱形钢管用铁丝捆扎在一起（如右图）。钢管的横截面直径是10厘米，如果铁丝接头处的长度忽略不计，捆扎2圈，需要多长的铁丝？

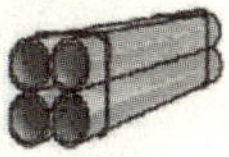

课外实践

篮球场上有许多圆形和半圆形，先了解一下它们各有什么作用，再测量有关的数据，算出它们的周长。

11

人民教育出版社　六年级上册　2006年

2. 圆的周长

让我们来做一个实验：找一些圆形的物品，分别量出它们的周长和直径，并算出周长和直径的比值，把结果填入下页表中。看看你有什么发现。

62

物品名称	周长	直径	$\frac{周长}{直径}$的比值（保留两位小数）

其实，早就有人研究了周长与直径的关系，发现任意一个圆的周长与它的直径的比是一个固定的数，我们把它叫做圆周率，用字母π（pài）表示。它是一个无限不循环小数，$\pi \approx 3.1415926535$……但在实际应用中一般只取它的近似值，即$\pi \approx 3.14$。

如果用C表示圆的周长，就有：

$$C = \pi d \text{ 或 } C = 2\pi r。$$

你知道吗？

约2000年前，中国的古代数学著作《周髀（bì）算经》中就有“周三径一”的说法，意思是说圆的周长是它的直径的3倍。

约1500年前，中国有一位伟大的数学家和天文学家祖冲之，他计算出圆周率应在3.1415926和3.1415927之间，成为世界上第一个把圆周率的值精确到7位小数的人。他的这项伟大成就比国外数学家得出这样精确数值的时间，至少要早1000年。现在人们用计算机算出的圆周率，小数点后面已经达到上亿位。

63

1 圆形花坛的直径是 20 m，它的周长是多少米？

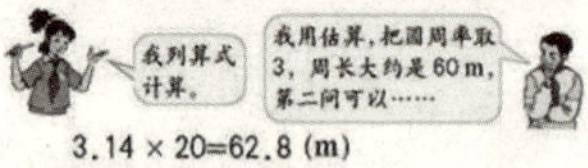

3.14 × 20=62.8 (m)

3.14 × 0.5=1.57(m)

62.8 ÷ 1.57=40 (周)

答：花坛的周长是 62.8 m，车轮大约转动 40 周。

做一做

1．一个圆形喷水池的半径是 5 m，它的周长是多少米？

2．在一个圆形亭子里，小丽从一边沿着直径走12步到达另一边，每步长大约是55 cm，这个圆的周长大约是多少米？

64

练习十五

1．求下面各圆的周长。

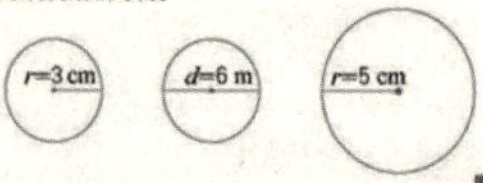

2．小红量得一个古代建筑中的大红圆柱的周长是 3.77 m。这个圆柱的直径是多少米？（得数保留一位小数。）

3．小东有一辆自行车，车轮的直径大约是 66 cm，如果平均每分钟转 100 周，从家到学校的路程是 2000 m，大约需要多少分钟？

4．一只挂钟的分针长 20 cm，经过 30 分钟后，分针的尖端所走的路程是多少厘米？经过 45 分钟呢？

5．一个圆形牛栏的半径是 15 m，要用多长的粗铁丝才能把牛栏围上 3 圈？（接头处忽略不计。）如果每隔 2 m 装一根木桩，大约要装多少根木桩？

65

6．看图填空（单位：cm）。

(1) 

正方形的周长是(　　)cm，
圆的周长是(　　)cm。

(2) 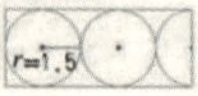

圆的周长是(　　)cm，
长方形的周长是(　　)cm。

7．在一个周长为 100 cm 的正方形纸片内，要剪一个最大的圆，这个圆的半径是多少厘米？

8．杂技演员表演独轮车走钢丝，车轮的直径为 40 cm，要骑过 50 m 长的钢丝，车轮大约转动多少周？

9．李明家一扇门上要装上形状如右图所示的装饰木条，需要木条多少米？

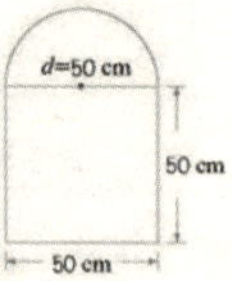

10*．下面图形的周长是多少厘米？你是怎样算的？

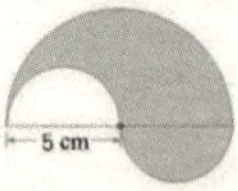

66

西南师范大学出版社 六年级（上） 2006年

圆的周长

1 量一量，算一算。

* 本单元的计算可以使用计算器。

	硬币			
圆周长				
直径				
$\frac{圆周长}{直径}$				

议一议 圆的周长与它的直径有什么关系？

圆的周长总是比它的直径的3倍多一些。$\frac{圆周长}{直径}$的值是一个固定的数，把它叫做圆周率，用字母π（读pài）表示。

如果用字母C表示圆的周长，那么

$$C=\pi d \text{ 或 } C=2\pi r$$

计算时，通常取π的近似值，$\pi\approx3.14$。

2 自行车车轮的外直径约是71cm，车轮转一周，自行车约前进多少米？（精确到两位小数）

71cm = 0.71m

3.14×0.71

= ________

≈ ________

答：自行车约前进________。

3

解：设花坛的直径是d米。根据$C=\pi d$得

$3.14d = 31.4$

d = ________

d = ____

r = ____________

答：它的直径是____，半径是____。

课堂活动

1. 算一算，议一议。

直径按1cm，2cm，3cm……变化时，圆的周长怎样变化？

直径(cm)	1	2	3	4	5	……
周长(cm)	3.14	6.28				

2. 量出身边某个圆形物品的周长，再算出它的直径。

练习四

1. 填表。

半径(cm)	直径(cm)	周长(cm)
4.5		
	16	
		94.2

2. 量得一块"禁行"的交通标志牌的直径是50cm。这块标志牌的周长是多少厘米？

3. 石英钟的分针尖端到钟面中心的距离是15cm，该分针转动1时后，它的尖端走过的路程是多少厘米？

4. 一棵大树，在1.2m高处量出树干的周长。

5. 国庆活动中，学校舞蹈队要做一些花环。如果每个花环用2.5m长的竹条做成，那么花环的直径约是多少米？（得数保留一位小数）

6.求下面两个图形的周长。

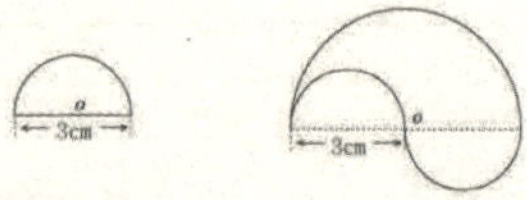

7.杂技演员表演独轮车走钢丝，车轮直径是50cm，走过23.55m长的钢丝，车轮要转动多少周？

8.在花卉博览会上，布展了一个直径为10m的圆形展区，如果把这个圆形展区的半径向外延伸2m，那么这个展区的周长是多少米？

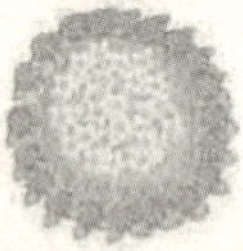

思考题

3只蜜蜂分别沿着阴影部分的边缘爬1次，哪只蜜蜂爬过的路线最长？(3个正方形的边长都为4)

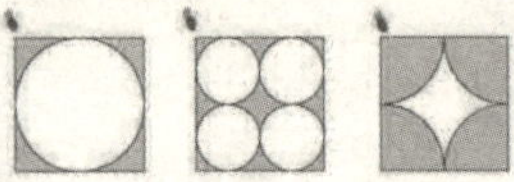

26

你知道吗？

圆周率之父——祖冲之

月球上有一座环形山，被称作“祖冲之环形山”，它是以最早精确计算圆周率的中国数学家祖冲之(429－500)的名字命名的。

祖冲之，南北朝范阳遒县(今河北涞水县)人。远在约1500年前，他算出的圆周率在3.1415926和3.1415927之间，西方人在1000多年以后才获得这样精确的值。祖冲之还把圆周率分为约率($\frac{22}{7}$)和密率($\frac{355}{113}$)，日本数学家称$\frac{355}{113}$为“祖率”。

后来瑞士数学家欧拉(Euler)用希腊字母π表示圆周率。

相关链接

1.相关书籍：“数学小丛书”《从祖冲之的圆周率谈起》(华罗庚著)。

2.相关人物及研究：

(1)后汉的张衡认为圆周率π=3.1622……

(2)魏末晋初的刘徽计算圆周率的近似值是3.141024。

(3)德国人Rudolph(1539－1610)求出圆周率在小数点后第35位。

(4)日本人关孝和(1642－1708)求出圆周率在小数点后第24位；建部贤弘(1664－1739)求出圆周率在小数点后第41位。

(5)在17世纪中，牛顿(Newton)、莱布尼兹(Leibniz)和格列高里(Gregory)和18世纪的欧拉(Euler)对计算圆周率都有重大贡献。

(6)电子计算机问世后，对圆周率的计算更是惊人，1990年，美国数学家算出π值已到4.8亿位。

3.相关网站：

http://www.jason314.com http://www.chinamaths.net

27

浙江教育出版社 六年级上册 2012年

圆的周长 15

1. 圆形菜地一周的篱笆有多长？
2. 客车、轿车车轮的直径哪一个大？
3. 两辆车行驶相同路程，哪一辆车车轮转动的次数多？
4. 圆的周长与直径有什么关系？

大家来研究圆的周长和直径的关系。

1. 用线围成一个圆，将线拉直和直径比较。

63

2. 用硬纸板分别剪出直径是2厘米、3厘米、4厘米、5厘米的圆各一个，照下面的样子在米尺上滚动一周，测出圆周长，并计算圆周长是直径的几倍。(精确到小数点后第二位)

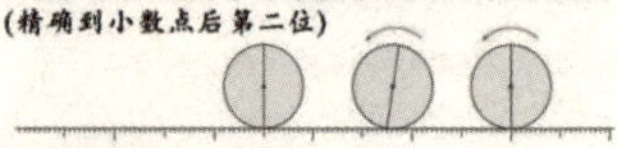

把结果填在下面的表格里。

d/cm	C/cm	C与d的比值
2		
3		
4		
5		

从上面的实验中可以知道，圆的周长大约是直径的3.14倍。

不管多大或多小的圆，它的周长与直径的比值不变，我们把它叫做圆周率，用字母π表示。

$\frac{圆周长}{直径}$＝圆周率(π)

π是个无限不循环小数。计算时通常取π为3.14或$\frac{22}{7}$。

$C=\pi d$ 或 $C=2\pi r$

1. 直径按1厘米、2厘米、3厘米……变化时，圆的周长如何变化？

直径/cm	1	2	3	4	5
周长/cm	3.14	6.28			

64

2. 一块圆形菜地的周长是37.68米。它的直径是多少米？半径是多少米？

数学

中国古代数学家对计算π值的贡献

约2000年前，中国古籍中就有“径一周三”的记载。即直径是1，圆周就是3。

东汉时期的张衡计算出$\pi \approx 3.1622$。

三国时期的刘徽创立“割圆术”，求得$\pi \approx 3.141624$，并提出以$\pi = 3.14$作为实用计算的近似值。

南北朝时期的祖冲之计算出π的值在3.1415926和3.1415927之间，并取$\pi \approx \frac{22}{7}$为约率，$\pi \approx \frac{355}{113}$为密率。

由于电子计算机技术的发展，现在已将圆周率计算到了小数点后的12411亿位。

π = 3.141 592 653 589 793 238 462 643 383 279 502…

65

练一练 九

1. 根据条件用圆规画圆。(单位：cm)

$r = 3.5$　　$r = 2$　　$d = 5$　　$C = 18.84$

用粗线描一描圆周，用彩色笔涂一涂圆面，说说周长和面积有什么不同。

2. 根据条件求各圆的周长。(单位：dm)

$r = 6$　　$r = 7.5$　　$d = 15$　　$d = 1.8$

3. 在空格里填入两数相乘的积。

×	1	2	3	4	5	6	7	8	9	10
3.14										

利用上表写出下面各题的积。

3.14 × 40 =　　　　3.14 × 1.8 =

3.14 × 17 =　　　　3.14 × 2.5 =

3.14 × 29 =　　　　3.14 × 0.36 =

4. 根据条件求各圆的直径和半径。(单位：m)

$C = 28.26$　　$C = 53.38$　　$C = 314$

5. 在运动场中画一个周长约为16米的圆，半径应取多少？

6. 一只钟的分针长40毫米，这根分针尖端移动一周的长度是多少毫米？

7. 在一个周长为100毫米的正方形内，画一个最大的圆，这个圆的半径是多少厘米？

66

8. 汽车车轮的直径是0.5米。汽车行驶350米后，车轮转动了多少周？(得数保留整数)

9. 一辆自行车轮胎的外直径是0.71米。如果平均每分钟转100周，通过一座长1019米的桥，约需要多少分钟？(得数保留整数)

10. 呼拉圈的直径是0.7米。强强把它在地上沿直线滚动5周，呼拉圈滚动了多少米？

11. 一块圆形菜地的周长是15.7米。如果半径加长3米，这时菜地的周长是多少米？

12. 计算右图中涂色部分的周长。(单位:cm)

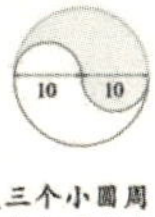

13. 如左下图，外面有一个大圆，里面有三个相等的小圆。小圆的半径是r，请你先估计大圆的周长长一些，还是三个小圆周长的和长一些，再算一算它们的周长分别是多少。你的估计对吗？这是为什么？

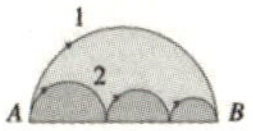

14. 如右上图，从A到B有两条路线可走，第1条路线是沿着大圆的半圆周走，第2条路线是沿着三个小圆的半圆周走。先估计哪条路线长一些，再说说理由。

67

2 两个典型教学设计

“圆的周长”教学设计

孙雪林

一、教学设计背景

（一）单元背景

小学阶段，对圆的认识是学生第一次真正开始认识曲线围成的图形，无论是研究方法还是研究角度都与以前有着质的不同。具体到圆的周长来说，其数学的核心思想有两个：一是变中找不变的直觉思维（或称为一种函数思想），二是对曲线的研究方法。

实际上，正是由于圆的普遍存在性，学生对圆并不陌生，但从学习直线图形的知识到学习曲线的知识，不论是内容本身，还是研究问题的方法，都有所变化。新世纪小学数学教材通过对圆的研究，使学生初步认识到研究曲线图形的基本方法。同时，也渗透了曲线图形与直线图形的关系。从空间观念方面来说，进入了一个新的领域。

（二）学情分析

为了解学生情况，我们采用问卷、访谈、小组观察等多种方式进行课前调研。结果表明：

（1）学生对以前学习的长方形、正方形的周长认识深刻，对图形周长的认识也十分清晰。许多学生甚至知道圆的周长和面积的计算公式。

（2）学生对 π 的认识只是知道一般取值 3.14，但对 π 的意义几乎都不太清楚。只有一个学生读过这方面的资料。学生普遍缺乏对圆周率研究历史的了解，唯一提及的就是祖冲之。

（3）学生对已学过的图形及图形面积的理解停留在结果上，对探索过程的记忆不深刻。

二、我的思考

如何让学生在经历数学再创造的过程中，真正体验到科学的态度和探索创造的价值？如何让学生切身体会人类对圆曲折而漫长的探索？我主要从以下几个方面进行了思考。

首先，测量活动的目的绝不仅仅在于实验的结果。

课前对学生情况的调研表明，80%以上的学生对圆周率有所了解，学生对实验测量并不真正感兴趣，而实验测量又是学生经历人类对圆周率探索过程所必需的。在这种情况下，我想，测量活动的目的应该是多元的，包括探索周长与直径的关系（培养在变中找不变的直觉思维），科学严谨、实事求是的态度，小组合作意识，对数据的反思意识等。于是，在操作活动环节，我做了与以往教学不同的几点尝试：

（1）每个小组只选一个测量对象；

（2）对每个测量对象进行3次测量（可以利用平均值来尽可能减少系统误差）；

（3）正确认识误差，由学生对测量数据进行客观分析。

其次，应让学生了解对圆周率的探索是人类共有的精神财富。结合数学史，对圆周率的介绍应该更全面一些。实际上，在古代巴比伦、印度、埃及、中国，由于生产生活的需要，人们很早就认识到圆周率大约为3。真正使圆周率计算建立在科学的基础上的，首先应归功于阿基米德。他是科学地研究这一常数的第一人，是他首先提出了一种能够借助数学过程而不是通过测量的方法。刘徽的割圆术更进一步。而学生们熟悉的祖冲之则是站在前人的肩膀上有了更辉煌的成就——第一次将π值精确到小数点后7位。当然，更有后来的许多中外数学家呕心沥血，甚至付出一生的艰苦演算、证明，才使人类终于认识到圆周率是个常数，是无限不循环小数。

再者，在教学过程中，教师对学生提出一般计算时通常取π的近似值3.14，此时学生往往会心存疑虑：既然3.14就够用了，为什么还要费那么大劲儿将π值计算得那么精确？我认为，这个教学环节可以通过倾听及阅读有关历史资料，体会人类探索圆周率的过程，培养民族自豪感，同时感受数学的文化价值，让学生体会到人类对真理的追求永无止境！因此，我设计了观察正多边形等活动，并结合校园中大树的围栏照片、几何画板课件的正多边形逼近圆的演示，最后揭示割圆术的思想，介绍圆周率的研究历史，使学生亲身经历正多边形逼近圆的过程，在感受研究曲线的方法的同时，从心灵深处受到触动，强烈感受到数学的文化价值。

三、教学过程

（一）复习导入，明确方向

1. 周长概念的认识

（1）前几天，我们刚刚认识了一个新的平面图形——圆，今天我们继续认识圆、研究圆。（板书：圆的周长）

（2）用自己的话说一说，什么是圆的周长？

（3）画板课件：围成圆的曲线的长度——圆的周长，通常用字母C表示。

2. 提出问题

我们知道，正方形的周长与它的边长有关，长方形的周长与它的长、宽之和有关。

那么，你认为圆的周长与什么有关呢？（圆的大小、直径、半径，板书 d、r）

（二）实验测量，初步探索

1. 讨论方法，化曲为直

（1）我们已经知道圆的直径与半径有 2 倍关系，因此我们只需得到圆的周长和直径有什么关系就可以了，那么我们该怎样研究圆的周长与直径的关系呢？

（2）讨论：在研究两件事物之间的关系时，你们认为首先需要什么？（板书：实物模型；数据、分析）

（3）小组活动。要求：①先讨论如何得到我们需要的数据，再利用老师给大家提供的材料动手测量；②合作完成测量，要绕紧拉直、不要滑动、尽量精确（交流时要追问为什么这样做，适时提示测量方法及注意事项）；③把实验记录单填写完整（每个小组都有一张实验记录单）。

[我的思考：为什么要让学生测量 3 次？如果学生 3 次测量所得的数据都不同，怎么办呢？我想，在这里需要特别强调的是，做实验就要有科学、严谨的态度！要求如实填写实验记录单。测量的数据是多少就是多少！]

2. 分析数据，探索规律

（1）汇报数据。直接填写在电子表格中。

（2）仔细观察，认真思考，你有什么发现？

（3）学生进行误差分析：

①测量方法、测量工具、测量对象都会产生误差；

②直径数据比较接近说明直线段更容易测量，但同样不可能绝对精确；

③取平均数可以减小误差，但同样不能完全避免误差；

④用测量的方法，无论是曲线还是直线，永远只能得到长度的近似值。

（4）再次观察数据，你发现圆的周长与直径可能有怎样的关系呢？

（5）电子表格计算比值。（板书：$\frac{C}{d}=?$）

（6）小结。用实验的方法得到的数据，由于受误差的影响不够精确。那么，圆的周长与直径之间存在的这个 3 倍多一些的关系是变化的，还是确定不变的？我们该如何研究呢？

3. 适时反思，引发困惑

（1）课件出示关于圆周率历史的资料；

（2）小结：为求得圆的周长与直径的关系，人类走过了一条漫长而曲折的道路。

（三）观察体验，感受极限

1. 介绍割圆术

（1）（课件演示下列图形）认真观察，你有什么想法？想象一下，如果是一个正 120

边形，会是什么样？（随着边数越来越多，正多边形越来越像圆，它的周长也越来越接近圆的周长）

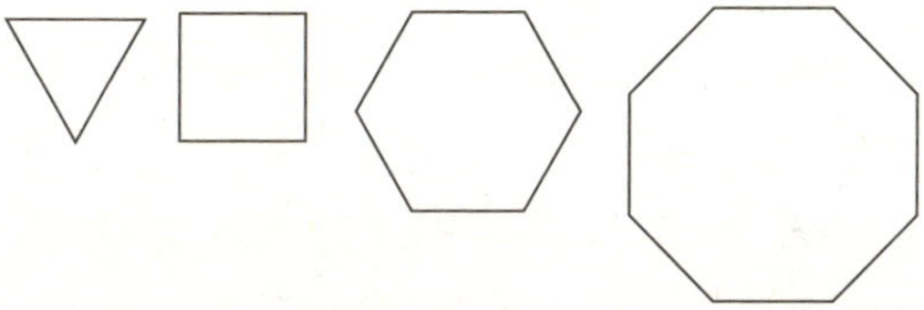

（2）（借助电脑演示）我们试一试在固定的圆内来画正多边形。（几何画板演示割圆）

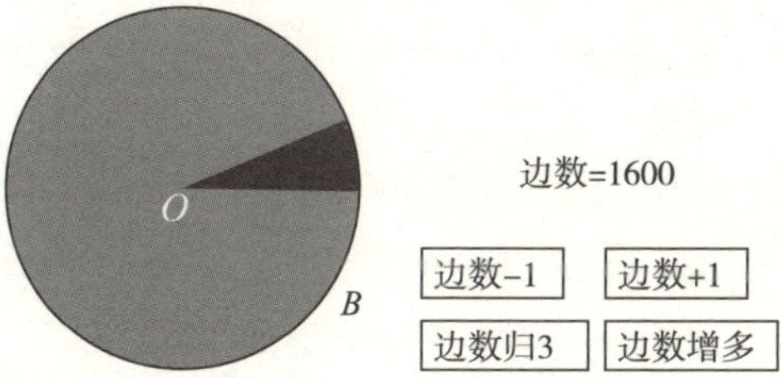

（3）让我们再来看这样一段话：割之弥细，所失弥少，割之又割，以至于不可割，则与圆合体，而无所失矣！

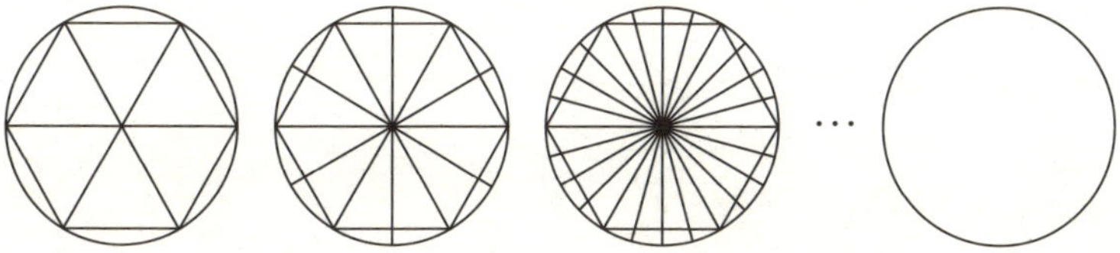

①让学生理解此时这个正多边形的周长仍然只是圆的周长的近似值，但可以用计算的方法来代替操作测量的方法了。这种方法所能达到的精确程度是操作测量永远无法达到的！

②老师帮助学生理解这段话，引导学生了解割圆术。

③学生感受圆周率是一个固定不变的数，是一个无限不循环的小数，用希腊字母 π 来表示。［板书：$\frac{C}{d}=\pi$（圆周率），$\frac{C}{2r}=\pi$（圆周率）］

2. 应用与练习

（1）有了这个关系，我们就可以利用它来计算圆的周长了。（板书：$C=\pi d$，$C=2\pi r$）

（2）实际上，圆周率小数点后更多的位数对计算圆的周长影响不大，通常的计算中取 π 值为 3.14 就够了。

（3）计算练习：

①圆直径是2厘米，它的周长是多少？

②圆半径是5厘米，它的周长是多少？

（4）那为什么还要不停地追求π小数点后更多的位数呢？

（课件演示）可以检验计算机CPU性能；引发了许多新的数学概念和思想；正像圆周率小数点后的数字无穷无尽一样，人类对完美和真理的追求同样永无止境。

（5）（课件演示）对圆周率研究有过重要贡献的科学家。

（四）全课小结

我们用一节课的时间，经历了人类对圆几千年的研究历史，经历了人类曾经的探索中的痛苦和发现时的喜悦！对圆的研究和发现，是全人类共有的财富，而我们今天的这个研究历程将成为你们的财富！

突破圆周的束缚

——“圆的周长”教学实践与思考

顾志能

前　思

“圆的周长”是一个典型内容，是一堂传统老课。多年来，教师对这个内容的教学研究积淀了大量资源，其中不乏内涵丰富、形式新颖的经典设计和精彩课堂，给人留下了深刻的记忆。

但是，在实际教学中，我们不得不经常面对以下的现实：不少学生已经知道圆周率表示周长和直径之间的倍数，还能将圆周率背诵到小数点后面多位，也初步知道如何运用圆周率计算周长。在这样的情况下，如果教学设计不能进行相应的考虑与调整，那么学生的学习就很容易受到束缚。

被束缚的探究。常见这样的场景：教师提供给学生直径整厘米数的各种圆形纸片，请学生测量周长，并计算出两者间的倍数。学生在“操作”之后，会汇报出诸如12. 56、18. 84等“精确”的测量结果，同时得出倍数为3. 14。很明显，学生已经知道了圆周率是3. 14，周长是通过3. 14计算出来的。探究之所以成了一种形式，是因为学生的探究缺乏内驱力。

被束缚的认识。即使学生乐意主动地去探究周长和直径之间的倍数关系，他们也误以为只要将测得的周长和直径的值相除，就一定会得到3. 1415926…。这样的认识，原本应该通过本节课的学习而改变的。事实上，两个有理数相除，不会得到无理数。而在实际教学中，连教师也往往会以“我们的测量不精确，因此得不到3. 1415926…”来引导学生。这样的做法，束缚了学生的认识。

被束缚的应用。在理解圆周率、得出圆的周长公式之后，求周长或反过来求直径（半径）的练习是必不可少的。但是，机械地乘3. 14或除以3. 14，会使得知识应用的环节演变为单纯的计算练习。更重要的是，在这种简单的模仿练习中，学生应用知识解决实际问题的意识和能力，并没有得到实质性的提升。因此，这样的应用，同样有被束缚的感觉。

立足于上述认识，我对本课的教学目标定位如下。

（1）深刻理解圆周率的意义，能根据实际情况运用圆周率计算圆的周长。

（2）经历操作、探究、猜想等学习活动，提升思维水平，感受数学文化。

实　践

一、导入新课

1. 导入

师：前段时间我们学习了圆，今天我们继续研究它。关于圆，古人对它的研究也很深。2400 年前，有一个著名的思想家墨子，他写了一本书，书上有一句话——小圆之圆与大圆之圆同。(课件呈现语句及大小两个圆)

师：根据我们已学知识，你觉得小圆和大圆有哪些相同的地方？

生 1：它们都有圆心、半径和直径。

生 2：不管大圆还是小圆，都是曲线围成的封闭图形。

生 3：大圆和小圆，圆周率相同。

师：圆周率怎么写？是什么意思？

(根据学生的回答，教师板书“圆周率”及“圆的周长和直径间的倍数”)

师：圆的周长，它指的是什么？

(学生示意，师生共同得出“围成圆的曲线的长度叫圆的周长”，教师板书课题“圆的周长”)

师：你们的意思就是说，在这两个圆里，圆的周长和直径间的倍数，也就是圆周率，是相同的。那么，这个倍数是几呢？(根据学生的回答，教师板书 3. 1415926…)

师：你是怎么知道这个结果的？(学生都说书上看到的)

2. 质疑

师：我也在书上看到过一句话，我国古代有一本著名的数学著作叫《周髀算经》，它在表示圆的周长和直径间的倍数时，用了“周三径一”（课件呈现）这句话。你猜猜，什么叫“周三径一”？

生：周长是直径的 3 倍。

师：那么，圆周率是 3. 1415926…，圆周率是 3，到底哪个说法对呢？

(学生表达不同的意见)

二、新知学习

1. 确定方法，自主探究

(1) 明确方法。

师：到底哪个说法对，你有什么办法来证明？

学生说思路：拿杯子盖等圆形材料，测量其周长和直径，再算一算，就知道哪个对了。

教师引导学生进一步明确测量周长和直径的方法，初步体验“化曲为直”的思想。

（2）动手实践。

学生小组合作，动手操作，测量有关数据，用计算器计算圆周率。

（3）学情反馈。

请学生汇报测得的数据和计算结果。教师在黑板上记录 3. 2、3. 1555、3. 142857、3. 16153、3. 1666 等五花八门的答案。

2. 初步感知，加深疑问

师：有没有得到 3. 1415926…的，有没有得到 3 的？（学生都说没有得到）

师：现在你觉得“倍数是 3. 1415926…”、“倍数是 3”这两种说法对不对呢？（学生都说前者对，后者不对）

（1）第一层次。

师：为什么说“倍数是 3”不对？

（学生用刚才的数据说理——每个数据都大于 3，教师给予肯定，并以课件演示古人用绳子围圆的方法发现圆具有这样的特点）

师：既然古人早已发现这个规律，为什么用“周三径一”来表示周长和直径之间的关系呢？

生：这是一个近似值，是一个大致的倍数。

（2）第二层次。

师：你们得到的结果都不是 3. 1415926…，那你们为什么还说它是对的呢？

生：这是因为我们量得不精确。

师：如果量得很精确的话，就能得到这个结果吗？

（学生都认为只要测量得再精确些，就能得到这个结果。教师顺应情形拿出一个圆盖，现场进行精细的测量，并用计算器演示计算，得到 3. 1714285714285…）

在学生情绪激动之时，教师再以课件呈现：2000 多年前，我国有一位数学家叫刘歆，他通过测量和计算，曾得到了 3. 1547、3. 1992、3. 2031 等答案。

师：你有什么想法？

（学生意识到用实验的方法，很难测量准确，因此得不到精确的结果）

师：实际上，用测量的方法是永远无法得到这个答案的。

（在学生愤悱之时，教师适时引出古人对圆周率的探究）

3. 深入感悟，理性认识

（1）课件介绍。

刘徽的割圆术（介绍得较详细）—祖冲之算到 3. 1415926 至 3. 1415927 之间—阿拉伯数学家算到 17 位小数—1706 年英国数学家算到 100 位小数—1949 年美国科学家用计算机算出 2000 多位小数—1989 年美国科学家用计算机算出 4. 8 亿位小数—2002 年日本科学家用计算机算出 12411 亿位小数。

师：人们发现，圆的周长和它直径之间的倍数是一个无限不循环小数，但同时也是一个固定的数，这个数是3.1415926535897932…。我们把这个倍数叫作圆周率。

（2）介绍 π 及其写法、读法。

三、练习巩固

1. 基础练习

师：数学家千方百计地算出了这个圆周率，那么这个圆周率到底可以派什么用场呢？

生：只要测量直径，可以用直径乘圆周率来计算周长。（得出文字公式）

（1）课件呈现直径为4厘米的圆，学生计算周长。

（通过反馈得出圆周率一般取值3.14，并得出字母公式 $C=\pi d$）

（2）课件呈现半径为5厘米的圆，学生计算周长。

（通过反馈得出字母公式 $C=2\pi r$）

2. 巩固练习

一组图形题，求周长或直径。

3. 拓展练习

你觉得下列问题可以怎么计算？（课件呈现图片和文字）

（1）一个近似于圆形的湖泊，湖中央的一条堤坝（直径）长约2000米，沿湖有一条环湖路，问环湖路长约多少米？

（2）“神舟七号”飞船绕着一个圆形轨道飞行，这个圆形轨道的直径是13441.9千米，问飞船飞行一圈是多少千米？

[第（1）题，圆周率取3也无妨；第（2）题，圆周率应尽量取得精确些]

四、课堂延伸（欣赏根据圆周率编制的音乐）

后　想

这节课，略有了一点新意，实践下来，效果也尚可。反思本课之所以能取得点滴突破，主要就是围绕前文所提的三个束缚，做了有针对性的处理。

1. 搅乱已知，引向未知，将探究解缚

面对学生对圆周率的已知，教师精心“搅局”。《墨子》说“大圆之圆与小圆之圆同”，书上说圆周率是3.1415926…，《周髀算经》说“周三径一”，为何情况不同？谁对谁错？问题出在哪里？当学生的已知被教师搞混，产生强烈认知冲突时，对未知的探求就成了学生非常迫切的愿望。在这样的情形下，精心地测量周长、直径，认真地进行计算，学生积极主动的探索行为自然产生。

2. 舍简就繁，逐层深入，将认识解缚

学生在探究后得出了3.2、3.1555、3.142857等答案，教师并不就此顺势得出圆的周长是直径的3倍多一点，一般取3.14。相反，教师添加了一些“烦琐”的步骤，如先亲自精确地测量一个圆的周长和直径并计算倍数，再呈现数学家刘歆的测量计算结果。这样做的目的，就是为了让学生认识到，“用测量的方法，是永远无法得到这个答案的”。基于这样的愤悱情绪，教学再深入一步，介绍古今中外对圆周率的探究历程，尤其是奇妙的割圆术。至此，一个活生生的、充满了数学魅力的圆周率，就被深深地刻在了学生的头脑中。

3. 现实情境，对比体验，将应用解缚

做了基本的练习之后，呈现两个具有较强现实性的问题情境，引发了学生对圆周率应用的思考。一个并非标准圆形的湖，计算其周长，直径乘3，简洁快速，“周三径一”的价值更是不讲自明。“神七”轨道，取3.14或取3.142，周长相差近27千米，毫厘之差，影响重大，圆周率精确度的作用凸显无遗。现实的情境、鲜明的对比，使学生清晰地感受到了数学应用的特性以及价值。这样的过程，是应用的过程，也是学生提升解决问题能力和发展创新精神的过程。

后 记

终于到了可以写后记的时候了，这对拙于言语表达的我来说，意味着一场旷日持久的“磨难”即将结束。我确实不是太弄得清楚这本书究竟写了多久，是两年、三年还是四年，总而言之，它伴着我辗转了几个工作单位，从小学数学教研员做到了初中数学教研员，是很有些年头了，现在也懒得再去弄清究竟是几许年了。

按理说，写书是自己的事儿，是自己“上进心”的体现。不过，“不待扬鞭自奋蹄”这样的境界在我是没有的，更何况是令人苦恼万分的写书。回望来时路，却发现如我等惫懒人物写书，怎一个“斗”字了得！

先是跟自己“斗”。多年前就明确了自己要写《圆的周长教学研究》的任务，却迟迟动不了手，不是没东西好写，也不是心里不着急，实在是要下个决心不容易，一动笔就意味着要改变原来的工作、生活状态。习惯确实是个可怕的东西，由不得你不徘徊、彷徨，每次都是狠狠地坐下去，发誓开写，不一会儿就又晃晃悠悠地站起来。

再是跟同伴“斗”。丛书有一批作者，差不多每半月或一月开一次讨论会，会上经常有同伴展示写作的新进展、拿出新范例，心里钦佩之余又难免腹诽：写这么好干什么！害我又要改。于是，就不得不仿效修改、迎头赶上，偶尔也拿点新进展、新范例出来，为难那些可怜的同伴们一下。

最难搞的是要跟主编“斗”。我们的主编朱乐平老师规定了交稿的完成时间，我总想着能不能拖一拖，因为写东西实在是个苦差，到了假期，实在找不着再拖的理由，只好硬起头皮，没日没夜地赶写，居然也差不多如期完成了。说实话，这本书能有如今这般模样，全赖朱老师搭建框架、给出范例、组织讨论和同伴启发，再加苦口婆心、紧催慢催。

稿子一交出，我就知道要跟编辑“斗”了。我知道当个编辑不容易，当个好编辑就更难。且不说某些不知所云的遣词造句要揣摩修改，更要尽可能提出高屋建瓴的修改意见以提高作品的学术水准。最叫我心烦的就是有“啰唆”的参考文献要查证核实，“闹心”的图片需重新清晰扫描，我们平时工作哪有这么多穷讲究！可话又说回来，我还是打心底里感激他们的，如果没有他们的坚持，这本书是不可能有如今这般比较规范的模样的。

斗来斗去，说到底最后还是跟自己“斗”，跟自己的惯性斗，跟自己的惰性斗。一本书写完，自己也觉得大有长进，却不知最后有没有修成“斗战胜佛”。我想多半是没有的，我本来还想写一章“学生解题研究”，最后终于没能如期完成。便只好以下面的话来宽慰自己：人生哪来的尽善尽美，有一点遗憾未始不是为下一段生命旅程留下的一片希冀。

这一路走来，既有几次推倒重来、静夜难寐的辗转反侧，也有渐入佳境、一气呵成时的酣畅淋漓，更因为这一路走来时得到的许多帮衬扶持，心中累积了许多感恩，也借此后记，对主编、丛书的写作同伴、编辑以及先读为快并提出宝贵意见的郑莉、叶青老师表示心中由衷的感激，没有你们，这几年的人生便会失去很多的光彩！

任敏龙

2013 年于杭州